StauFFenburg
Linguistik

Hans Jürgen Heringer

Das höchste der Gefühle

Empirische Studien zur distributiven Semantik

Stauffenburg Verlag

Die Deutsche Bibliothek – CIP-Einheitsaufnahme

Heringer, Hans Jürgen:
Das höchste der Gefühle : empirische Studien zur distributiven Semantik /
Hans Jürgen Heringer. – Tübingen : Stauffenburg-Verl., 1999
(Stauffenburg-Linguistik)
ISBN 3-86057-716-6

© 1999 · Stauffenburg Verlag Brigitte Narr GmbH
Postfach 25 25 · D-72015 Tübingen

Das Werk einschließlich aller seiner Teile ist urheberrechtlich geschützt.
Jede Verwertung außerhalb der engen Grenzen des Urheberrechtsgesetzes ist ohne
Zustimmung des Verlages unzulässig und strafbar.
Das gilt insbesondere für Vervielfältigungen, Übersetzungen, Mikroverfilmungen und die
Einspeicherung und Verarbeitung in elektronischen Systemen.
Gedruckt auf säurefreiem und alterungsbeständigem Werkdruckpapier.

Druck: Gulde-Druck GmbH, Tübingen
Verarbeitung: Gogl, Reutlingen
Printed in Germany

ISSN 1430-4139
ISBN 3-86057-716-6

Inhalt

1. Theorie und Thesen 9
   1.1 Grundlagen 10
   1.2 Semantisches Wissen 22
   1.3 Distribution und Bedeutung 32
   1.4 Details und Daten 39
   1.5 Definitionen 46

2. Programme und Probleme 54
   2.1 Allgemeines 56
   2.2 BRUTTA, LEMMA und MULTI: drei Generationen 58
   2.3 Features: Filter, Netze, Kontraste und mehr 67

3. Deutung und Darstellung 97
   3.1 Allgemeines 98
   3.2 Sterndeuten und semantische Formate 102
   3.3 Distributive Kollokationen 109
   3.4 Semantische Plots 113
   3.5 Semantische Formulare 127
   3.6 Satzbatterien 138

4. Exempla 150
   4.1 "So ein Gefühl" – Was soll das heißen? 151
   4.2 Wortbildungsaktivitäten 183
   4.3 Stereotypen: Die Macht der Liebe 198
   4.4 Das Diachronieproblem: Ewige Liebe? 211
   4.5 Semantische Szene "Beton" 233

5. Literatur 238
6. Register 246

Vorwort

Sage mir, mit wem du umgehst,
und ich sage dir, wer du bist.

Eines meiner schönsten Erlebnisse als Wissenschaftler hatte ich im Jahr 1990, als ich morgens aufstand und das Ergebnis einer Idee auf meinem Toshiba erblickte. Der Toshiba war ein 386er Laptop in dunklem, schwerem Metallgehäuse, mit hintergründig rötlich schimmerndem Gasplasma-Bildschirm. Über sein Innenleben und seine Sozialisation ist hier nicht der Platz sich auszulassen. Die Idee, deren erstes Ergebnis er zeigte, war die Grundidee der Distributiven Semantik: Man muss doch die Bedeutung eines Lexems aus Frequenz und Kontiguität gewinnen können. Die Idee hatte ich im Grund 1964 bei einem Computerkurs (es ging damals um FAP), aber da war an eine Realisierung nicht zu denken.

Nun was zeigte der Toshiba? Er zeigte mir zum Stichwort "Beton" eine geordnete Wortliste, die offenkundig sinnvoll war. Allerdings, worin der Sinn bestand, war alles andre als klar. Auffällig war, dass *Beton* selbst sehr weit oben rangierte.

Kurze Zeit später ging mir auf, dass dies eine handfeste Regularität war, die einen empirischen Bewertungshintergrund abgab: Jedes Wort ist sich selbst am nächsten, weil jedes Wort mit sich selbst synonym ist.

Das Buch, das nun aus all dem geworden ist, scheint leider ein bisschen prinzipiell. Vielen wird es auch unsystematisch erscheinen.

Ich würde es gern so nennen, wie ein Berühmter seins im Vorwort genannt hat. Aber das wäre verwegen. Genauso verwegen, wie es wäre in dessen Sinn eine innere Systematik zu beanspruchen – obwohl das Buch sie wirklich hat.

Das Verfahren ist mittlerweile weiter gereift und in mehreren Seminaren erprobt. Ein besonderes Dankesgefühl für die lange Entwicklungsarbeit hege ich gegenüber und für M. Ohlenroth, K. Müller und R. Widdig.

Ich danke für die Kooperation den Teilnehmern des Kompaktseminars 1997 in Tokio, besonders Y. Muroi, und meinen Seminarteilnehmern in Augsburg 1998. Nun können Interessenten das Programm mit einem Korpus auf CD erwerben und wie ich erfahren: Das Verfahren schockt und lockt.

Schondorf, im Januar 1999 H. J. H.

1. Theorie und Thesen

Dans la langue, il n'y a ni unité ni entité.
Ferdinand de Saussure

1. Seit die Semantik als linguistische Disziplin etabliert wurde, gab es viele Ansätze und Theorien. Sie waren mehr oder weniger erfolgreich zu ihrer Zeit. Oft waren sie geradezu modeabhängig.
Zur Zeit scheinen zwei Ansätze besonders en vogue. Einmal der kognitive Ansatz, der allerdings in unterschiedlicher Ausprägung von unterschiedlichen Lagern für sich reklamiert wird. Der andere Ansatz hat kein gängiges Etikett; er scheint mir aber geprägt durch den empirischen Bezug auf größere Datenmengen und den Versuch, sie mehr oder weniger maschinell zu analysieren.

2. Die distributive Semantik ist ein Kind des Strukturalismus. Sie ist nie zu einer Modeerscheinung geworden, größere Untersuchungen in ihrem Theorierahmen sind selten. Ihre Rolle spielte sie mehr in theoretischen Auseinandersetzungen, vielleicht weil sie eine Provokation für traditionelle wie moderne Theorien war. In der Analyse größerer Textkorpora scheint sie auch ihren Einfluss zu haben.

3. Fast alle Semantiken, die wissenschaftliche Dignität beanspruchen, haben mit Daten wenig im Sinn. Sie scheinen darauf zu vertrauen, Semantiker wüssten, was die Wörter bedeuten. Sie müssten nur gehörig nachdenken und dann eben eine Ordnung schaffen.
Die Ordnung der Semantik ist allerdings die Ordnung der Beschreibungssprache. Eine andere Eigenheit gängiger Semantiken ist, dass sie Bedeutungen beschreiben, gar festschreiben wollen in einer anderen Sprache. Oft ist diese Sprache sogar als universal gedacht und behauptet. Dies ist wohl nur durch sprachtheoretische Argumentation, wenn nicht aus der Welt zu schaffen, doch zu widerlegen.

4. Wenn man die Bedeutung eines Lexems ermittelt hat, bleibt immer noch die Frage, wie man die Ergebnisse plausibel darstellt. Mit dem Problem semantischer Formate hat man sich bisher kaum befasst. Vielmehr war man wohl der Meinung, dass die Darstellung der Ergebnisse und ihre Vermittlung mehr oder weniger zusammenfallen. Doch: Insofern wir ja irgendwie die Bedeutungen unserer Wörter sowieso schon kennen, kann die Aufgabe der Semantik doch nur sein, sie übersichtlicher und klarer darzustellen. Was sonst?

1.1 Grundlagen

Was gibt ihm Leben? – Im Gebrauch lebt es.
Ludwig Wittgenstein

5. Die distributive Semantik geht davon aus, dass die Bedeutung von Lexemen sich im Textstrom konstituiert, dass sie im Textstrom erworben wird, dass sie sich also im Text zeigen muss. Darum scheint es nahe liegend, dass Semantiker Bedeutungen auch aus Texten destillieren können. Eine wesentliche Aufgabe der Semantik wäre es, entsprechende Destillationsmethoden zu entwickeln. Dem wollen wir uns später widmen.
Zuerst einmal etwas Grundlegendes zur Bedeutung. Denn hier begeben wir uns auf hochkultiviertes Land, das von Meinungen übersät ist.

6. Die distributive Semantik kann man als Spielart oder als Ausführung einer Gebrauchstheorie der Bedeutung ansehen. Zentraler Slogan der Gebrauchstheorie – er wird meistens Wittgenstein zugeschrieben – ist: Die Bedeutung eines Wortes ist sein Gebrauch in der Sprache.
Dieser Slogan wehrt bestimmte Auffassungen ab. Er richtet sich gegen die Idee,
– es gebe eine sprachfreie Welt, die für Bedeutungen bestimmend sei,
– es gebe ein Reich der Bedeutungen in Unabhängigkeit von den Zeichen,
– es gebe Bedeutungen als identifizierbare Gegenstände,
– es gebe Bedeutungen ohne die Sprecher, die Zeichen verwenden.
Das alles sollten Sie vergessen, wenn Sie sich mit dieser Theorie befassen.

7. Wittgenstein hat den Slogan nicht nur geprägt, sondern auch seinen Geist bestimmt. Er reflektiert nicht auf der sozusagen ontologischen Ebene der Bedeutung, sondern etwas weiter oben über die Möglichkeiten, Bedeutungen zu erfassen und zu beschreiben. Darum heißt es bei ihm:

> Ich kann aber auch sagen: Die Bedeutung eines Wortes ist das, was die Erklärung der Bedeutung erklärt ... Die Erklärung der Bedeutung erklärt den Gebrauch des Wortes. Der Gebrauch des Wortes in der Sprache ist seine Bedeutung. (Wittgenstein 1967:23)

> Man kann für eine *große* Klasse von Fällen der Benützung [sic!] des Wortes "Bedeutung" – wenn auch nicht für *alle* Fälle seiner Benützung – dieses Wort so erklären: Die Bedeutung eines Wortes ist sein Gebrauch in der Sprache. (Wittgenstein 1967:43)

"Die Bedeutung des Wortes ist das, was die Erklärung der Bedeutung erklärt."
D.h.: willst du den Gebrauch des Wortes "Bedeutung" verstehen, so sieh nach, was man "Erklärung der Bedeutung" nennt. (Wittgenstein 1967:560)

Auf dieser Ebene sollten sich Linguisten auch bewegen.

8. Wittgenstein behandelt im Zusammenhang der Bedeutung besonders die Tatsache, dass unser Sprechen von Regeln geleitet sei. *Bedeutung* verwendet er zwar manchmal im Fregeschen Sinn für den Gegenstand, der mit einem Wort bezeichnet ist, öfter aber im Sinn eines Potentials, das die je einzelne Verwendung ermöglicht und verstehbar macht. Insofern ist eine Variante des Slogans nicht ganz schief: Die Bedeutung eines Wortes ist die Regel seines Gebrauchs. Diese Variante verkennt aber, dass *Gebrauch* im gleichen Sinn vage ist. Der Gebrauch ist einerseits Usus, Gewohnheit, andererseits die tatsächliche Äußerung, das historische Kommunikationsereignis sozusagen.

Damit macht es nicht unbesehen Sinn, den Gebrauch zu verkürzen, von bestimmten Aspekten des Gebrauchs abzusehen und sie in der Betrachtung zu vernachlässigen. Vielmehr ist der Gebrauch dann eigentlich alles, was je mit einem Wort getan oder erreicht wurde. Jede Begrenzung, jede Fokussierung und jede Abgrenzung im Gebrauch und in der Historie eines Worts muss gerechtfertigt werden.

9. In der Idee der Bedeutungsbeschreibung verbirgt sich noch oft die Vorstellung der Bedeutung als einer Entität, die man beschreiben könne. Von da ist es nur ein Schritt, sich auf Substantive zu beschränken und als deren Bedeutung die Gegenstände zu beschreiben, die sie bezeichnen können. Als Verwissenschaftlichung der Beschreibung wird dann sogar die Möglichkeit gesehen, den Gegenstand wissenschaftlich exakt zu beschreiben, z.B. H_2O für Wasser (Bloomfield 1935:139). Daraus auch die Zuständigkeit der Psychologen für Gefühle.

Wenig Überlegung zeigt, dass dies mit einer Beschreibung sprachlicher Kompetenz wenig zu tun hat. Denn die meisten Sprecher wussten von dieser Beschreibung nichts, könnten sie auch heute nicht verstehen. Sie ist außerdem grundfalsch, wenn sie den tatsächlichen Gebrauch des Wortes *Wasser* charakterisieren sollte.

In Wörterbüchern sind solche Angaben Legion. Was weiß ich denn über die Angst oder das Wort, wenn ich erfahre, sie sei ein psychischer Zustand?

10. Der Verweis darauf, dass die Bedeutung eines Satzes in der physikalischen und in der sozialen Welt gelernt wird, darf nicht als Verweis auf einen vorgegebenen Bezug hingenommen werden.

(i) Indem ein Kind lernt, im Zusammenhang mit welchen Gegenständen ein Wort gebraucht wird, lernt es auch, was diese Gegenstände sind.
(ii) Indem ein Kind lernt, wie Partner auf seine sprachlichen Äußerungen reagieren, lernt es nicht nur, was seine Äußerungen bewirken und bedeuten, sondern zugleich auch, was die Reaktionen bedeuten.

In der Ontogenese haben wir – wie überhaupt – nicht festen Boden unter den Füßen, von dem aus wir uns den Rest ergehen.

11. Es gehört zur professionellen Aufgabe des Semantikers von und über Bedeutungen zu sprechen. Aber: "Die Bedeutung des Wortes W_0" verführt dazu, als definite Deskription genommen zu werden, und dies hinwiederum zu der Annahme, Bedeutungen seien Gegenstände besonderer Art. Den ontologischen Status solcher Gegenstände zu bestimmen, hat viel Diskussion gekostet. Austin beginnt seinen berühmten Essay "The Meaning of a Word" mit der Gegenüberstellung sinnvoller und nicht-sinnvoller Redeweisen. Sinnvoll seien:

(1) What-is-the-meaning-of (the word) "rat"?
(2) What is a "rat"?

Nicht sinnvoll seien:

(3) What-is-the-meaning-of a word?
(4) What is the-meaning-of-a-word? (Austin 1961:23)

Quine hat in einem nicht minder berühmten Essay gezeigt, dass man ohne die Hypostasierung auskommt. Es genügt, dass Wörter bedeutungsvoll sind und dass man Bedeutungsgleichheiten angeben kann (Quine 1963:11). Die Bedeutung eines Wortes angeben läuft dann darauf hinaus, synonyme Ausdrücke zu nennen.

12. Eine gängige Argumentation für Synonymie oder Bedeutungsgleichheit geht so: Zwei Sätze S_1 und S_2 haben die gleiche Bedeutung, weil sie das Gleiche bezeichnen. Was aber bezeichnen sie? Sie sind Namen für die gleiche Proposition. Mit der Proposition ist etwas eingeführt, von dem wir zwar nicht genau wissen, was es ist, es scheint aber in der klassischen Bezeichnungstheorie seinen Dienst zu tun.

1.1 Grundlagen

Wenn wir nun versuchen, die postulierten Propositionen (im Reich der Ideen?) zu identifizieren, werden wir auf Sätze und auf unklare Ausdrücke zurückgeworfen. Nicht so offenkundig wie "Zwei Sätze bezeichnen die gleiche Proposition, wenn sie die gleiche Bedeutung haben", aber doch

(5) Zwei Sätze bezeichnen die gleiche Proposition, wenn sie äquivalent sind.

(6) S_1 und S_2 bezeichnen die gleiche Proposition genau dann, wenn: S_1 ist notwendigerweise wahr, wann immer S_2 wahr ist.

Wenn aber Propositionen nur mit Äquivalenzen von Sätzen identifiziert werden können, dann können wir auch direkt von den Relationen zwischen Sätzen ausgehen (Quine 1970:10). Denn die Proposition bringt uns nichts, was uns die Sätze nicht brächten.

13. Traditionelle Beschreibungen von Bedeutung stellen das zu beschreibende Wort in ein mehr oder minder kompliziertes Netz von Ausdrücken einer Beschreibungssprache, von Merkmalen usw. Die einfachste Art ist die Bedeutungsangabe im Wörterbuch: *Wasser* 'klare, farblose, durchsichtige Flüssigkeit'. Diese Angabe ist nicht einmal eine definitorische Äquivalenz, da nicht jede klare, durchsichtige Flüssigkeit Wasser ist; sie ist sozusagen explikativ gedacht, als erster Hinweis auf die Bedeutung. Wichtiger aber: Sie kann die Variabilität und Dynamik der Bedeutung nicht erfassen. Wie wird sie damit fertig, dass unter den Belegbeispielen dann *blaues Meer* angeführt wird, das ja nach der Definition eine Kontradiktion enthielte?
Analoges gilt für die Darstellung der Bedeutung in Netzwerken, die meistens eine direkte Erweiterung der traditionellen Definition bleiben.

14. Solche Bedeutungsangaben für ein Wort W_i bestehen letztendlich darin, dass ein anderer Ausdruck A_j gegeben wird, der das gleiche bedeutet. Sie haben also die Form:

(7) W_i bedeutet das gleiche wie A_j.

In der Feststellungsprozedur mögen dazu auch schwächere semantische Relationen Anwendung finden (Hyponymie etc.).

15. Noch lieber hätten viele eine Bedeutungsangabe der Form:

(8) W_i bedeutet das gleiche wie W_j.

Eine solche Feststellung ist aber aus mehreren Gründen selten zu treffen.

(i) In dieser Form würden wir voraussetzen, dass es ein synonymes Wort in dieser oder einer andern Sprache gibt. Das aber ist selten – eher nie – der Fall; kein Wort sagt genau das Selbe wie ein anderes. Eben darum landen wir häufiger bei der Form (7). Wir verwenden also einen längeren Ausdruck A_j oder eine Wortkette als Bedeutungsangabe. Die Wortkette ist grammatisch strukturiert.

(ii) Häufig aber sind auch Feststellungen wie (7) nicht zu treffen, weil es keinen flächendeckenden Ausdruck A_j gibt. W_i mag in manchen Verwendungen so viel wie A_1, in andern soviel wie A_2 bedeuten. Das wird gewöhnlich als Polysemie von W_i angesehen, ist allerdings nicht notwendig so zu sehen. Es kann ja insbesondere grundsätzlich so sein, dass kein A_j die Bedeutung von W_i erschöpft, oder wir haben es mit einer akzidenziellen Eigenschaft von A_1 und A_2 zu tun, die methodisch leichtfertig als Polysemie von W_i gedeutet wird.

Eine gängige Abschwächung von (8) lautet darum:

(9) W_i bedeutet in manchen Verwendungen das gleiche wie A_j.

Dies ist sicherlich der Normalfall (cf. Alston 1964:38).

16. Vieles spricht gegen die Gleichungsidee und dagegen, die Synonymie zur Grundlage der semantischen Beschreibung zu machen:

(i) Strenge Synonymie scheint es in einer Sprache nicht zu geben.
(ii) Synonymie zwischen Ausdrücken verschiedener Sprachen kann es nicht geben.
(iii) Der Gebrauch eines Wortes mag gegliedert oder gar gesplittet sein: In manchen Zusammenhängen scheint W_i mit A_j synonym, in andern mit A_k.
(iv) Semantiker geben nicht nur Relationen zwischen gleichstufigen, zitierten Ausdrücken an; sie können auch die Verwendung von W_i charakterisieren oder beschreiben.

17. Die isolierte Betrachtung von W_i kann nach der Gebrauchstheorie nicht zu Ergebnissen führen. Die Isolierung muss mindestens in zweierlei Hinsicht überwunden werden:

(i) Ein Wort muss mit andern kontrastiert werden, um die Grenzen seiner Bedeutung abzutasten.
(ii) Ein Wort muss im Zusammenhang mit andern Wörtern betrachtet werden, insbesondere sind kommunikative Verwendungen immer Verwendungen in Sätzen.

Ein Wort wird also in Sätzen verwendet; eine Wortbedeutung ist zu ermitteln als Beitrag zu Satzbedeutungen. Darum ist

(10)　W_i bedeutet das gleiche wie W_j.

zurückzuführen auf

(11)　S_1 bedeutet das gleiche wie S_2,

wobei W_i ein Teil von S_1 ist. Aussagen dieser Form sind einer empirischen Betrachtung zugänglicher, weil man etwa die Wahrheitsbedingungen von S_1 und S_2 überprüfen kann. Aber sie bleiben immer noch dem explikativen Ansatz verpflichtet, der Bedeutungen mit Hilfe anderer Wörter erklären will.

18. Die Rückführung auf Sätze ist auch ein Reflex der Überzeugung: "Nur im Zusammenhang eines Satzes bedeuten die Wörter etwas." (Frege 1884:§64) oder "Nur im Zusammenhang eines Satzes hat ein Name Bedeutung" (Wittgenstein 1969:20). Die Bedeutung eines Worts ermitteln wir als Beitrag zur Satzbedeutung.
Die Bedeutung eines Satzes ergibt sich aus der Bedeutung seiner Wörter. Und umgekehrt!
Die Bedeutung ist überhaupt nur im Gebrauch entstanden. Und sie entsteht ständig neu.
Mal anders gesagt: Sie verändert sich. Noch anders gesagt: Sie ist nicht etwas, sondern eine Feststellung des Gebrauchs, ein Kondensat der Verwendung.

19. Die Betrachtung der Bedeutung des Wortes im Zusammenhang von Sätzen ist der erste Schritt zur Einbettung in den Gebrauch. Der zweite Schritt besteht im Ausbuchstabieren, worin der Gebrauch besteht. Gemäß der Sprechakttheorie liegt der wesentliche Aspekt des Gebrauchs von Sätzen darin, illokutionäre Akte zu vollziehen. Die Bedeutung eines Satzes ist demnach sein illokutionäres Potential (cf. Alston 1964:36). Die Bedeutung eines Wortes besteht in seinem Beitrag zum illokutionären Potential von Sätzen, in denen es verwendbar ist.

Nur, wie gewinnt man das illokutionäre Potential und in welchem Format stellt man es dar? Und vor allem: Was heißt hier "Beitrag" und wie isoliert man den?

20. Die Lokalisierung eines Zeichens im Netz anderer Zeichen, seine Bestimmung und Abgrenzung im Geflecht der andern Zeichen ist eines der Postulate de Saussures. Es ist die Grundlage der strukturalistischen Überzeugung, dass jedes Objekt sich im strukturellen System konstituiert. Die Überzeugung prägt die verschiedenen strukturellen Semantiken und die relationale Semantik.
Das Programm der relationalen Semantik hat besonders Lyons verfolgt. Ausgangspunkt seiner Theorie ist, dass jedes Wort in Sinnrelationen zu andern steht und dass "the sense of a lexical item is the whole set of *sense-relations* (including synonymy) which it contrasts with other items in the vocabulary" (Lyons 1968:428). In seiner frühen Arbeit (Lyons 1963) hat er das Programm stringent ausgearbeitet. Die Sinnrelationen sind hergeleitet von logisch wahren, also analytischen Junktionen. Sie machen Aussagen über Sätze, sind also metasprachlich gedacht (im Gegensatz zu den einfachen Junktionen). Es soll wohl gelten: Hyponymie ≈ Implikation (Lyons 1968:454), Synonymie ≈ Äquivalenz (Lyons 1968:450), Antonymie ≈ Exklusion (oder vielleicht schwächer: Unverträglichkeit).
In der späteren Arbeit (Lyons 1968) hat er das Konzept ausgeweitet und in meinen Augen verwässert, indem er es öffnet für Relationen, deren logischer Status weniger klar ist.

21. Der große Vorteil dieses Konzepts ist die arme Metasprache, die im Grunde nur die Sinnrelationen umfasst. Semantische Angaben bleiben auf dem Level der Objektsprache, alles wird sozusagen in der Sprache ausgetragen. Die relationale Semantik geht davon aus, dass auch Merkmale nur Wörter oder Wortketten sind. Sie haben also keinen prinzipiell anderen Status.
Merkmale als Elemente eines Meta-Vokabulars zu definieren ist ein theoretisches Artefakt. Es lebt von der Fiktion, es gebe eine sprachunabhängige, universale Sprache. Dagegen: Semantische Relationen sind Relationen zwischen Elementen mit gleichem Status. Eine sog. Stufenverschiedenheit oder ein Meta-Verhältnis ist hier nicht erforderlich. Es könnte Bedeutungen auch nicht erklären, weil es in unsrer Sprache kein echtes Meta gibt.

22. Allerdings hat die Theorie doch einige Probleme. Interne Probleme sind:

(i) Ungeklärt ist die Frage, wie die Sinnrelationen von Sätzen heruntergebuchstabiert werden auf deren Teile, auf Wörter etwa:
  (12) Dies ist Neid.
  (13) Dies ist Eifersucht.
  (14) Ich spüre Neid.
  (15) Ich spüre Eifersucht.
  Bei koreferenter Verwendung von *dies* würden sich (12) und (13) wohl exkludieren, somit wären *Neid* und *Eifersucht* Antonyme (nach einer möglichen Definition). Für (14) und (15) wäre aber – wieder bei Koreferenz des *ich* usw. – weder Exklusion gegeben noch die Sinnrelationen zwischen *Neid* und *Eifersucht* herleitbar.

(ii) Im Laufe der Zeit setzte eine Inflation der Sinnrelationen ein. Methodische Anforderungen wurden nicht formuliert, etwa die Unabhängigkeit der einzelnen Sinnrelationen, Fragen ihrer Ableitbarkeit usw.

Ein wichtiges externes Manko ist:

(iii) Mit den Sinnrelationen ist das unflexible propositionale Modell vorausgesetzt. Demnach sind Bedeutungen klar geschnitten, nur was inferenziell zu erfassen ist, gehört zur Bedeutung. Prototypische Überlegungen gibt es nicht. Nicht-durchgängige Implikationen führen zum Splitten der Bedeutung (Polysemie-Postulat) oder zur Irrelevanz.

23. Sollte es wirklich ein Vorteil einer Semantik sein, dass alles in der Sprache ausgetragen wird? Gehören nicht die Situationen, in denen Wörter verwendet werden, mit zum Gebrauch? Ja sicher. Aber in der Beschreibung von Bedeutungen kann die Menge der Situationen und Ereignisse nicht außersprachlich bleiben. Insofern sie in die Beschreibung eingeht, wird sie versprachlicht. Sie besteht in Texten und Sätzen.

Solche Beschreibungen könnten also die Form haben:

(16) S_1 wird gebraucht, wenn T_1.
(17) S_1 wird gebraucht, um zu erreichen, dass T_1.

Ein Versuch, diese Beschreibungsform vor der gefürchteten Sterilität und Luftigkeit (Unabhängigkeit von der Welt) zu retten, ist wieder, T_1 als zu einer andern Sprache oder Sprachstufe gehörig zu erklären. Aber was soll das helfen? Wer T_1 als zu einer Metasprache gehörig ansieht und den Zirkel so vermeiden will, der muss wenigstens zeigen, dass er seine Metasprache einführen oder definieren kann, ohne auf eine Sprache zurückzugreifen. Denn auch T_i gehört zu einer Sprache. Und vor allem: Was lässt ihn hoffen, dass diese Metasprache adäquat ist und die Bedeutungen tatsächlich erfasst?

24. Lange Zeit waren Linguisten bestrebt, eine Grenze zu ziehen zwischen dem sogenannten sprachlichen Wissen und dem sachlichen oder enzyklopädischen Wissen (analog: sprachliche Bedeutung und Sachbedeutung). Dieses Bemühen musste sich natürlich nicht auf alle lexikalischen Kategorien erstrecken. Sensitiv waren besonders die Substantive (möglicherweise auch Verben und Adjektive). Das Bemühen bestand letztlich darin, einen je konstanten Kern als Bedeutung aufzufassen, eine flexiblere Peripherie als Sachwissen.
Die Rechtfertigungen der Unterscheidung gleiten schnell ab: Sie diskutieren Wörter wie *Hund*, *Tiger*, *Löwe* und fragen gleich, welche Eigenschaften der Spezies notwendig zukomme oder wie der Begriff "Löwe" zu definieren, abzugrenzen oder dergleichen sei. Kein Wort mehr von den Wörtern und deren Verwendung. Hinzu kommt schnell noch die Idee, es sei erstrebenswert die Spezies oder den Begriff, das Konzept so zu charakterisieren, dass es von allen andern unterschieden sei. Aber warum so ärmlich?

25. Die ärmlichste Behandlung widerfährt in diesem Ansatz den Eigennamen. "Ein Name hat keine Bedeutung. Darum gehört er auch nicht ins Wörterbuch." Das skizziert eine gängige schematische Auffassung traditioneller Bedeutungstheorien. Namen sind die Musterbeispiele für Wörter, die enzyklopädisches Wissen tragen. Aber hat nicht auch ein Name seinen Gebrauch?
In der frühen logischen Semantik gab es die Ansicht, die Bedeutung eines Namens sei sein Träger (Frege, Russell). Dagegen opponierte Wittgenstein in seiner späteren Zeit. Der Träger kann vergehen, der Name und seine Verwendung aber bleiben bestehen. Ja, sogar wenn es nie einen Träger gegeben hat, können wir den Namen regulär verwenden, wie etwa *Moses* (Wittgenstein 1967:79).
Ein anderer Aspekt der Namen ist der: Wenn wir jemandem einen Namen erklären, dann geben wir ihm normalerweise eine Kurzdefinition. Würden wir den Namen im Lexikon aufnehmen, so gäben wir auch da eine Kurzdefinition. *Tschernobyl* ist der Name einer Stadt in der Ukraine. Das aber ist kärglich.

26. Eine Analyse der Verwendung eines Namens bringt Anderes zutage. Wir erkennen: Tschernobyl war eine Katastrophe. Sicherlich ist nicht falsch, dass

Tschernobyl eine Stadt ist. Dies gehört zum Grundwissen und mag für gewisse Verwendungszüge entscheidend sein. Das Eigentliche, das, was die Verwendung des Namens begründet, ist aber etwas anderes. Es ist eben Tschernobyl.

(18)   Tschernobyl war eine Katastrophe.

Offenkundig wird *Tschernobyl* verwendet zur Bezeichnung dieser Katastrophe und nicht nur zur Bezeichnung der Stadt. Sonst wäre auch das Tempus in (18) eigenartig. Die Stadt existiert ja noch.

27. Eine puristische Bedeutungstheorie würde also sagen:

(i)   *Tschernobyl* ist ein Eigenname und hat gar keine Bedeutung.
(ii)   *Tschernobyl* ist ein Eigenname für eine Stadt in der ehemaligen UdSSR.

Die Annahme (i) widerspricht eklatant der gebrauchstheoretischen Grundüberzeugung. *Tschernobyl* eignet sich für die semantische Analyse genauso wie *Liebe* oder *Gefühl*, die Ergebnisse sind auch nicht spektakulär anders. Dies kann aber gegen unsere Grundauffassung gewendet werden: Weder im Fall *Tschernobyl* noch im Fall von *Liebe* untersuche die distributive Analyse die Bedeutung der Wörter. Insofern sei die Analogie unerheblich. Wir sind zurückgeworfen auf die (dogmatische?) Bedeutungsauffassung.

28. Das Bemühen der Trennung von Sprachwissen und Sachwissen wurde in neueren theoretischen Arbeiten gedämpft, besonders auch durch das Aufkommen der Prototypentheorie. In praktischen Arbeiten war es sowieso weniger spürbar, wenngleich gerade Praktiker die Unterscheidung immer wieder proklamierten und gar zur Unterscheidung von Wörterbuch und Lexikon reklamierten. Während enzyklopädische Darstellungen die Grenze nach ihren Adressaten ziehen können, mehr oder weniger detailliert beschreiben mögen, sollte die linguistische Beschreibung eine – sozusagen natürliche – Grenze haben. Das war nicht unbequem, es begrenzte die eigene Aufgabe.

29. Tatsächlich gibt es unterschiedliche Blick- und Stoßrichtungen. Es ist eine andere Fragestellung, wie das Wort *gehen* verwendet wird und was bei seiner Verwendung verstanden wird, als was beim Gehen vor sich geht, welche Muskeln und Nerven aktiviert werden etc. Dies heißt aber nicht, dass zum Verstehen nicht Wissen über die Vorgänge (die Welt) gehöre. Vielleicht kann man den Artikel eines (idealen) Sachlexikons tatsächlich übersetzen – außer das Lemma.

Was wäre, wenn Experten entdecken würden, dass man zum Gehen die Füße gar nicht braucht? So etwas geht nur über lange, lange Zeit; und da hätte sich gewiss die Bedeutung geändert. Im übrigen haben Uhren keine Füße.

30. Eine Idee der Trennung von sprachlichen und faktischen Elementen der Bedeutung war, dass faktische Elemente irrelevant seien, um den Ausdruck, den Satz zu verstehen. Das ist indessen nur eine willkommene Verlagerung auf das Verstehen. Ein Verstehen auf der Basis solcher Art Wortbedeutung wäre aber ärmlich. Wie gut, wie richtig verstünde man eine Verwendung, wenn man nur solche sprachlichen Elemente versteht? In vielen Fällen bekäme man den eigentlichen Witz nicht mit.
Verstehen, Relevanz, Irrelevanz usw. sind graduelle und verwendungsbezogene Ausdrücke, mit denen man nur graduelle und variierende Bedeutungen kondensieren kann.
Kehren wir also die Betrachtung um und gehen aus vom Verstehen: Die Elemente der Bedeutung ergeben sich aus den Elementen, die für das Verstehen wichtig, relevant usw. sind. Das sind aber nicht immer die gleichen und nicht einmal ein fester Grundstock.

31. Die Ontogenese ist das Beispiel dafür, dass es nicht mit Bedeutungen anfängt. Als Kind lernt man die Reaktionen kennen auf bestimmte Kommunikationsversuche. Ja man lernt erst, das etwas als Kommunikationsversuch verstanden wird. Die Reaktionen, die passen, werden individuell als regulär verarbeitet. Da man immer mehr und mit immer mehr Individuen kommuniziert, wächst die Koordinationsbreite der vermuteten Regularität oder des autopoietisch erzeugten Sinns. Muss man anfangs alle Reaktionen als sakrosankt hinnehmen, man lernt ja erst, wie das Ganze geht, so kann man später schon leichte Abweichungen tolerieren und letztlich sogar ignorieren. Man lernt, sie jeweiligen Individuen zuzuschreiben, ohne am Funktionieren des ganzen Unternehmens zu zweifeln.

32. Die Ontogenese ist nur möglich durch Verwendung von Sätzen in Situationen und in Interaktionen. Nur dadurch gibt es den Zusammenhang zur Welt und zum sozialen Lernen. Aber in der Sozialisation geht dieser Zusammenhang ins Wissen. Eine Art Abnabelung: Beim Lesen eines Texts muss keine relevante Situation und keine spezifische Interaktion da sein. Dennoch ist die Information entnehmbar. Reine wissensorientierte Rezeption, auf Vorrat sozusagen.

Also: Der Sinn ist auch allein im Text. Allerdings mit – möglicherweise entferntem – Bezug auf Situation und Interaktion.

33. Mit der Phylogenese ist es nicht viel anders. Denn irgendwie steckt ja die Ontogenese auch in der Phylogenese. Bedeutungen entstehen und wandeln sich im Gebrauch. Für uns ist der Gebrauch eines Wortes erst einmal ein unüberschaubarer Ausschnitt aus der ganzen Geschichte. Eine Bedeutungserfassung ist der Versuch, diesen Ausschnitt intensional zu erfassen und zu charakterisieren. Mit wenigen Ausdrücken?

1.2 Semantisches Wissen

> *We look at the language and we look at the world
> and we look back and forth.*
> Paul Ziff

34. Nach dem Saussureschen Zeichenmodell unterscheidet man bei sprachlichen Zeichen ihren Ausdruck und ihren Inhalt. Beide sind konventionell miteinander verbunden, beide existieren aber nicht unabhängig von einer Sprache. Sie existieren nur qua Zeichen, also in einer Sprache und durch eine Sprache.
Und beide Seiten wie das ganze Zeichen sind Schematisierungen. Der Ausdruck ist nicht das physikalische Lautereignis, der Inhalt ist nicht das je Gemeinte (Saussure 1984:98; Jäger 1983).
Die Schemata sind konventionell, sie haben ihr individuelles Pendant, insofern sie im sprachlichen Wissen einzelner Individuen sind. Das semantische Wissen eines Individuums besteht also in der Kenntnis der jeweiligen Konvention – oder besser in Hypothesen über die Konvention. Oder noch besser: Die Konventionen sind solche Hypothesen.

35. Das semantische Wissen ist die subjektive Seite der Bedeutung. Lange war es in der Semantik üblich, zwischen dem sogenannten sprachlichen Wissen und dem enzyklopädischen Wissen zu unterscheiden. Es ist aber nicht gelungen, eine Grenze zu ziehen, und ebensowenig zu zeigen, wie diese Unterscheidung auf beliebige Wortarten auszudehnen wäre und zutreffen könnte.
Die Idee eines sprachlichen Wissens scheint geleitet von der Idee einer homogenen Sprache, die alle Sprecher gleichermaßen beherrschen. Wir wissen aber, dass verschiedene Sprecher und Sprechergruppen Verschiedenes verbinden mit Wörtern, ja dass es sogar semantische Kämpfe gibt. Eine flexiblere und dynamischere Vorstellung der Sprache kann die Idee der Homogenität aufheben.

36. Die lexikographische Semantik ist bemüht, eine enge Grenze in der Bedeutung zu ziehen und einen inneren Kern herauszuheben. Dies ist eine praktisch orientierte Tradition. Wie weit sie Wörterbuchbenutzern tatsächlich entgegenkommt, ist nicht bekannt.
Was die Kommunikation betrifft, scheint es zur Kompetenz der Sprecher zu gehören, je nach dem Partner (natürlich den Annahmen über den Partner) nur ein

Verständnis mittlerer Tiefe zu erwarten. Falls periphere Regionen der Bedeutung genutzt werden sollen, sind besondere Bedingungen gegeben:

(i) gute wechselseitige persönliche Kenntnisse,
(ii) gemeinsames episodisches Wissen,
(iii) verstärkende und verdeutlichende Äußerungen.

Eine Grenze in der Bedeutung ist aber prinzipiell nicht zu ziehen.

37. Die Grenze zwischen Sprachwissen und Sachwissen muss nicht gezogen werden. Die semantische Welt wird reicher ohne sie. Man muss allerdings einige Eigenschaften des Wissens beachten.

(i) Weder kollektives noch individuelles Wissen sind homogen. Einmal wissen verschiedene Sprecher Unterschiedliches und unterschiedlich viel. (Wem das nicht einleuchtet, der möge *Wissen* durch *Glauben* ersetzen und sich der Gefahr des kognitiven Imperialismus aussetzen). Dann gibt es sozusagen eine Art Alltagswissen, das alle Sprecher weitgehend teilen, und ein Expertenwissen. Beide sind nicht unbedingt verträglich, und beide sind nicht innerlich homogen. Sprechergruppen mögen unverträgliches, widersprüchliches Wissen haben, und erst recht Experten.

(ii) Individuelles Wissen ist nicht ständig und vollständig präsent. Es wird im Verstehen relevant und aktiviert. Bei verschiedenen Gelegenheiten mag Wissen in unterschiedlichen Bereichen und in unterschiedlicher Tiefe gefragt sein. Dies gilt für das Verstehen wie für Sachdiskussionen.

Das vollständige gemeinsame Wissen und seine vollständige Präsenz sind Fiktionen.

38. Die wissenschaftliche Wahrheit ist es nicht, was die Bedeutung ausmacht. Sonst gäbe es keine Bedeutung. Wenn die Bedeutung der Zeichen das ist, was den Sprechern Kommunikation und Verstehen ermöglicht, dann ist es abstrus anzunehmen, einige Experten kännten die wahre Bedeutung. Das hieße, dass all die anderen sich gar nicht recht verstehen könnten und dass unsere Vorfahren sich über weite Strecken nicht verstanden. Ja, da unsere Kenntnis der Wahrheit bekanntlich nicht sicher oder abgeschlossen ist, könnten wir uns jetzt und in Zukunft nicht verstehen.

39. In traditionellen Semantiken ist es üblich, verschiedene Arten der Bedeutung zu unterscheiden: die eigentliche, die sprachliche, die emotive, die assoziative, die subjektive, die stilistische usw. Wer diese Unterscheidungen macht, muss sie theoretisch rechtfertigen.

Die stilistische Bedeutung – so eine Rechtfertigung (Alston 1964:47) – habe nichts zu tun mit dem, was gesagt wurde, sondern damit, wie es gesagt wurde. Diese Unterscheidung trifft sich mit einem praktischen Vorurteil. Die Frage ist: Kann es theoretisch gerechtfertigt werden? Trägt die alternative Verwendung von *transpirieren* und *schwitzen* nicht unterschiedlich zum kommunikativen Potential bei? Bestimmt. Aber wie grenze ich das illokutionäre Potential aus dem kommunikativen Potential aus, so dass es gerade mit jenem Unterschied koinzidiert? Ein zirkuläres Argument steht vor der Tür.

40. Verschiedene Komponenten der Bedeutung können gerechtfertigt werden mit der Unterscheidung verschiedener Arten von Bedingungen ihrer Verwendungen (Alston 1964:47). Dies dient nicht mehr der Abwehr bestimmter Bedeutungsaspekte, sondern ihrer Klassifizierung. So könne unterschieden werden zwischen kognitiver Bedeutung und emotiver Bedeutung. Die emotive Bedeutung habe zu tun mit Einstellungen und Wertungen des Sprechers, die kognitive mit anderen Bedingungen. (Mit welchen?) Wer sagt: *X ist ein Spitzel* gibt damit zu erkennen, dass er eine negative Einstellung zu X hat. Dies ist regulär, also regelhaft mit dem Wort *Spitzel* verbunden, und es wird kommuniziert, das heißt, der Sprecher ist dafür verantwortlich, er hat es zum Ausdruck gebracht.

Im Gegensatz zur stilistischen und zur assoziativen Bedeutung gehört diese Komponente unstrittig zur Bedeutung des Worts.

41. Die assoziative Bedeutung – so eine Rechtfertigung (Alston 1964:46) – beruhe nicht auf einer allgemeinen Regularität. Insofern sie nicht regulär ist, sei sie eher subjektiv. Zum Beispiel könne man gegenüber einem Sprecher die entsprechenden Komponenten des Gesagten nicht einklagen. Aber erstens sind Assoziationen durchaus nicht subjektiv. Die Literatur ist voll davon, dass gerade die schnellen und häufigen Assoziationen regulär sind; sogar entsprechende Normbücher wurden erarbeitet (Postman/ Keppel 1970). Und zweitens ist doch die Frage, welche semantischen Regularitäten überhaupt regulär sind in dem Sinn, dass sie für alle Sprecher und immer gelten. Hier wird nur an eine fiktive sprachliche Homogenität appelliert (von der wir natürlich alle überzeugt sein müssen). Auch die Flexibilität bezüglich des Cancelns bestimmter Bedeutungszüge bleibt unberücksichtigt. Im übrigen scheint es nur ein kultureller Usus, dass inferenzielle Bedeutungszüge einklagbar seien. Man kann sich vorstellen, dass in einer Kultur assoziative Verbindungen verbindlicher wären als inferenzielle. Um eine solche Kultur zu finden, brauchen wir nicht weit zu gehen.

42. Natürlich steht Alston nicht allein. Er hat so ziemlich alle Linguisten auf seiner Seite.

> En outre, le champ associatif présente des différences d'un individu à l'autre, puisque chacun modifie en quelque mesure la langue commune; il diffère aussi d'un sous-groupe à l'autre; ainsi la diversité des professions ... (Bally 1940:195)
> Il serait facile de montrer que l'allemand Ochs ne dégage pas exactement les mêmes associations que boeuf: ainsi, pour nous borner à deux détails, Ochs fait penser au terme générique Rind, qui manque au français usuel (bête à cornes est à moitié savant, bovidé l'est tout à fait); de plus, si boeuf s'applique sans autre à la chair de l'animal ("Ce boeuf est d'un coriace!"), Ochs ne s'emploie jamais dans ce sens, c'est Rind qui prend ici sa place, et encore ne peut-il le faire que par composition (Rindfleisch, Rinderbraten, etc.). (Bally 1940:196)

Das ist richtig. Man muss nur der Assoziation ihren wahren Platz gönnen.

43. Die assoziative Beziehung "unit des termes *in absentia*" (de Saussure 1984:171). Die syntagmatische Beziehung verbindet Glieder in praesentia? Dies allerdings wäre eine eigentümliche Art von Präsenz. Denn zeitliche Abfolge besagt gerade, dass alles momentan ist und schnell vorbei. Sobald es aber im Gedächtnis ist, wird es schon nicht mehr echt präsent, jedenfalls auch absent im Sinn des Cours-Zitats und nicht mehr linear sein.
(Gibt es hier eine Verführung durch die Schrift? Doch in der Schrift ist es genauso. Zwar bleiben die Buchstaben und die Wörter präsent. Für uns aber sind sie nur in der Wahrnehmung und somit kognitiv präsent. Das scheint eine seltsame Mischung von linear und zweidimensional bzw. Wahrnehmungsbrocken und Struktur.)
Syntagmatisches wie Paradigmatisches kommen in Assoziationen vor. Darum sind sie nicht durch Assoziationen definierbar.
Wie ist aber das Syntagmatische gegen das Paradigmatische abgegrenzt?

44. Stellt man sich die Bedeutung eines Worts als einen semantischen Hof vor, in dem sich Züge, Kriterien, also andere Ausdrücke, mehr oder weniger eng um den Kern herum lagern, so wird einerseits erklärbar, wieso verschiedene Tiefen des Verstehens möglich sind und wieso bei der Vagheit der Wörter nicht ständig Missverständnisse auftreten.

Je nach dem Zustand des gemeinsamen Wissens werden die Sprecher bestimmte Regionen des Hofes aktivieren, und entsprechend tief wird das Verständnis sein. Wir halten unsere Kriterien des Verstehens entsprechend flexibel. Bei einem Partner, der nur allgemeines Wissen mit uns gemeinsam hat, erwarten wir nur normale Verstehenstiefe (vielleicht so weit, wie es das unterstellte sogenannte sprachliche Wissen ermöglichen könnte).

45. Mentale Strukturierungen verlaufen laut einer traditionellen Ansicht (cf. Raible 1981:4) nach zwei Prinzipien. Die Prinzipien basieren auf der Beurteilung in zwei Dimensionen. Jede Dimension ist darstellbar zwischen zwei Polen:

(i) Ähnlichkeit – Verschiedenheit
(ii) Nähe – Distanz

Die Dimensionen genügt es auch durch die graduellen Ausdrücke "Ähnlichkeit" und "Nähe" zu charakterisieren.
Es ist üblich, die beiden Dimensionen umzulegen auf die Unterscheidung paradigmatischer und syntagmatischer Relationen und damit auf die paradigmatische und syntagmatische Dimension sprachlicher Zeichen.

46. "The process determines the system" (Hjelmslev 1963:39).
"A process is unimaginable ... without a system lying behind it" (Hjelmslev 1963:39).
Dies umreißt das Paradox der Sprache. Einerseits ist eine Sprache und sprachliches Wissen Voraussetzung dafür, dass eine Kette ein Zeichen ist und verstanden werden kann. Andererseits ist Zeichenhaftigkeit und die Tatsache, dass eine Kette verstehbar ist, Voraussetzung dafür, dass überhaupt eine Sprache entstehen kann. Dieses Paradox ist höchstens evolutionär auflösbar. Es wirft aber die Frage auf nach dem Verhältnis von process und system, nach dem Verhältnis von Deutung und Bedeutung, nach dem Verhältnis von Kondensat und Schema.

47. "Le syntagmatique est la projection linéaire du paradigmatique" (Dubois 1969:102).
Aber:
Le paradigmatique est le syntagmatique déguisé.
Le paradigmatique est le syntagmatique condensé.

1.2 Semantisches Wissen

48. Ein Versuch, die Paradigmatik zu konstruieren aus der Syntagmatik, ist das Konzept der assoziativen Bedeutung. Schon die linguistischen Erzzeugen Paul und de Saussure hatten die paradigmatischen Beziehungen als assoziative gesehen.

Das Konzept der assoziativen Bedeutung löst das Grundproblem durch eine radikale Einschränkung der Syntagmatik. Es ermittelt die assoziativen Zusammenhänge von Wörtern im subjektiven Gedächtnis von Probanden durch Tests. In den Tests werden spezifische Wortzusammenhänge elizitiert, indem die Probanden Ketten von w_i produzieren, die ihnen zum Stichwort oder Stimulus einfallen. Die Ketten der w_i werden untersucht in Bezug auf Reihenfolge der w_i (rank), zeitliche Abstände der Äußerungen (latency) und Frequenz einzelner w_i in der Probandengruppe (frequency). Die Einschränkung der Syntagmatik beruht darin, dass die produzierten Texte, die Wortlisten, nicht offen grammatisch strukturiert sind und sozusagen extrakommunikativ gewonnen werden, insofern sie keine weitere praktische kommunikative Verwendung haben.

49. Untersuchungen der assoziativen Bedeutung gibt es für verschiedene Sprachen. Es wurden auch schon interkulturelle Unterschiede ermittelt (Szalay/Deese 1978). Ergebnisse werden normalerweise in Listen gegeben, man kann sie auch grafisch darstellen.

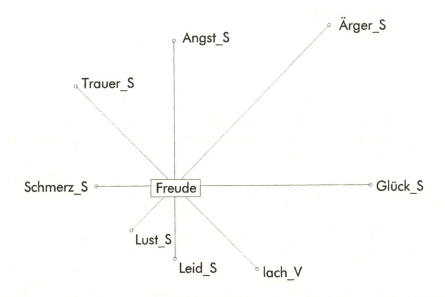

Abb. 1: Assoziationen zu Freude

Die Sterndarstellung basiert auf den Daten der umfänglichen Untersuchungen von Postman und Keppel (Postman/ Keppel 1970), die nach der sog. Kent-Rosanoff-Methode gewonnen wurden.

50. Das semantische Wissen eines Sprechers ist assoziativ strukturiert – so eine These und eine Theorie des Gedächtnisses. Die uralte These einer lingua mentalis korrespondiert damit. Wie sieht die lingua mentalis aus?
Ockham hat auf die lingua mentalis sein Rasiermesser angewandt. Nichts soll sie enthalten, was für den eigentlichen Gedanken unnötig sei (Wierzbicka 1980:3). Insbesondere oberflächliche grammatische Unterschiede der Deklination und Konjugation, der Wortarten usw. kennt die lingua mentalis nicht. Als verkürzt, fragmentarisch und zusammenhanglos haben andere sie angesehen. Wichtig schien die lingua mentalis seit Leibniz, weil sie als Spiegel des menschlichen Geistes gesehen wurde, weshalb eine exakte Analyse der Wortbedeutungen auch besser als alles Andere das Funktionieren des Geistes erkläre. Wie das Leibnizsche Alphabet des Geistes könnten die formalen Sprachen der Logik dem Modell der lingua mentalis nachgefühlt sein.

51. Die Tradition des Assoziationismus kommt vereinzelt immer wieder ans Licht, wenngleich sie in der Linguistik nicht recht akzeptiert wurde:

> Les signes qui déterminent plus particulièrement la valeur de celui qu'ils entourent dans la mémoire forment son "champ associatif". (Bally 1940:195)
> Le champ associatif est un halo qui entoure le signe et dont les franges extérieures se confondent avec leur ambiance. (Bally 1940:195)
> Le mot *boeuf* fait penser: 1) à vache, taureau, veau, cornes, ruminer, beugler, etc., 2) à labour, charrue, joug, etc., à viande, abattoir, boucherie, etc.; enfin 3) il peut dégager, et dégage en français des idées de force, d'endurance, de travail patient, mais aussi de lenteur, de lourdeur, de passivité. Le langage figuré (comparaisons, métaphores, proverbes, tours stéréotypés) intervient comme réactif; comparez 1) *un vent à décorner les boeufs, ruminer une idée*, 2) *mettre la charrue devant les boeufs, la pièce de boeuf* (= la chose essentielle), 3) *fort comme un boeuf, c'est un boeuf pour le travail, un gros boeuf*, etc., etc. (Bally 1940:196)

Ja, und warum sollte das nicht zur eigentlichen Bedeutung gehören?

52. In der Assoziationstheorie unterscheidet man öfter zwischen paradigmatischen Assoziationen und syntagmatischen Assoziationen.

Paradigmatische Assoziation läge vor in: *Kind → Baby, leicht → schwer*.
Syntagmatische Assoziation läge vor in: *Kind → klein, schwarz → Nacht*.
Es ist evident, dass dem eine linguistische Rekonstruktion zugrunde liegt. Das Kriterium der Unterscheidung ist dabei unklar. Beispielsweise wird als empirischer Befund ausgegeben, paradigmatische Assoziationen verliefen in der gleichen Wortart oder lexikalischen Kategorie. Möglicherweise ist dies aber ein definierendes Kriterium. Offenkundig kann jede paradigmatische Assoziation auch syntagmatisch ausbuchstabiert oder gedeutet werden. Ein Hauch von Willkür ist nicht zu übersehen.

53. Schon Thumb/ Marbe (1901:49) kamen zu dem Ergebnis, dass überwiegend in der gleichen lexikalischen Kategorie assoziiert wird, nämlich fast zu 90%. Außerdem besteht hohe Wahrscheinlichkeit, dass: wenn a → b, dann b → a. Wörter gehören also paarweise zusammen. (Gibt es dabei einen markierten Paarling?)

54. Die Unterscheidung in paradigmatische und syntagmatische Assoziation ist ein Artefakt. Jedenfalls ist die Alternative nicht entscheidbar. Sind *fünf → sechs, fragen → antworten* syntagmatisch oder paradigmatisch? Und wie stünde es mit *sechs → fünf*?
Für den graduellen Übergang von Syntagmatik zur Paradigmatik sprechen auch die psycholinguistischen Experimente, in denen festgestellt wurde, dass Kinder anfänglich viel stärker syntagmatisch assoziieren und erst im Laufe der Zeit zu mehr Assoziationen in der gleichen Kategorie kommen (Ervin 1961, Entwisle 1966; Palermo/ Jenkins 1965).
Semantisches Lernen beginnt mit Kontiguität und Kontext und bringt seine Strukturen ins episodische Wissen. Erst langsam und später wird episodisches Wissen immer mehr stehendes Wissen, fester und langsamer upgedatet.

55. Ist das semantische Gedächtnis tatsächlich assoziativ strukturiert? Konkurrent der assoziativen Konzeption ist das propositionale Modell der semantischen Netzwerke. Sie werden sogar als Verbesserung gesehen, weil die Kanten des Netzwerks nun etikettiert werden können. Auf jeden Fall können verschiedene Kanten auch verschiedene semantische Relationen darstellen. Hier kennzeichnen gerade Pfeile etwa Hyponymie und Antonymie, geschwungene Teil-Ganzes-Beziehungen.

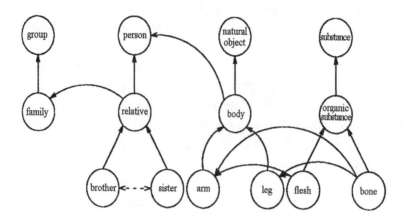

Abb. 2: Propositionales Netzwerk

Es ist aber eine empirische Frage, ob das semantische Wissen tatsächlich so rational, propositional und inferenziell strukturiert ist oder ob Assoziationen doch basaler sind.

56. Eine kühne These: Die lingua mentalis, das Pidgin des Geistes, hat keine Syntax. Vielleicht ist sie eine Brockensprache, in der unverbundene semantische Brocken gespeichert sind. Die Brocken sind thematisch oder assoziativ verbunden. Ihre Syntax generiert der Geist dazu.
Spricht dafür auch, dass der sogenannte pragmatical mode als der urtümlichere Sprachzustand angesehen wird? Der pragmatical mode zeichnet sich aus durch einfache Juxtaposition der Wörter, durch Fehlen syntaktischer Struktur und von Funktionswörtern, durch starke Situationsabhängigkeit und hohe Verstehenskreativität (Givón 1979:296). Die Kreativität dieses Verstehens ist vielleicht nur möglich, weil wir die Syntax der lingua mentalis erzeugen können.

57. Linguistischer und psycholinguistischer main stream entwickelten jedenfalls den propositionalen Ansatz weiter. Beispiele für linguistische Weiterentwicklungen sind der gesamte Komponentialismus und die Semanalyse. Sie sind geprägt durch folgende Grundannahmen:
– Es gibt eine universale Menge semantischer Merkmale (figurae oder Seme).
– Die Seme sind außersprachlich oder außereinzelsprachlich, wie es heißt.
– Die Semsprache hat und repräsentiert eine propositionale Struktur; sie hat eine logische Syntax.

Pottiers Behauptung, das Semem sei eine Menge von Semen (Pottier 1964:122) würde allerdings zu einem ärmlichen Verständnis führen, das tatsächlich der Semanalyse nicht zugrunde liegt. Vielmehr wird eher stillschweigend vorausgesetzt, das Semem habe eine innere logisch-syntaktische Struktur.

58. Demgegenüber geht die distributive Semantik von folgenden Grundannahmen aus:
– Grundmenge der Semantik ist V, die Menge der Wörter oder Lexeme der Objektsprache.
– Die Semantik ermittelt die Struktur dieser Menge V; sie braucht kein zusätzliches Beschreibungsvokabular und ist streng sprachspezifisch.
– Die Struktur von V ist nicht rein propositional.

59. Das semantische Wissen eines Individuums wird im Spracherwerb aufgebaut (und wahrscheinlich nie abgeschlossen). Das Individuum muss sein Wissen gewinnen aus Kommunikationen, also aus Untermengen verwendeter Zeichen und aus den entsprechenden Situationen. Das Wissen wird kaum darin bestehen, dass alle Äußerungen und Situationen im Gedächtnis bleiben. Es findet eine Schematisierung oder Verdichtung statt.
Wie dies aussieht, wissen wir nicht. Wir sollten aber in Betracht ziehen,
– dass es keine Grenze zwischen dem sogenannten sprachlichen und dem sogenannten enzyklopädischen Wissen zieht;
– dass das semantische Wissen Wörter in Beziehung setzt, in Affinitäten bringt;
– dass (in einer lokalen Metaphorik) die Wörter im Wissen einander unterschiedlich fern stehen.

1.3 Distribution und Bedeutung

Tout dans la langue est parole.

60. Die distributive Betrachtungsweise ist nicht vom Himmel gefallen. Die Idee ist mit großen Namen der Linguistik verknüpft. Vorneweg der Altmeister des Distributionalismus Zellig Harris. Er hat damit begonnen, die Identität sprachlicher Entitäten als konstituiert zu sehen durch ihre Distribution. Das hat er zuerst appliziert auf Phoneme und Morpheme, und da wurde es als methodische Befreiung von der Semantik gesehen.

> The parts of a language do not occur arbitrarily relative to each other: each element occurs in certain positions relative to certain other elements. (Harris 1970:775/ 776)
> The distribution of an element will be understood as the sum of all its environments. An environment of an element A is an existing array of its co-occurrents, i.e. the other elements, each in a particular position, with which A occurs to yield an utterance. A's co-occurrents in a particular position are called its selection for that position. (Harris 1970:775)

61. Doch dann ist Harris selbst drauf gekommen, diese Methode auszuweiten auf Lexeme und Texte und so in der Semantik selbst zu verwenden. Auch hierfür war ausschlaggebend eine Grundüberzeugung:

> Language does not occur in stray words or sentences, but in connected discourse – from a one-word utterance to a ten-volume work, from a monolog to a Union Square argument. (Harris 1952:3)
> ... our interest [is] in the empirical statement of how [the elements] occur: which ones occur next to which others, or in the same environment as which others, and so on – that is, in the relative occurrence of these elements with respect to each other. (Harris 1952:5)

62. In klassischen semantischen Arbeiten sind distributionelle Aspekte keine Seltenheit, obwohl *distribution* nicht im technischen Sinn gemeint sein muss.

> Toute signification naît d'un contexte, que nous entendions par là une situation ou un contexte explicite, ce qui revient au même. (Hjelmslev 1943, 1968:67)
> Le "sens" d'une forme linguistique se définit par la totalité de ses emplois, par leur distribution et par les types de liaisons qui en résultent. (Benveniste 1954/ 1966:290)

Die Zielrichtung scheint klar.

63. Neben dieser Form des Distributionalismus haben wir den englischen im Rahmen des sog. britischen Kontextualismus, der besonders mit dem Namen Firth verbunden ist.

> The central proposal of the theory is to split up meaning or function into a series of component functions. Each function will be defined as the use of some language form or element in relation to some context. Meaning, that is to say, is to be regarded as a complex of contextual relations ... (Firth 1968:173)
> It can be safely stated that part of the 'meaning' of *cows* can be indicated by such collocations as *They are milking the cows, Cows give milk.* (Firth 1968:180)
> The statement of meaning by collocation and various collocabilities does not involve the definition of word-meaning by means of further sentences in shifted terms. Meaning by collocation is an abstraction at the syntagmatic level and not directly concerned with the conceptual or idea approach to the meaning of words. (Firth 1957:195)

Die Reihenfolge meiner Zitation lässt uns hoffen, dass anfängliche Halbherzigkeit besserer Überzeugung gewichen ist.

64. Ganz bescheiden kann die distributive Semantik

> ... als eine Beschreibung von Prozessen angesehen werden, die zur Auffindung der Grammatik einer bestimmten Sprache führen, oder als experimentelle Technik zur Sammlung und ersten Bearbeitung von bloßen Fakten. (Apresjan 1972:50)

65. Es ist nicht gerade üblich, die Bedeutung wirklich mit der Distribution gleichzusetzen oder sie wenigstens in der Distribution zu suchen. Gängiger ist die Überzeugung, dass die Bedeutung irgendwie anders zustandekomme, anders existiere denn als Distribution. So entspreche aber etwas in der Distribution der Bedeutung oder spiegle sie wider.

> Now meaning is of course a determinant in these ... choices when we speak. But as we make these choices we build a stock of utterances each of which is a particular combination of particular elements. And this stock of combinations becomes a factor in the way later choices are made; for language is not merely a bag of words but a tool with particular properties which have been fashioned in the course of its use. ... when we do not rest with the explanation that something is due to meaning, we discover that it has a formal regularity or "explanation". It may still be "due to meaning" in one sense, but it accords with a distributional egularity. (Harris 1970:785)

> ... if we consider words or morphemes A and B to be more different in meaning than A and C, then we will often find that the distributions of A and B are more different than the distributions of A and C. In other words, difference of meaning correlates with difference of distribution. (Harris 1970:785/ 786)
> Though we cannot list all the co-occurrents of a particular morpheme, or define its meaning fully on the basis of these, we can measure roughly the difference in selection between elements, say something about their difference in meaning, and also derive certain structural information. (Harris 1970:787)

Das Schicksal neuer Ansätze, dass sie nicht von alten Vorstellungen loskommen.

66. Der Sündenfall des Distributionalismus, der sich hier andeutet, war die Betrachtung von Mengen, Klassen und Kategorien an Stelle der realen Einheiten. Das erklärte sich durch traditionelle Zielsetzung und Aufsprung auf den Merkmalszug, es war sicherlich auch ein Problem des Handlings. Schnelle Abstraktion musste her, weil man eben mit den riesigen Datenmengen sonst nicht zurechtgekommen wäre:

> Therefore in discourse analysis as in descriptive linguistics, we collect those elements which have like distributions into one class, and thereafter speak of the distribution of the class as a whole rather than of each element individually. (Harris 1952:6)

Unter den Sündern findet sich auch Dubois (Dubois 1964:7). Er wollte aufgrund der Umgebung eine Differenzierung von Synonymen vornehmen. Dabei untersuchte er die Umgebung links und rechts der betrachteten Elemente, kategorisiert aber die Umgebungen zu früh und zu grob. So bekommt er die eigentliche Distribution nicht zu fassen. Im Grunde glaubt er nicht so recht daran, dass die ganze Bedeutung im Text steckt.

67. Zur French Connection der Distributionsanalyse zählen wir auch Apresjan. Er wendet sie in abgewandelter Form an, weil die Untersuchung des Wortschatzes nicht auf einer Aufzählung der jeweiligen Umgebungen basieren könne. Dafür sei er zu groß und zu unüberschaubar. Die Distribution der Wörter muss also in eine generalisierte Form gebracht werden.

Beim Vergleich von *tiny* und *small* stellt Apresjan fest, dass *tiny* insgesamt gesehen wesentlich seltener auftaucht und in einer gewissen Anzahl von Strukturen nicht verwendet werden kann, in denen *small* auftritt. Begründet wird diese Tatsache mit dem Unterschied in der Bedeutung. *Small* dient zum Ausdruck einer objektiven Bewertung des Volumens eines Objekts.

1.3 Distribution und Bedeutung

Auch sonst hat Apresjan kein großes Zutrauen zur Distribution bewiesen. Er hat als Grundlage für seine Untersuchungen die Angaben in einem einsprachigen Wörterbuch zu Hilfe genommen. Ihre Dekomposition sei nicht ohne die Kenntnis der jeweiligen zu betrachtenden Sprache möglich. Die untersuchende Person bringe darum automatisch ihr subjektives Wissen ein. Doch das möchten wir vermeiden.
Wieweit ist das möglich? Wie bald muss Interpretation und individuelles Linguisten-Wissen einsetzen?

68. Es ist nicht gerade verwunderlich, dass der radikale Distributionalismus auf Kritik gestoßen ist. Die Kritik geht in mehrere Richtungen. Eine erste ist eher technischer Natur; sie führt an, nicht alle Kontexte eines Lexems seien extensional bestimmbar. Das stimmt natürlich, denn alle möglichen Kontexte sind nicht realisiert. Gemeint war wohl eher, dass die realisierten Kontexte unüberschaubar seien. Dieses Argument trifft aber andere Ansätze noch stärker. Die distributive Semantik kann wenigstens von einer großen Belegmenge ausgehen, und sie hat es gerade zum Ziel, diese unüberschaubare Menge in der Distribution, in einem Kondensat überschaubar zu machen.
Eine zweite Kritik scheint fundamental:

> Eine rein distributionelle Semantik ergibt bestenfalls ein uninterpretiertes (sic!) Kalkül von Bedeutungsdifferenzen. (Schifko 1975:82)

Ja, das wollen wir gerade. Aber es muss nicht so sein. Wir könnten ihn auch interpretieren.

69. Schon Ziff postuliert als Pendant zur Menge der Äußerungen u_i eine Menge von Bedingungen, die mit den u_i in Zusammenhang stehen. Ein u_i hat nur Bedeutung, wenn die Menge der Bedingungen für die Äußerung von u_i nicht null ist. Das ist korrekt; Sprachspiel und Philosophische Untersuchungen § 23 klingen uns im Ohr. Wie aber gehen diese Bedingungen ein in die semantische Beschreibung? Sie müssen doch formuliert oder beschrieben werden. Eine Metasprache also? Das ist weithin so gedacht. Aber wir haben diese reiche Metasprache nicht. Und übrigens sind doch die Bedingungen schon eingegangen in die distributionelle Analyse, über die u_i nämlich.
Und denken wir daran: Wie ist das bei historischen Analysen? Alles Text, nur Text, auch wenn sich viele was vorgaukeln und von Konzeptualisierungen und Produktionsbedingungen reden. Auch die gewinnen sie nur aus den Texten.

70. Viele sehen die Distribution nur als Epiphänomen der Bedeutung. Dies tun auch Distributionalisten.

> Any formulation that, like Firth's ..., attempts to assign meaning to lexical items on the basis of their occurrence in utterances, is actually approaching the problem of semantic description backwards. (Langendoen 1968:64)

Das ist natürlich einerseits begging the question, denn auch das hier Vorausgesetzte steht zur Debatte. Andrerseits könnte man auch kooperativ bleiben und es begrüßen, wenn man trotz aller Widernisse die Bedeutung so eruieren könnte, und sei es als Reflex, wie es etwa Apresjan gesehen hat:

> ...que tous les éléments de base de la signification, y compris sa caractéristique sytilistique et émotionnelle, trouvent un reflet suffisant dans leur distribution. (Apresjan 1966:52)

Weniger halbherzig war schon Bazell:

> The empirical test of parallelism in meaning is parallelism in distribution. (Bazell 1966:33)

Auch wir sind mutig. Wir sehen die Distribution als Bedeutung.

71. Ein weiterer Einwand wird mehrfach vorgebracht:

> For, although milk is white, we should not often say *white milk*, though the expression *white paint* is common enough. (Palmer 1981:76)
> Beispielsweise dürfte eine Analyse über deutschsprachigen Texten ergeben, daß *Brautkleid* selten mit *weiß* kollokiert, während in einer konzeptuellen Beschreibung von *Brautkleid weiß* sicherlich eine wichtige Rolle spielt. (Lehr 1996:91)

Erste Gegenfrage: Stimmt das wirklich? Palmer – als traditioneller Semantiker – weiß schon viel. Er geht nicht empirisch und deutend vor, sondern reflektierend. Wenngleich er mit seinem Beispiel recht haben könnte, bleibt es reine Behauptung. Ich würde gern sehen, dass *white* oder *weiß* in einer entsprechenden Distributionsanalyse nicht hochkommen.
Zweite Gegenfrage: Was würde das Argument besagen? Es besagt vielleicht einmal, dass das stehende Merkmal *weiß* bei der Milch kommunikativ nicht relevant ist. Stehende Merkmale sind still. Sie werden in normaler Kommunikation nicht gebraucht, nur in bestimmten definitorischen Zusammenhängen zum Sprechen gebracht. Zum anderen besagt dies wohl, dass für die Distribution nicht einzelne Lexeme entscheidend sein mögen. Die Weißheit der Milch ist kein

Thema, die Farbe einer Farbe (eines Lacks) aber sehr wohl. Satelliten von *Lack* müssen vielleicht zusammengefasst werden zu Dimensionen, in denen übliche und sinnvolle Prädikationen vollzogen werden. Es kommt nicht so sehr darauf an, ob ein bestimmter Lack weiß ist oder nicht, sondern darauf, dass im allgemeinen die Frage nach der Farbe eines Lacks sinnvoll, relevant und naheliegend ist.

72. Und noch ein anderer Einwand?

> By contrast, the English verb *ride* is now used for riding a bicycle, but not sitting astride a beam ... We can see in these examples a widening of both the meaning and of the collocation, but it would be difficult to decide which of these two is the more basic. It might seem reasonable, at first, to say that the widening of the meaning has permitted the new collocation ... (Palmer 1981:78)

Nehmen wir – für einen Moment – collocation als Distribution, dann ist dies natürlich halbherzig. Distribution und die Bedeutung werden einfach als verschieden angesehen. Was aber das Argument bezüglich des Wandels betrifft, so scheint es klar falsch. Die neue Bedeutung ist nicht die Ursache für eine Veränderung der Kollokation. Umgekehrt: Die Verwendung im neuen Kontext kann in einer neuen Bedeutung enden, kann den Wandel verursachen. Oder besser: Sie ist der Wandel.

73. Eine weit verbreitete Ansicht widerspricht nicht der These, die Distribution sei die Bedeutung:

> If we use the words according to their meaning, the meaning precedes the use of the word, just as the use of language presupposes knowledge of that language. (Antal 1963:51)

Sie ist einfach undifferenziert. Wenn das alles wäre, wie hätte man dann ein erstes Wort verwenden können? Man muss eben unterscheiden zwischen Sinn und Bedeutung oder Deutung und Bedeutung. Nur so kann man das Paradox vermeiden, in das Antal laufen würde.

74. Man könnte sich auch erinnern an die psycholinguistischen Experimente, die die semantischen Fähigkeiten von Kindern unter Beweis stellten (Werner/ Kaplan 1950). Die Kinder bekamen fremde Wörter, nämlich Kunstwörter wie *corplum* und *bordick*, in je sechs Sätzen präsentiert. Anschließend wurden sie befragt, was ein corplum sei. Und siehe da, sie wussten es. Sie konnten auch beurteilen, in welchen neuen Sätzen *corplum* richtig verwendet war. Menschen gewinnen aus wenigen Beispielverwendungen und Kontexten Hypothesen über die Bedeutung eines Worts, Hypothesen, die sie ständig updaten.

75. Die Kritiker des Distributionalismus sind fundamentalistische Überzeugungstäter. Sie schauen nicht nach den Fakten, sondern denken nach. Jedenfalls ist nicht zu erkennen, dass sie tatsächlich Distributionen untersucht hätten. Sie überlegen auf der Basis ihrer theoretischen Überzeugung, ob so etwas gehen könnte, ob so ein Verfahren solche Ergebnisse liefern könnte und so weiter. Aber vielleicht gibt es neue, andere Ergebnisse. Und wir wollen es sehen!

76. Wenn unsere Grundüberlegungen zur Konstitution und zum Erlernen von Bedeutungen stimmen, dann muss die Bedeutung in Texten stecken. Wir brauchen dann für die semantische Untersuchung nur:

(i) gute Methoden der Kondensierung von Distributionen,
(ii) plausible Formate der Bedeutungsdarstellung,
(iii) Konvertierungsmethoden, die uns aus Kondensaten Bedeutungsdarstellungen erstellen lassen.

77. Wir müssen uns darüber im Klaren bleiben:
– Es gibt keine einheitliche Auffassung darüber, was eine Bedeutung ist.
– Es gibt keine Einigkeit darüber, was die Bedeutung irgendeines Wortes ist.
– Es gibt keine Methoden, die uns verlässlich die Bedeutung eines Worts gewinnen ließen.
– Es gibt keine Klarheit darüber, wie die semantische Darstellung eines Wortes aussieht oder aussehen sollte.

Und außerdem macht es natürlich nicht viel Sinn, solche Fragen im luftleeren Raum zu diskutieren. Mit der Distributiven Semantik wollen wir Argumente und Beispiele vorstellen, die zur Abklärung jener Probleme beitragen können. Es ist ein Versuch.

1.4 Details und Daten

I'll teach you differences.

78. "Why all of these stories are unsatisfying is that they end too soon" (Fillmore 1976:22).
So ist es. Dieses Manko dürfte mit den Zwecken semantischer Analysen zusammenhängen.
Ziel semantischer Theorien scheinen oft Definitionen. Der normative Zungenschlag dieser Redeweise bleibt meist verdeckt oder irrelevant, aber die Kürze wird manifest. Und selbst wenn es um Festlegungen in modernen Semantiken kaum geht, so werden ihre Darstellungen doch normativ durch ihre Verkürzung und Schematisierung.
Und was sollte da eigentlich definiert werden? Nicht immer wird rechte Klarheit geschaffen. Mal heißt es ein Wort (Wierzbicka 1985:3), mal eine Spezies ("natural kinds", Wierzbicka 1985:3), mal sogar ein Gegenstand.
Jedenfalls hat die Rede von Definitionen sicherlich zum Ideal der Kürze beigetragen. Und kurz sollte die Darstellung für praktische Zwecke sein, für schnelle Information über die Bedeutung.

79. Aber eine Bedeutung ist eine lange Geschichte. Denn der Gebrauch eines Wortes in der Sprache ist eine sehr lange Geschichte. Und um davon wenigstens etwas zu erfassen, braucht es wenigstens eine short story. Nur die pedantische Beschreibung bringt Einsichten in die Sprache und ihren tatsächlichen Gebrauch. Nur die detaillierte Darstellung des Gebrauchs offenbart die konstitutive Rolle eines Wortes für die Kultur, für die Weltansicht, für uns.

80. Vielleicht wäre es möglich, in der Bedeutung einen Kern und eine Peripherie zu unterscheiden. Alte Semantik zielt auf den Kern; den Rest sollen die Sprecher erschließen mit ihren semantischen Fähigkeiten der Ausdehnung, Übertragung und Inferenz. Aber gibt es einen solchen Kern?
Im klassischen Ansatz wird er methodisch bestimmt: Die Bedeutung von *Vater* ermitteln wir rein im Kontrast zu anderen Lexemen wie *Mutter, Kind* usw. Wir befolgen dabei das Prinzip der Sparsamkeit: Zur Bedeutung gehöre nur, was zur eindeutigen Abgrenzung nötig ist. Alles, was darüber geht, sei von Übel.
So gehöre zum Sachwissen oder zum enzyklopädischen Wissen, in welchem Alter Männer Vater werden oder werden können, Probleme der Vaterschaft,

Anerkenntnis der Vaterschaft, gesetzliche Regelungen für die Vaterschaft und dergleichen (Nida 1975:35).

Die Idee scheint: Alles was nicht logisch gefolgert werden kann, gehört zur enzyklopädischen Bedeutung.

Dagegen: Mit entsprechenden Beschränkungen im Kontext kann alles gefolgert werden. Und ohne Einbettung im Kontext kann nichts gefolgert werden.

81. Die Annahme einer definitorischen Bedeutung lässt die Sprache zu einem dürren Gerüst verkommen.

82. Den Bedeutungskern ermittelt man methodisch und weniger empirisch. Zum Kern gehört, was einem Sprachbenutzer oder Semantiker einfällt, wenn er darüber nachdenkt, was W_i bedeutet und was W_i eigentlich von anderen Wörtern unterscheidet, "reflecting the knowledge of the speakers". Helfende Hände liefern vielleicht noch Belege, die das Wort enthalten.

Der kluge Semantiker erfasst den Gebrauch mit seinem Sprachgefühl, "one's own deep intuitions" (Wierzbicka 1985:43), unter Einarbeitung bereits getroffener Bedeutungsbestimmungen vielleicht, die ebenso subjektiv sind. Das sei terra firma. Wer je etwas entdeckt hat, ist gegen seine Intuitionen gefeit.

Auch die objektiver gedachte Methode, die sich auf Belege stützt, bleibt subjektiv. Denn wie ermittelt man methodisch die Bedeutung aus Belegen? Sollte man da nicht eine verlässlichere Methode suchen?

83. Die Verwendungen eines Wortes sind einander ähnlich, familienähnlich wie Wittgenstein es nannte. Die Frage, ob allen Verwendungen etwas gemeinsam sei, kann nur dadurch beantwortet werden, dass man zeigt, was jeweils.

Aber warum soll das allen Gemeinsame gerade so interessant sein? Sind die Einzelheiten, die vielen Details und Nuancen nicht viel interessanter? (Wieso können wir alle die vielen Nuancen erfassen?)

Für das Erlernen der Bedeutung scheint ein Gemeinsames wichtig, weil wir die Fähigkeit haben, aus dem Gemeinsamen auf die Nuancen zu kommen. Weil wir die Fähigkeit haben, aus dem Gemeinsamen die feinen Nuancen zu erschließen? Ja, so etwas können wir.

Beim Lernen bekommen wir erst einmal irgendeine Verwendung, und wir müssen aus der erstbesten Verwendung schon ein Gemeinsames erschließen; nicht gleich das Gemeinsame.

84. Man kann unsere Sprache so sehen: Wir erschließen aus den Verwendungen Gemeinsames, wir kondensieren sie sozusagen. Und wir erschließen aus dem Gemeinsamen die jeweilige Deutung, die Nuancen.

85. Neben der Schwäche, dass als Bedeutung eines W_i der bezeichnete Gegenstand beschrieben wird, hat das traditionelle Modell eine andere: Es ist eher intuitiv als empirisch. Der beschreibende Linguist schöpft aus seiner eigenen Kenntnis, er zieht Vorgänger zu Rate, die aus eigener Kenntnis geschöpft haben oder auch Vorgänger zu Rate gezogen haben usw. Oder: Er geht mit Hypothesen an ein Sample von Belegen, an denen er seine Hypothesen überprüft.
Es ist bemerkenswert, dass hierfür keine Kunstlehre entwickelt wurde. Wie kann man aus einem Beleg, aus einem Beispiel die Bedeutung extrahieren? In welchem Zusammenhang stehen Beleg und Bedeutung? Wie wird der Sinn einer Verwendung bestimmt und wie wiedergegeben?

86. Traditionelle Semantiken sind wesentlich introspektiv und individualistisch. Linguisten schöpfen die Bedeutung aus ihrer eigenen Kompetenz. Sie unterstützen sich dabei durch Belege verwendeter W_i und eruieren deren Bedeutung, indem sie aus den Belegen die Bedeutung gewinnen. In welcher Weise Eigenschaften der Belege hierbei eingehen, ist weder untersucht noch methodisch kontrolliert.

(i)   Wieviel Belege braucht es, um die Annahme einer Bedeutung zu rechtfertigen?
(ii) Wie hoch muss der prozentuale Anteil entsprechender Belege sein?
(iii) Welche Belegeigenschaften gehen in die Bedeutungsfeststellung ein?
(iv) Wie erfiltert sich der Linguist die Bedeutung aus Belegen?

87. Die introspektive Linguistik verdient nur in einem sehr spezifischen Sinn das Werturteil "empirisch".

88. Die introspektive Semantik leidet an einer unglaublichen Makroskopie.

89. Demgegenüber scheint ein entdeckendes, entwickelndes Verfahren empirisch erfolgreicher. Es werden nicht einfache strukturelle Zusammenhänge an das Korpus herangetragen, sondern die Strukturen aus dem Korpus eruiert. Vor allem kann der Semantiker interaktiv seine Fragestellungen und Interpretationen anpassen und verbessern. Es scheint plausibel, dass damit eine wesentliche Beschränkung entfällt. Nicht der untersuchende Linguist bestimmt die Bedeutungshypothesen, sie werden aus dem Korpus entwickelt und vom Linguisten nur gedeutet. Ziel des entdeckenden Verfahrens ist die Vielfalt zu entdecken.

90. Auch die distributive Semantik ist nicht in jedem Sinn empirisch. Dies hängt mit den spezifischen Eigenschaften sprachlicher Objekte zusammen. Sprachliche Objekte können sozusagen physikalische Pendants haben. Die Äußerungen, die tokens, sind aber nicht beobachtbar, weil ihr physikalischer Aspekt eben nicht der essenzielle ist. Essenziell ist dem token seine Zugehörigkeit zu einem type. Diese Zugehörigkeit ist das eigentlich Sprachliche. Die Zugehörigkeit zu einem type macht erst die Identität des tokens aus.
Die vorfindlichen tokens in einem schriftlichen Korpus sind jeweils typisiert durch kompetente Sprecher. Sie sind durch das jeweilige grafische System uniformiert. In diesem Sinn ist die Semantik nicht empirisch, die solche typisierten Korpora untersucht.

91. Die Gewinnung von Daten für empirische semantische Untersuchungen kann verschiedene Zwecke verfolgen und verschiedene Wege gehen.
Man kann unterscheiden zwischen Individualdaten und Kollektivdaten. Individualdaten sind Daten, die mit sprachlichen Äußerungen einzelner Individuen verbunden bleiben, vielleicht einem Individuum zugeordnet bleiben. Kollektivdaten hingegen werden sozusagen sofort anonymisiert. Auf den Sprecher, der die Äußerung produziert hat, wird nicht mehr zurückgegriffen; seine persönlichen Daten etwa spielen keine Rolle. Individualdaten sind oft elizitiert; es kann sich dabei um Interviews, um Befragungen, um spontane Äußerungen oder um gezielte Äußerungen handeln. Störfaktoren beim Elizitieren sind vor allem der Interviewer und die Extrakommunikativität der Situation. Immer spielen auch Überforderungen und Unaufrichtigkeiten der Probanden, Prestigeprobleme usw. eine Rolle.
Befragungen und Interviews bringen noch weitere Probleme: Interaktion von Interviewer und Probanden, bewusste und unbewusste Verhaltensänderungen der Probanden unter Befragung (Befragtenrolle), Einflüsse des Beobachters oder Interviewers auf den Befragten, ein vorgegebenes Raster, Einflüsse der Messtechnik und der vorgängigen Standardisierung usw.

92. Individualdaten sind in vielen Bereichen notwendig, besonders wo Entscheidungen der Individuen im Spiel sind, wie bei Wahlentscheidungen oder bei Kaufentscheidungen.
Man denkt, sie müssten auch bei der Erhebung semantischen Wissens zentral sein. Aber wer will schon das semantische Wissen einzelner Individuen erheben? Oft ist die Rede von dem semantischen Wissen nur eine unreflektierte Übergeneralisierung individueller Daten.

93. Wie in der empirischen Sozialforschung allgemein können wir qualitative und quantitative Analysen unterscheiden. In der Semantik standen immer qualitative Analysen im Vordergrund. Sie sollten prinzipielle Einsichten bringen und theoretische Neuerungen begründen. Qualitative Analysen auf der Basis größerer Datenmengen sind kaum bekannt geworden.
Es war weithin üblich, qualitative und quantitative Analysen gegeneinander auszuspielen. In diesem Wettkampf spielten die Schwächen beider Vorgehensweisen leider die Hauptrolle.
Quantitative Analysen zählen oft etwas, wissen nicht was oder warum. Quantitative Analysen sind
- künstlich, weil extrakommunikativ; sie untersuchen nicht real-life-Situationen, sondern reflektiertes oder rationalisiertes Wissen;
- äußerlich, nicht auf detaillierte, individuelle Intentionen gerichtet;
- steril, weil vorgeprägt; sie verlangen eine weiter gehende Standardisierung, die oft das Wesentliche als bekannt voraussetzt und nicht untersucht oder entdeckt.

Qualitative Analysen verlieren sich in Interpretationen. Qualitative Untersuchungen sind
- nicht verlässlich, weil subjektiv interpretierend;
- unsystematisch und nicht systematisierbar; verwendete Systematisierungen in größeren Datenmengen öffnen der interpretativen Willkür Tür und Tor;
- aufwendig und auf größere Datenmengen nicht anwendbar; sie taugen vielleicht für Pre-Tests, denen die eigentliche quantitative Analyse folgen muss.

94. Der gesunde Menschenverstand sagt uns, quantitative Analyse ohne qualitative Analyse ist blind, qualitative Analyse ohne quantitative Analyse hat wenig Aussagekraft. Das heißt: Qualitative Analysen müssen der Vorbereitung quanti

tativer Analyse dienen. Die quantitativen Aussagen müssen qualitativ interpretiert werden.
Darum von der Qualität zur Quantität zur Qualität.

95. Die folgenden Untersuchungen basieren auf einem Textkorpus. Es sind Kollektivdaten, deren Urheber nicht einbezogen werden. Zwar können auch Korpusuntersuchungen Individualdaten zugrunde legen, etwa einzelne Werke oder literarische Gesamtwerke, Untersuchungen des Deutschen aber müssen auf größeren Datenmengen basieren.
Wir legen hier ein Korpus von ca. 50 Mio. Textwörtern zugrunde. Es besteht aus etwa 22 Mio. Textwörtern des Mannheimer Korpus und etwa 25 Mio. Textwörtern des sog. Augsburger Korpus.
Insgesamt sind ca. 80% Zeitungstexte, 10% literarische Texte und 5% gesprochene Sprache darin enthalten. Zusätzlich haben wir als Kontrast ein rein literarisches Korpus mit 12 Mio. Wortformen.

96. Die Strukturierung eines Korpus, die Textquellen, die Textsorten, die sog. Repräsentativität und dergleichen sind für uns nicht – wie offenbar für viele – Fragen, die für die Zusammenstellung ins Gewicht fallen. So als wisse man schon vorher, welche Textsorten es gibt, welche Stücke oder Erscheinungen eines Textes typisch für eine Textsorte sind usw. Desgleichen etwa, welche Frequenzverteilungen für welche Textsorten gelten, welche Anteile verschiedene Textsorten im sprachlichen Kosmos haben usw.
Dies alles sind nämlich Fragen, die erst Korpusuntersuchungen beantworten.

97. Darum ist in einer Phase, in der unsere empirischen Kenntnisse über Textstrukturen so minimal sind, erst einmal sekundär, was genau als Textgrundlage dient. Worauf es vor allem ankommt:
– Das Korpus sollte zusammenhängende Texte enthalten (auch weil die Text-Übergänge von der Methode ignoriert werden).
– Das Korpus sollte möglichst groß sein.

98. Die verschiedenen Partien unsres Korpus sind in unterschiedlichem Zustand. Nichts ist systematisch indiziert oder getagt. Teile sind bearbeitet und absolut sauber. Andere Teile sind aus Postscript-Dateien gewonnen und enthalten noch Reste entsprechender Zeichen, die nicht zum Text gehören.
Dies ist sozusagen die real-life-Situation, mit der wir fertig werden müssen. Und

in jedem Fall ist es besser, viele Daten zu haben als wenig saubere. Die kommunikative Wildnis ist beherrschbar.

99. Über das Deutsche, den sprachlichen Kosmos D*, wissen wir viel. Aber wenn wir uns seine Größe vor Augen halten, sehen wir, dass wir wenig wissen. Wieviel Textwörter braucht es, um eine reliable distributive Analyse zu machen? Wir wissen es nicht. Aber es gibt kleine Helfer. Ein Helfer könnte die half-split-Methode sein. Man wendet das gleiche Analyseverfahren auf die Hälfte der Daten an und so weiter. (Man kann auch langsamer vorgehen und in kleineren Schritten jeweils 10% weniger Daten zugrunde legen.) So lange das Ergebnis gleich bleibt, wird die Datenmenge als hinreichend angesehen. Das besagt natürlich sonst nichts über die Güte der Analyse.
Obwohl dieses Verfahren in der empirischen Sozialforschung anerkannt ist, liefert es natürlich kein letztes Kriterium. Bei unseren Daten ist es eher so, dass alles graduell ist, Sprünge finden wir nicht.

1.5 Definitionen

Die Gesamtheit der Sätze ist die Sprache.
Ludwig Wittgenstein

100. Die Distributionsanalyse geht nicht davon aus, dass es keine Verankerung der sprachlichen Äußerungen in der physischen und sozialen Welt gebe. Sie sieht nur davon ab, sie beschränkt sich auf die Zusammenhänge der Wörter. Wer alle untersuchten Wörter versteht, sieht damit auch die Verankerung in der Welt. Denn die Wörter verstehen heißt, wissen, wie die Welt beschaffen ist, wenn die Wörter wahr prädiziert sind, heißt wissen, was man tun soll, wenn man mit einem Wort zu etwas aufgefordert wird, heißt wissen, was das Bezeichnete ist und wie die Welt strukturiert ist. Die Frage, wie weit die Distributionsanalyse reicht, ist eine empirische Frage.

101. Die Grundideen der Distributiven Semantik können wir in einem Gerüst von Definitionen aufbauen.
Sei A* die Menge aller Äußerungen, die bisher von deutschen Sprechern gemacht wurden. A sei die Untermenge von A*, die die Äußerungen enthält, die uns zugänglich sind. Der Einfachheit halber nehmen wir an, dass alle Äußerungen aus A* auf/ in Deutsch seien. Dennoch werden sich in A* und in A Äußerungen befinden, die wir als abweichend oder ungrammatisch ansehen. Wenn wir diese Äußerungen abziehen, erhalten wir D, die Menge aller korrekten deutschen Äußerungen in A. Es gilt:

(19) $D \subset A \subset A^*$

102. Natürlich ist D nicht das Deutsche. Das Deutsche ist bestenfalls die Menge der deutschen Äußerungen, die gemacht wurden, die gemacht werden und die hätten gemacht werden können oder noch gemacht werden könnten. Es ist sozusagen eine potenzielle Menge, die wir D* nennen. Möglicherweise wären viele nicht geneigt, D* als das Deutsche anzusehen. Das Deutsche sollte eine Abstraktion aus D* sein oder die Regularitäten in D* oder Regeln, die gestatten D* zu erzeugen usw.

103. Es scheint – hoffentlich – intuitiv plausibel, dass Abstraktionen aus D*, Regularitäten in D* und Regeln für D* nur existieren, wenn D existiert. Das Deutsche in diesem Sinn existiert nur, weil und insofern D existiert.

1.5 Definitionen

Es ist ja in der Phylogenese nicht so gewesen, wie Antal es im Alltag sieht.

> If we use the words according to their meaning, the meaning precedes the use of the word, just as the use of language presupposes knowledge of that language. (Antal 1963:51)

Was immer Sprache auch sei, sie war nicht vor der Kommunikation da. Die Sprache hat mit der Kommunikation angefangen, sich in und mit der Kommunikation entwickelt: "Language as the product of speech" (Gardiner 1951:110). Konventionelle Kommunikation via Bedeutung muss erklärt werden auf der Basis vorkonventioneller Kommunikation. In diesem Sinn sind die Äußerungen primär.

> But, as theorists, we know nothing of human language unless we understand human *speech*. (Strawson 1971:189)

Das Gleiche wie für die Phylogenese gilt übrigens für die Ontogenese. Der Lerner kann seine Kompetenz nur ausbilden auf der Grundlage von Äußerungen.

104. Die Größe von D übersteigt unsere Vorstellungskraft. Nehmen wir einmal an, das Deutsche werde etwa seit dem Jahr 700 gesprochen und es habe über all die Jahre durchschnittlich 8 Millionen Sprecher gegeben. Jeder Sprecher möge pro Tag 2000 Wörter w_i geäußert haben. Dann enthielte D eine kaum beherrschbare Zahl von Wortäußerungen:

(20) $|D| = 2 \times 8 \times 365 \times 13 \times 10^{13} \approx 10^{16}$

Selbst wenn man annimmt, Deutsch in der heutigen Form gebe es erst seit 500 Jahren, enthielte das entsprechende D noch 10^{13} Wortäußerungen (bei einem Durchschnitt von 10 Millionen Sprechern). Diese Zahlen belegen, dass empirische Aussagen über D schwierig sind. Außerdem ist auch die Frage, ob und wie ein Korpus von etwa 100 Millionen Wortäußerungen, also 10^8 w_i, repräsentativ sein kann für D. Immerhin muss man da hochrechnen aus einem Sample von 0,0001 Promille, also auf das zehn Millionenfache.

105. Radikal gesehen sind die Äußerungen aus A erst einmal ungeformte und ungedeutete physikalische Ereignisse oder Erscheinungen. Ihre Schematisierung setzt schon entscheidendes sprachliches Wissen voraus. Ein Ideal linguistischer Theorie wäre, auch dieses Wissen zu rekonstruieren. Wo liegen Grenzen im Strom der Lautereignisse? Wo kommen identische Ereignisse vor?

Dies setzen wir als gelöst voraus. Wir profitieren von der Kompetenz kompetenter Sprecher. Wir setzen voraus, dass die Äußerungen schriftlich oder transkribiert vorliegen. Darin ist diese Leistung aufgegangen.

106. Der Gebrauch der Äußerungen aus D besteht nicht nur in der bloßen lautlichen Äußerung. Menschliche Äußerungen in unserem Sinn sind nicht Papageiengeplapper. Zum Gebrauch der Äußerungen gehören andere historische Ereignisse, Handlungen, Unterlassungen usw. Diese zugeordneten Ereignisse haben wesentlich mit der Bedeutung einer Äußerung zu tun, wie wir annehmen.
Wer also die Bedeutung einer Äußerung aus D betrachten will, der muss die Menge E dieser Ereignisse einbeziehen.

107. Die Menge der Ereignisse E wirft natürlich die analogen Probleme auf wie A, radikal betrachtet. Erstmal sind die Ereignisse abzugrenzen und zu identifizieren. Das setzt das richtige Wissen voraus; wohl auch sprachliches. Zweitens zählt für das Korrelieren von u_i und e_i doch nicht das vollständige e_i. Es sind nur relevante Aspekte der jeweiligen Ereignisse und Situationen, die zählen. Relevante Aspekte zu erkennen setzt sprachliches Wissen voraus. Denn das Relevanzkriterium ist ein Bedeutungskriterium.

108. In der Distributiven Semantik bleibt die Menge E außen vor. Sie stützt sich nur auf Text. Das wird oft als methodische Schwäche angesehen. Diese Reserve verkennt, dass vielen u_i gar kein e_i zugeordnet werden kann und dass wir die Bedeutung sehr vieler Wörter ganz ohne e_i lernen, wenn Kinder etwa Märchen lesen oder wir wissenschaftliche Bücher usw.
Wichtiger noch: Keine Semantik enthält die e_i. Definitionen dessen, was die Leute sagen, beruhen auf Texten und sind Texte.
Sogar die Situationssemantik, enthält nur Beschreibungen der e_i, also Text. Und so können wir bei Quine weiterfahren.

109. Die Distributive Semantik fußt auf einem Korpus. Ein Korpus C_i ist eine Untermenge von D:

(21) $C_i \subset D$

Ein Korpus kann ein laufender Text sein, dessen Äußerungen in linearer Form produziert wurden und in dieser Form vorliegen. Ein Korpus kann aber auch zusammengefasst sein aus Texten, die nicht linear produziert wurden oder deren

1.5 Definitionen

Produktionsgeschichte wir nicht kennen, vielleicht auch ignorieren. In jedem Fall ist das Korpus selbst linear.

110. Jede Äußerung besteht aus Wortäußerungen. Die Umgebung U_i einer Wortäußerung w_i ist eine Kette von Wortäußerungen, sie umfasst also alle Nachbarn von w_i:

(22) $U_i = w_1 w_2 ... w_i ... w_n // w_i$

Jede Wortäußerung w_i ist ein token, ein Vorkommen also. Das Wort W_i ist ein type, eine Schematisierung aus den entsprechenden w_i.
Bemerkung: Ich sollte vielleicht darauf hinweisen, dass damit das langue-parole-Problem nicht gelöst ist. In der Charakterisierung der Äußerungen, in ihrer Nennung per Zitation ist von den Identifikationsmitteln schon Gebrauch gemacht, die nur die langue konstituiert. Die einzelnen Äußerungen eines W_i sind physikalisch ganz verschieden, eher ein Nichts; sie können nur mit Hilfe des langue-Schemas als vom gleichen Typ erkannt werden.

111. Tatsächliche Untersuchungen können nicht auf D* basieren, nicht einmal auf D. Wir müssen uns mit Untermengen begnügen. Untersuchungsmengen oder Korpora können wir durch Elizitierung, auch Selbstelizitierung, gewinnen. Das heißt: Wir lassen bestimmte Sprecher gezielt (bestimmte) Äußerungen machen und gewinnen so ein Korpus. Wir können aber auch aus den gemachten und zugänglichen Äußerungen, also aus A, ein Korpus bilden, indem wir C_i als Untermenge von A ausgrenzen. Wenn wir auf der Basis von C_i Aussagen über D* machen wollen, tauchen diverse Fragen oder Probleme auf:

(i)   Wie groß muss C_i sein, um Aussagen über D* zu gestatten?
(ii) Welche Selektionskriterien gelten, so dass die Untersuchung von C_i Aussagen über D* gestattet?

Selbstverständlich sind diese Fragen wegen des potenziellen und unendlichen Charakters von D* gar nicht zu beantworten. Nicht einmal D können wir als Maß wählen, weil D uns nicht vorliegt. Darum sind wir immer angewiesen:
– auf den Vergleich von C_i mit einem andern Corpus C_j – und für dieses gilt natürlich die gleiche Problematik;
– auf die Erweiterung von C_i, weil wir uns so D immer mehr annähern. Aber natürlich können wir mit der (tendenziösen) Erweiterung auch fehlgehen.

112. Ein zu untersuchendes Wort nennen wir eine Wurzel. Sei W_0 eine Wurzel, u_i eine Äußerung, die W_0 enthält:

(23) u_i–w_0 heißt der Kotext von w_0 in u_i.

Die Menge aller Kotexte von W_0 heißt ihre Distribution. Die Distribution D_0 von W_0 ist also die Menge aller Umgebungen von w_0 in einem Korpus. Allgemein:

(24) $D_0 = \{u_i$–$w_0 \mid u_i$–$w_0 \in C_i\}$

Die Länge eines u_i kann bestimmt werden durch grammatische Kriterien oder rein formal mit einem Radius um w_0, der die Anzahl symmetrisch einbezogener Wörter w_i angibt.

113. Die syntagmatischen Relationen zwischen w_i sind zweistellig. Sie können allgemein als direkte oder indirekte Nachbarschaftsrelationen verstanden werden. Da ein Korpus linear ist, kann man es abbilden auf die geordnete Menge der natürlichen Zahlen N. Es bedeuten dann:

(25) $w_i < w_j = i < j$

w_i steht links von w_j, wenn es eine kleinere Indexzahl hat.

(26) $w_i \ll w_j = (i+1 = j)$

w_i steht direkt links von w_j, wenn sein Index um 1 kleiner ist.
Entsprechend für die rechte Nachbarschaft:

(27) $w_i > w_j = i > j$
(28) $w_i \gg w_j = (i-1 = j)$

114. Für die Untersuchung eines Wortes W_0 im Korpus C_i ermitteln wir die Umgebung aller Vorkommen von W_0. Da die Umgebung eines w_i im Prinzip jeweils das gesamte Korpus ist, müssen wir sinnvolle Ausschnitte herausschneiden. Diese Ausschnitte nennen wir Fenster; sie entsprechen in etwa einem Eintrag in einem KWIC-Index, in dem Zeilen mit dem Suchwort in der Mitte aus dem Korpus herausgeschnitten werden.
Das Fenster F_0 von w_0 ist definiert durch:

(29) $F_0 = w_1 \, w_2 \ldots w_r \, w_0 \ldots w_{2r}$

1.5 Definitionen

Ein Fenster ist definiert durch seinen Durchmesser, das ist die Anzahl der Vorgänger und Nachfolger von w_0. In der Regel wird man das Fenster symmetrisch wählen. F_0^r ist entsprechend w_0 mit seiner Umgebung im Radius r, also eine Kette der Länge 2r+1, die besteht aus w_0 zusammen mit r Wörtern vor w_0 und r Wörtern danach.
Wie groß die angemessenen Fenster für bestimmte Fragestellungen sein sollten, ist eine empirische Frage.

115. Ein Sonderfall des Fensters ist der sogenannte Beleg. Ein Beleg für W_0 ist üblicherweise eine Kette von w_i, die nach grammatischen Gesichtspunkten begrenzt ist und w_0 mit umfasst, also

(30) $B_i = w_1 w_2 \ldots w_0 \ldots w_m$

Der Beleg ist in der Regel darum auch nicht symmetrisch.

116. Ein Belegkorpus für W_0 ist eine Untermenge des Untersuchungskorpus aus n Fenstern und somit n Vorkommen von W_0:

(31) $B_0^n \subset C_i$

Das Belegkorpus ist eine Menge von Fenstern, die aus dem Untersuchungskorpus herausgeschnitten sind.

(32) $B_0^n = \{F_0^r \mid F_0^r \subset C_i\}$

Traditionell würde man allerdings Belege ausschneiden, so dass B_0^n aus n Belegen für W_0 bestünde.
Wie groß muss n sein, damit man Aussagen über die Bedeutung von W_0 gewinnen kann? Ab welcher Größe von n können diese Aussagen als repräsentativ angesehen werden? Wo liegt der Übergang von Eigenschaften des Korpus zu Eigenschaften des Deutschen?

117. Gemeinhin wird angenommen, dass die syntagmatischen Relationen sich nicht in der Nachbarschaft erschöpfen. Syntaktische Strukturen in Ketten werden gemeinhin als zweidimensional angesehen. Die syntagmatischen Strukturen springen aus der Linearität heraus. Zum Beispiel so:

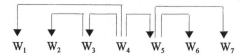

Abb. 3: Dependenzstruktur

Die grammatische Struktur zeichnet sich dadurch aus, dass die Relationen zweistellig sind, so dass aber jedes Element w_i mehrfach in Relationen auftauchen kann.

118. Entsprechen den grammatischen Relationen (z.B. den Dependenzrelationen) jeweils semantischen Relationen? Welches sind die einfachen semantischen Relationen in der Syntagmatik? Die einfachste und gängigste Annahme der logischen Semantik ist, dass die Relationen als Prädikationen zu deuten sind. Das heißt: Zwischen zwei w_i, die in einer grammatischen Relation stehen, besteht ein Prädikat-Argument-Verhältnis. Dabei können Prädikate auch mehrstellig sein, also Relationen.
Die grammatische Hierarchie entspricht demnach

(i) einer Stufung in der P-A-Struktur: Aussagen können als Argumente auftauchen,

(ii) einer Verbindung von Aussagen zu größeren Aussagen mittels Junktoren.

119. Grammatische Einschnitte und Strukturgrenzen wird es innerhalb eines Fensters geben, und sie können über ein Fenster hinausgehen. Fenstergrenzen müssen nicht mit grammatischen Einschnitten zusammenfallen – mit Ausnahme dessen, dass eine Fenstergrenze nur zwischen zwei w_i liegen kann, der Einschnitt zwischen zwei Wortäußerungen aber eine grammatische Grenze ist. Fenstergrenzen müssen insbesondere nicht mit Satzgrenzen zusammenfallen.

120. Das Postulat der zweidimensionalen syntaktischen Struktur ist ein Beschreibungsartefakt. Es muss nicht stimmen. Soweit die grammatische Struktur ein Teil der Textstruktur ist, soweit muss sie in den linearen Ketten enthalten sein.
Die grammatische Struktur einer Kette manifestiert sich in dreierlei:

(i) Die Reihenfolge der w_i in der Kette ist Teil der grammatischen Struktur.

1.5 Definitionen

(ii) Morpheme als Teile von w_i können grammatische Strukturzusammenhänge (innendeiktische Zusammenhänge) bezeichnen.
(iii) Sogenannte Funktionswörter als Teile der Ketten aus D können grammatische Strukturzusammenhänge bezeichnen.

121. Die Wortäußerungen w_i zerfallen in zwei Untermengen: die Sinnwörter und die Funktionswörter. Die Funktionswörter sind durch drei Merkmale charakterisiert:

(i) Sie bezeichnen grammatische Zusammenhänge.
(ii) Sie bilden eine verhältnismäßig überschaubare Liste von W_i.
(iii) Sie haben eine hohe Frequenz, sowohl was ihren Anteil an D betrifft, als auch was die type/ token-Ratio betrifft.

Eine Grundthese ist: Funktionswörter stehen für grammatische Zusammenhänge; die semantische Struktur von D und der Elemente von D manifestiert sich in den Sinnwörtern. Darum genügt es für die semantische Struktur, die Sinnwörter zu betrachten. Die semantische Struktur ist unabhängig von der grammatischen Struktur.
Natürlich ist diese These gewagt. Sie kann zu einer Beschränkung der Semantik werden.

122. Die gesamte Distribution eines W_0 – so eine weitere These – ist zwar relevant für die Bedeutung von W_0, aber nicht direkt und nicht gleichförmig. Die Bedeutung von W_0 muss durch Schematisierungen oder eine Art Abstraktion aus D_0 gewonnen werden.
Lerner wie Linguisten verdichten die Distribution zu einem Schema. Dazu
– wird die grammatische Struktur entfernt, insbesondere die Funktionswörter;
– werden die einzelnen propositionalen Gehalte und die Aussagen aufgelöst.
Mit der Verdichtung stellt der Lerner vielleicht die assoziativen Zusammenhänge zwischen den Wörtern her. Letztlich ist sie keine Abstraktion. Denn aus der Abstraktion wären die abstrahierten Züge nicht wieder zu erzeugen.

2. Programme und Probleme

*Und dann bringt man die Wörter
in jene seltsame Ordnung.*
Ludwig Wittgenstein

123. Die hier vorgestellten distributiven Analysen sind – Sie haben es geahnt – mit einem Computer-Programm erstellt. Das Programm existiert in mehreren Varianten und Versionen, die hier als Generationen vorgestellt werden.
Es gibt bereits frühere Ansätze für solche Untersuchungen. Zu erinnern ist vor allem an einen Pionier, der vor vielen Jahren sogar eine eigene Hardware bauen ließ, um schlichte semantische Netzwerke zu erzeugen (Giuliano 1963). Den ACORN-2 sehen Sie als Vignette auf dem Innentitel. Für Giuliano war es einfacher, verschiedene mathematische Formeln zu entwickeln, als sie empirisch zu überprüfen. Seine Netzwerke basierten auf Frequenzen von Wortvorkommen. Sie sollten nahe Verwandte zur Suche in Datenbanken ermitteln.

124. Rezente Ansätze sind der von Rieger (Rieger 1985) oder der von Church und Hanks (Church/ Hanks 1990). Rieger bearbeitet die Beziehungen eines Stichworts in einem gesamten Textkorpus und vergleicht jedes mit jedem; mir scheint ungewiss, ob dieses Verfahren interaktiv verwendbar ist. Church und Hanks bauen auf der sog. mutual information auf, das ist die Wahrscheinlichkeit, dass zwei w_i miteinander in einem Fenster vorkommen. Diese Ansätze sollen hier nicht im Einzelnen dargestellt oder verglichen oder gar bewertet werden. Zu nennen ist auch der Versuch von Rapp, der Assoziationen der Probanden durch Analyse von Texten reproduzieren will und dies in einem großen Ausmaß auch erreicht (Rapp 1996).

125. Unser Ansatz hier hat den Vorteil, dass er mit jeweiligen Belegkorpora arbeitet und dass er in einen allgemein sprachtheoretischen Ansatz gestellt, interpretatorisch ausgewertet und gestützt wird.

126. Eine Anregung für unseren Ansatz stammt aus dem assoziativen Verfahren von Deese (Deese 1965). Er ging aus von normalen Assoziationstests und berechnete die assoziative Nähe nach einer Formel: Je häufiger und je schneller ein Respons kommt, umso stärker ist er assoziiert.

Deese fand aber auch heraus, dass die Berücksichtigung der Latenz keine anderen Ergebnisse brachte als nur die Ränge. Ein Protokoll eines Stimulus-Respons-Experiments ist dann nichts Anderes als ein Textbeleg, der nur den Nachbereich der Wurzel berücksichtigt. Die Distanzen der Nachbarn entsprechen den Rängen. Die Berechnungsformel bleibt erhalten.

127. Mit dieser Idee werden auch die Versuche belohnt, die das assoziative Verfahren auf Texte übertragen wollten. Es war ja einigen schon irgendwie klar, dass die paradigmatisch orientierten Assoziationen auf syntagmatischen, textuellen Gegebenheiten basieren mussten. Nur die ideologische Trennung der assoziativen oder subjektiven Bedeutung von der richtigen sprachlichen Bedeutung hatte den Blick verstellt.
Aber natürlich sind Analogien oder Reduktionen keine Identitäten.

2.1 Allgemeines

> *You shall know a word by the company it keeps.*
> John R. Firth

128. Aufgabe einer semantischen Untersuchung des Wortes W_0 könnte sein, festzustellen, mit welchen Nachbarn Äußerungen von W_0 üblicherweise vorkommen und mit welchen Ereignissen aus E die Vorkommen verbunden sind. Jede semantische Untersuchung endet in einer Beschreibung oder Darstellung. In dieser Beschreibung gehen auch die Ereignisse aus E nur als sprachliche Äußerungen ein. Darum besteht jede semantische Beschreibung letztlich nur aus einem Text, aus einer Kette von Wörtern. Methodisch interessant ist es, diese Erkenntnis ernst zu nehmen. Ist also eine Semantik möglich, die selbst keine Beschreibungstexte produziert, keine Formulierungen für die Ereignisse aus E? Eine entsprechende These ist:

(i) Die Bedeutung eines Wortes W_0 kann charakterisiert werden in der Struktur eines Korpus.
(ii) Das Korpus muss keine beschreibenden Äußerungen des Linguisten enthalten.

Dies ist die Grundthese der Distributiven Semantik. Sie zu widerlegen ist keine triviale Aufgabe. Denn immerhin steht auch stets zur Disposition, was denn die Bedeutung eines Wortes sei. Einen fixen Eichpunkt haben wir da nicht.

129. Eine speziellere These ist:

(i) Die Bedeutung von W_0 findet ihren Niederschlag in der technisch eruierten Distribution von W_0.

Entscheidende Fragen sind nun:

(ii) Wie findet die Bedeutung von W_0 in D_0 ihren Niederschlag?
(iii) In welchen Aspekten der eruierten Distribution findet die Bedeutung von W_0 ihren Niederschlag?

Auf jeden Fall gewinnt die Grundthese eine gewisse Plausibilität dadurch, dass auch ein Lerner in der Ontogenese keine Bedeutungserklärungen bekommt, sondern seine Kenntnisse aus den Äußerungen entnehmen muss.

2.1 Allgemeines

130. Eine grundlegende und empirische Frage ist, ob man aus der Distribution von W_i klassische Aussagen über die Bedeutung von W_i gewinnen kann. Oder allgemeiner, ob man und wie man D_i strukturieren kann und die Struktur mit der Bedeutungsstruktur in Zusammenhang bringen kann, sie vielleicht sogar als Bedeutungsstruktur erklären kann.
Die traditionelle Betrachtung vermutet die Bedeutungsstruktur eher in der Paradigmatik. Sie geht davon aus, die wesentlichen Bedeutungsmerkmale seien latent und blieben also implizit. Das hieße mit andern Worten, dass diese Merkmale in U_i und D_i nicht als w_j vorkämen. Stimmt das? Die Grundeigenschaften menschlicher Sprachen und die Genese von Bedeutungen in der Kommunikation machen das eher unwahrscheinlich. Es bleibt empirisch zu entscheiden, ob und in welcher Form Bedeutungsmerkmale in der Distribution zu erkennen sind.

131. Die Bedeutung eines W_i bildet sich heraus in Kommunikation, und sie wird gelernt in Kommunikation. Das heißt, sie ist (mit)bestimmt durch die U_i. Zu wissen, was W_i bedeutet, besteht aber auch darin zu wissen, worin der Unterschied zwischen W_i und W_j besteht, einem Wort, das in U_i auch vorkommen könnte. (Das heißt natürlich, in D* vorkommen könnte; vielleicht in D auch tatsächlich vorkommt). Dieses Wissen geht sozusagen über die syntagmatisch organisierten Beleg-Ketten hinaus. Es ist der Schritt von der Syntagmatik zur Paradigmatik. Das paradigmatische Wissen ist wesentlicher Bestandteil der Kompetenz und der Kommunikation. Die Tatsache, dass W_i und W_j in Kontrast stehen, wird als wesentlicher Bestandteil ihrer Bedeutung angesehen.
Ist dieses Wissen auch im linearen Korpus hinterlegt? Wie läuft der methodische Weg von der reinen Syntagmatik zur Paradigmatik?

132. Ein immer noch naheliegender Einwand gegen die Distributive Semantik bestünde darin, die Elemente aus D* zu reinen, äußerlichen Zeichen zu deklarieren, sozusagen zu reinen Lautfolgen. Ein solcher Reflex der Ideologie "Hie das Zeichen, hie die Bedeutung" wäre kurzsichtig. Die Elemente aus D* sind Okkurrenzen vollständiger Zeichen, mit Ausdruck und Inhalt. Ein Zeichen ist nicht Zeichen ohne Bedeutung; weder Ausdruck noch Inhalt sind eigenständig vorgegeben. Die Identität des Zeichens, die Abgrenzung und Kategorisierung von Ausdruck und Inhalt entsteht in einem Gesamtzusammenhang.
Wenn die Bedeutungen irgendwo sind, dann sind sie auch im Korpus!

2.2 BRUTTA, LEMMA und MULTI: drei Generationen

> *We condense and conventionalize...*
> *complex situations ... into words and symbols.*
> Marvin Minsky

133. In den vergangenen Jahren haben wir ein Computerprogramm entwickelt, mit dem man Distributionen gewinnen und untersuchen kann. Es arbeitet auf der Basis eines beliebigen größeren Text-Korpus, exzerpiert Belege zu einer gewählten Wurzel und untersucht sie. Das Programm existiert in drei Generationen: BRUTTA und LEMMA als Paradox-Makros und einem Semantischen Inspektor mit den zwei Modulen LEMMA und MULTI.

134. Das Makro BRUTTA (Heringer/ Ohlenroth 1990) bearbeitet eine Text-Datei, das ist ein Belegkorpus in Form einer Wortliste. Die einzelnen Belege haben den gleichen Radius. Das Beleg-Korpus wird als zweifeldrige Datenbank importiert; das Makro arbeitet dann direkt im Beleg-Korpus. Es ermittelt die mittleren Distanzen eines Stichwort-Strings zu andern Wörtern im Beleg-Korpus und errechnet ein Kondensat aller Nachbarn. Das Makro arbeitet rein auf Wortformen-tokens. Die Schritte im Einzelnen sind:

1. BelegDatei wird importiert.
2. BelegDatei wird gereinigt (leere Records, Zahlen in arabischen Ziffern, Indizierungszeichen usw. werden gelöscht).
3. FunkWörter werden gelöscht.
4. Der Stichwort-String wird freigestellt. Dabei können auch Endungen abgeschnitten werden.
5. Die Distanzen werden eingefügt.
6. Aus den Textwörtern (tokens) werden types gebildet und ihre absolute Häufigkeit berechnet.
7. Die Summe der Distanzen und Mittelwerte werden berechnet.
8. Die Affinitäten werden berechnet.
9. Die affinsten 300 Satelliten werden in einer Tabelle gespeichert.
10. Der gewünschte Ausschnitt wird exportiert und im Display gezeigt.

135. Die jeweilige Belegdatei wird zuvor in einem Zweischritt exzerpiert. Der Suchstring ist eine Kette von Buchstaben. Im ersten Schritt wird mit EXCEPT.EXE eine Liste aller Wörter des Gesamtkorpus erstellt, die den Suchstring enthalten.

2.2 BRUTTA, LEMMA und MULTI: drei Generationen

Diese Wörter müssen nicht alle zur jeweiligen Wurzel gehören. So kann der Suchstring *ANGST* etwa in *Rangstellung, Langstrumpf, Gangster* vorkommen oder auch in verschriebenem *Angstellter*. Der Suchstring *NEID* wird sich in allen möglichen Formen von *schneiden* finden, aber auch in *Arzneidingen*, in *Soldateneid*, in *Meineid* oder *uneidlich*. Die Wortliste kann so angelegt werden, dass sie genau die gewollten Wörter und Wortformen enthält, oder als Ausnahmeliste. Natürlich kann die Wortliste auch zu wenig für die Wurzel enthalten, etwa bei Wörtern mit Stammabwandlung wie *ÄNGST*. Dann muss das Verfahren mehrfach angewendet werden. Die Wortliste bietet dem Anwender einen ersten wichtigen Einblick in die Eigenschaften der jeweiligen Wurzel.

Die eigentliche Exzerption des Belegkorpus verwendet die Wortliste als Filter. Mit dem Modul EXTRACT.EXE wird dann das jeweilige Belegkorpus mit festgelegtem Radius der Belegfenster, z.B. r = 8 oder r = 5, exzerpiert. Es hat die Form einer Wortliste, in der die einzelnen Belege durch "--+;0" voneinander getrennt sind. Die Trenner sind so angelegt, dass sie durch ihre Form die Tabellenstruktur im Makro bestimmen.

136. Die Säuberung bezieht sich in erster Linie auf Unreinheiten des Korpus und auf Zeichen, die in der Analyse nicht mehr zu deuten sind. Inhaltlicher ist der Abgleich mit einer Datenbank von Funktionswörtern, die aus dem Belegkorpus entfernt werden. Dem liegt die These zugrunde, dass Funktionswörter und damit auch hochfrequente Wörter für die semantische Struktur weniger oder nicht relevant sind. Dies dürfte nur bis zu einem gewissen Grad stimmen; zum Beipiel sind präpositionale Anschlüsse semantisch relevant. Dennoch ziehen die meisten Betrachter Ergebnisse ohne Funktionwörter vor. Selbstverständlich ist die Menge der Funktionswörter nicht verlässlich anzugeben. Als Funktionswörter werden hier vor allem Determinierer, Konjunktionen, Subjunktionen und Präpositionen gewertet. Die entsprechende Datenbank umfasst ca. 1400 Wortformen.

137. In der Bearbeitung soll die gesamte Umgebung der Wurzel untersucht werden. Dazu gehören Flexive und Wortbildungselemente. Aus diesem Grund werden vordere und hintere Teile der Wortformen, die den Suchstring enthalten, abgetrennt und als nächste Nachbarn gewertet. Für Experten sind diese abgeschnittenen Ketten im Ergebnis aufschlussreich, auf Erstbetrachter wirken sie eher befremdlich. Man kann sie aber tilgen oder ausfiltern.

138. Im nächsten Schritt wird jeder Position (jeder Wortform oder jedem Segment) ausgehend vom Suchstring seine textuelle Distanz zugeordnet. Die Position im Vorbereich direkt davor erhält also 1, die davor 2 usw.; analog im Nachbereich die Position direkt danach 1 usw. Dieses Verfahren kann parametrisiert werden, weil nicht sicher ist, ob nicht bei der linearen Zählung die nächsten Nachbarn überbewertet werden. Es können auch Vorbereich und Nachbereich getrennt behandelt werden.
Im Anschluss daran kann die serielle Ordnung des Belegkorpus aufgegeben werden. Es werden nun die Frequenz der einzelnen Wortformen-tokens im Belegkorpus berechnet und für jedes die Summe seiner Distanzen. Hieraus errechnet sich die mittlere Distanz eines jeden tokens zur Wurzel als arithmetisches Mittel.

139. Anschließend daran werden die Affinitäten für alle Wortformen berechnet. Die Grundidee ist, dass ein token der Wurzel umso affiner ist, je häufiger es im Belegkorpus vorkommt, und dass es umso affiner ist, je näher es ihr ist, also je geringer seine mittlere Distanz. Das ergibt erst einmal grob, dass die Affinität a der Häufigkeit f umgekehrt proportional ist und der mittleren Distanz d direkt proportional. Somit liegt der Berechnung eine Formel wie $a \approx d/f$ zugrunde. Allerdings verwenden wir im Normalfall nicht die absolute Häufigkeit, sondern die relative im Belegkorpus.

140. Das Ergebnis dieser Berechnung ist eine Liste aller Wortformen-types des Belegkorpus mit ihren Affinitätswerten. Entsprechend der Grundthese interessiert aber nur ihre Rangfolge und eben hohe Affinität, das heißt kleiner Wert von a. Denn gerade diese sollen für die Bedeutung der Wurzel charakteristisch sein. Darum wird die Ergebnisdatenbank abgeschöpft: Eine Datei mit den 300 besten wird für Vergleiche usw. aufbewahrt, ein kleinerer Ausschnitt (dessen Größe der Benutzer bestimmt) wird in einem Display (ZEIG.EXE) gezeigt. Die Größe des Ausschnitts bestimmt der Benutzer über die Eingabe einer Schwelle s, die die Anzahl der gezeigten Satelliten angibt.

141. Der Ausschnitt aus der Ergebnisdatenbank wird mit dem Display als Stern gezeigt. Hier lagern sich die Satelliten entsprechend ihrer Affinität um die Wurzel.

2.2 BRUTTA, LEMMA und MULTI: drei Generationen

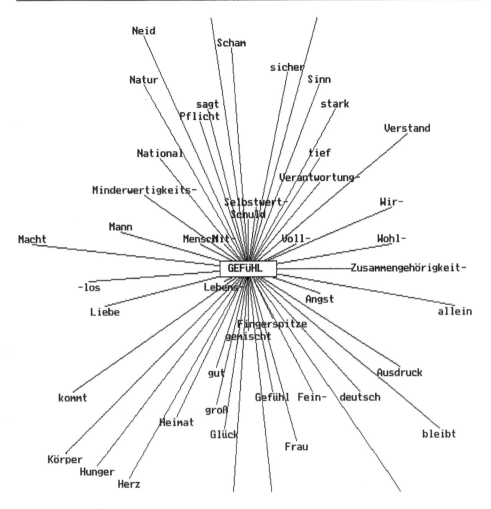

Abb. 4: Bearbeitetes Ergebnis von BRUTTA zu Gefühl, n = 8000, r = 8, s = 40

Auf den ersten Blick erkennt man, dass Sinn in diesem Stern steckt. Wir finden die Hauptgefühlsorgane: die Fingerspitzen, den Körper, im metaphorischen Sinn das Herz. Wir haben eine Sammlung landläufig wichtiger Gefühle: Liebe, Angst und Hunger. Aber hier ist noch nicht der Ort, auf das Inhaltliche einzugehen; Sie können sich selbst Einiges zusammenreimen. Wichtiger ist das Methodische. Die Distanzen zur Wurzel zeigen die jeweilige Affinität. Die Anordnung in der Fläche besagt nichts, sie ist ein Artefakt. Der Einfachheit halber sind die Satelliten hier alphabetisch im Uhrzeigersinn ab 3 Uhr angeordnet.

142. Das Makro und das Programm LEMMA (Heringer/ Ohlenroth 1993; Heringer/ Müller/ Widdig 1997) bearbeiten wie BRUTTA eine Text-Datei. Auch hier haben die einzelnen Belege den gleichen Radius und sind eingerahmt durch "--+;0". Die entscheidende Neuerung ist, dass alle Wortformen-tokens außer dem Suchstring lemmatisiert werden und dann durch die jeweilige Grundform ersetzt werden. Die jeweilige lexikalische Kategorie wird ihnen mit Unterstrich angefügt. Hier werden die Funktionswörter nicht mehr gelöscht, ebensowenig muss gesäubert werden. Denn die Lemmatisierung geschieht nicht on-line, sondern über eine vorbereitete Abgleich-Tabelle des gesamten Korpus. Dadurch können unerwünschte Einträge ausgefiltert werden. Es können außerdem Belegfiles verknüpft werden, sodass etwa abgewandelte Wurzeln zusammen bearbeitet werden können.

Zusätzlich ist die Formel für die Affinitätsberechnung parametrisiert, so dass die Bewertung des Verhältnisses von Frequenz und Distanz eingestellt werden kann, um die Auswirkungen empirisch zu überprüfen.

143. Die Schritte im Einzelnen sind:

1. BelegDatei wird importiert.
2. BelegDatei wird lemmatisiert. Tags für lexikalische Kategorien werden angehängt.
3. Der Stichwort-String wird freigestellt.
4. Die Distanzen werden eingefügt.
5. Aus den Wortformen (tokens) werden types gebildet und ihre absolute Häufigkeit berechnet.
6. Die Summe der Distanzen und Mittelwerte werden berechnet.
7. Die Affinitäten werden berechnet.
8. Die gesamte Tabelle mit den Affinitäten wird gespeichert.
9. Der gewünschte Ausschnitt kann nach Auswahl und kategorialen Filtern in einem Display gezeigt werden. Der Stern kann als BitMap oder als WMF-Grafik gespeichert werden.

144. Das Lemmatisieren über eine Abgleichtabelle impliziert kein Parsing. Vielmehr muss jeder Wortform eindeutig ein und nur ein Lemma und eine lexikalische Kategorie zugeordnet werden. Dies erfordert Entscheidungen der Art, welches Lemma und welche Kategorie bei Einmehrdeutigkeit zu präferieren ist. Lexeme wie *zu* können als Gradpartikel, als Adjektiv und als Präposition fungieren; hier wird die Lemmatisierung als Präposition präferiert. Präpositionen und Postpositionen werden nicht unterschieden; Verschmelzungen von Präposition und definitem Artikel werden nur als Präposition lemmatisiert. Substantivierungen werden nach der zugrundeliegenden Kategorie lemmatisiert, also *Ausgebildete* als A gewertet. Prinzipiell werden in Fällen wie *bevor* die Lemmatisierung als Adverb der Präfixlemmatisierung vorgezogen. Alle Arten von Konjunktionen werden zusammengefasst, also subordinierende, koordinierende, Infinitivkonstruktionen einleitende und auch die sog. Translative wie *als* oder *wie*.

145. Die lexikalischen Kategorien werden den Lemmas als Tags angehängt. Im Einzelnen sind folgende Tags verwendet: S = Substantiv, V = Verb, A = Adjektiv, U = Adverb, D = Determinierer, P = Präposition, F = Pronomen, J = Konjunktion, M = Numerale, I = Interjektion, K = Abkürzung, X = Präfix. Außerdem wird E für reine Eigennamen verwendet, die natürlich auch Substantive sind, nur vielleicht von manch einem anders gedeutet werden.

146. Zu bemerken ist, dass die Ergebnisse dieses Programms nicht in jeder Hinsicht plausibler oder zufriedenstellender sind als die von BRUTTA. Zwar wird man von linguistischen Überlegungen her, die Lemmatisierung für einen entscheidenden Fortschritt halten, aber auch das rohe Verfahren erbrachte plausible Ergebnisse. Methodisch wichtiger ist, dass mit der Lemmatisierung und dem Filtern nach lexikalischen Kategorien mehr Artefakte eingeführt sind, die uns verführen könnten. Sie bringen uns ab von der sauber kontrollierten Methode und bringen immer mehr Überlegung, linguistisches Wissen und damit Vorurteil ins Spiel.

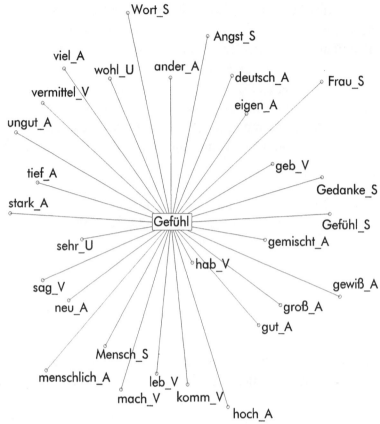

Abb. 5: Gefühl, r = 8, n = 7700

147. Ein zweites Modul des Semantischen Inspektors MULTI setzt die berechneten Affinitäten voraus und analysiert die Belege mit einer multidimensionalen Skalierung (MDS). Die MDS ist ein mathematisches Verfahren, mit dem man die internen Kookkurrenzen in den Belegen berücksichtigen kann. Sie macht keine weiteren Vorgaben und untersucht rein die Struktur der Belegdatei. Sie erscheint damit als geeignetes Verfahren, um Verwendungsweisen zu unterscheiden. Denn Verwendungsweisen können wir dadurch abgrenzen, dass wir Cluster von Satelliten ermitteln, die in Belegen überproportional miteinander oder nahe beieinander vorkommen.

148. Die MDS baut aus den Belegen eine (halbe) quadratische Matrix auf:

(33) $Q = (w_{ij})_{n,m}$

Dazu ermittelt sie für jeden Beleg die inneren Distanzen jedes möglichen Paares und trägt sie ein. Üblicherweise wird dafür ein fester und beschränkter Satz von Objektwörtern vorausgesetzt, sodass jedes mit jedem vergleichbar ist.

In dem Modul MULTI kann man die jeweiligen Objektwörter nach ihren Affinitäten auswählen, insofern bildet ein Durchlauf durch LEMMA die Vorstufe.

149. Mit dem Modul MULTI gibt es bisher wenig empirische Erfahrungen. Zwei Probleme stellen sich sofort, die beide die erforderlichen artifiziellen Eingriffe betreffen.

(i) Durch die Auswahl der Objektwörter ist viel vorausgesetzt. Das Verfahren läuft nicht automatisch und ermittelt nicht selbst die tatsächlichen Verhältnisse. Es arbeitet auf Hypothesen des Benutzers; die Auswahl ist ein theoretisches Artefakt, in das subjektives Wissen des Linguisten eingeht.

(ii) Eine volle quadratische Matrix würde voraussetzen, dass jeder Beleg jedes Objektwort einmal enthält. Für alle möglichen Paare, von denen ein Paarling nicht oder kein Paarling im Beleg vorkommt – und das sind jeweils sehr viele – ergibt sich ein sogennannter missing value, das heißt, man hat keinen Distanzeintrag in der Matrix. Man muss auch hier zu einer künstlichen Lösung greifen. Üblicherweise setzt man einen überhohen fiktiven festen Wert ein (andre Verfahren sollen hier nicht diskutiert werden). Dadurch entsteht ein starkes Rauschen, das sich nicht immer wegfiltert.

150. Das MDS-Verfahren beginnt mit einer zufälligen Konstellation und korreliert die jeweiligen Werte der Distanzmatrix in iterativen Berechnungen. Der Gütemaßstab für die errechneten inneren Zusammenhänge sind sogenannte Stresswerte. Im Allgemeinen werden die Stresswerte in den Iterationen kleiner bis zu einem Schwellenwert, der sich im mathematischen Verfahren einstellt. Aufgrund von Erfahrungswerten lässt die erreichte Größe des Stresswertes eine Beurteilung zu, wie weit im Material innere Strukturen erkannt wurden, also wie weit in den Belegen (oder Objektlisten) tatsächlich innere Zusammenhänge existieren. Mit den implementierten Verfahren erreichten wir nicht immer befriedigende Stresswerte. Hier ein nicht ganz unplausibles Ergebnis. Die verschiedenen Gefühlswörter sind nach Verwandtschaft in einer Belegdatei zu *Gefühl* angeordnet.

Abb. 6: Anordnung von Gefühlswörtern nach Verwandtschaft

151. Wenn man die MDS als Mittel zur Eruierung von Polysemien oder verschiedenen Verwendungsweisen ansieht, stellt sich durch die Benutzung der Affinitätsberechnung vor allem ein Problem. Affinitäten werden ja berechnet auf der Basis von Distanz und Frequenz. Empirisch ist es aber so, dass bei sog. polysemen Lexemen wie *leihen* oder *Bank* die beiden (oder mehr) Varianten ganz unterschiedlich frequent sind. So kann sich natürlich die seltenere Variante nicht oder nicht genügend durchsetzen gegen die andere.
Hier wird nach neuen Lösungen gesucht.

2.3 Features: Filter, Netze, Kontraste und mehr

Nicht jede Technik hat eine Verwendung.
Ludwig Wittgenstein

152. Fassen wir zusammen: Ein Kondensat für W_0 gewinnt man aus der Distribution dadurch, dass man errechnet,
- mit welcher relativen Häufigkeit bestimmte Nachbarn w_i mit w_0 im Belegkorpus vorkommen;
- in welchen Distanzen die jeweiligen Nachbarn von den w_0 vorkommen.

Grundlage dafür ist das gesäuberte und abgemagerte Belegkorpus.

153. Im Kondensat lagern sich bestimmte W_i um die untersuchte Wurzel W_0. Diese W_i sind dem W_0 affin. Affinität drückt sich aus in der jeweiligen Distanz zu W_0. Die Affinitäten können auch einzeln wiedergegeben werden:

(34) $W_0 \to W_i = a$

besagt, dass die Affinität von W_0 und W_i den Wert a hat.
Je kleiner a, umso relevanter ist ein W_i für die Bedeutung von W_0, so die Grundthese.
Das Ensemble der Affinitäten wird dargestellt durch die Kanten in einem radialen Graphen.
Die Lage der W_i im radialen Graphen ist ein Artefakt; sie besagt nichts.

154. Ein Kondensat können wir uns vorstellen als Blick in das lexikalische Gesamtnetzwerk von einem bestimmten Punkt W_0 aus. Ein gutes Bild ist: Man greift W_0 in dem Gesamtnetzwerk und lupft das Netz an dieser Stelle. Die verknüpften W_i werden sich mitheben je nachdem, wie weit sie von W_0 entfernt sind und wie hoch man das Netz hebt.

155. Semantische Kondensate sind flexibel und veränderlich. Offenkundig werden Kondensate anders ausfallen, wenn die Textbasen unterschiedlich sind. Sie repräsentieren Varietäten und Wandel. Nur identische Textbasen führen zu gleichen Kondensaten.

2. Programme und Probleme

Textbasen können sich in definierbarer Weise unterscheiden,
- durch Quellenselektion,
- durch Textsortenunterschiede,
- durch Zeitunterschiede.

Die Feinheit der distributiven Analyse ermöglicht auch die Feststellung feinster Bedeutungsverschiebungen.

156. Eklatant sind die Unterschiede von Kondensaten aus zeitlich auseinander liegenden Korpora.

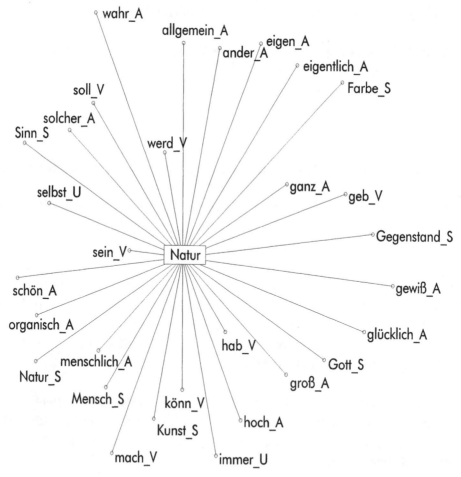

Abb. 7: Natur bei Goethe, r = 8, n = 1900

2.3 Features: Filter, Netze, Kontraste und mehr

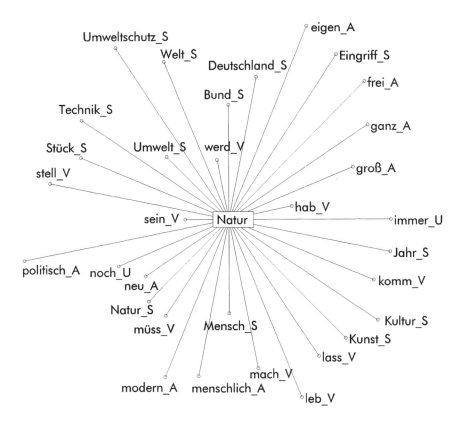

Abb. 8: Natur 1986, r = 8, n = 1300

Hier sollen die beiden Sterne nicht im Einzelnen gedeutet werden. Das bleibt Ihnen als Leser überlassen. Es geht vor allem um die Unterschiede, und die scheinen offenkundig. Aber ist nicht im ersten Stern Vieles goethespezifisch? Sicherlich, einzelne Züge dürften aber genereller sein. Bei Goethe ist die Natur noch schön, sie hat etwas mit Gott zu tun. 1986 hingegen ist die Natur etwas Schützenswertes. Die Zerstörung der Natur ist ein wichtiges Thema.
Dies alles ist dem Wort *Natur* nicht äußerlich; es ist ein Aspekt seiner Bedeutung.

157. Weitere Fragen im Zusammenhang mit der textuellen Basis sind:
- Wieviel Belege braucht man für verlässliche distributive Aussagen?
- Wie groß sollte der Radius der Fenster sein?
- Wie sollte die Affinität berechnet werden?

Solche Fragen, die auf den ersten Blick eher technischer Natur scheinen, erweisen sich als tiefer reichende sprachtheoretische Probleme. Wir wissen nicht, wie weit die semantische Domäne eines Lexems im Kotext reicht oder wie sie langsam fadet. Jedenfalls gibt es nach textlinguistischer Lehre kein Argument, die Domäne mit Satzgrenzen abzuschließen. Wir wissen ebensowenig, ob für die Bedeutung eines Lexems mehr die Frequenz des kotextuellen Miteinanders zählt oder die kotextuelle Nähe, und erst recht nicht, wie beides zu verrechnen wäre. Wie so oft wird eine Antwort auch vom Zweck der Untersuchung abhängen.

158. Zur Beantwortung der ersten Frage kann man wenigstens die sog. Half-Split-Methode anwenden. Man verkleinert das Belegkorpus schrittweise, bis das Kondensat sich dramatisch ändert. Wie gesagt: Damit hat man natürlich keinen allgemeingültigen Wert für n. Dazu wären mehr empirische Untersuchungen nötig, die die entsprechenden Variablen bestimmen. Unsere Erfahrungen legen nahe, dass ab 500 Belegen Reliabilität einsetzt.

159. Das Kondensat wird anders aussehen je nach dem Radius der Fenster, der bei der Exzerption gewählt wurde.
Auch hieran knüpfen sich sprachtheoretische Fragen:
- Wie weit reicht die semantische Domäne eines Worts?
- Wieviel Kotext ist nötig? Wie groß muss man die Fenster wählen, um gute Ergebnisse zu bekommen?

Empirische Antworten sind methodisch zu erreichen. Man könnte den Radius sukzessive verkleinern und die Wirkung bewerten.

2.3 Features: Filter, Netze, Kontraste und mehr

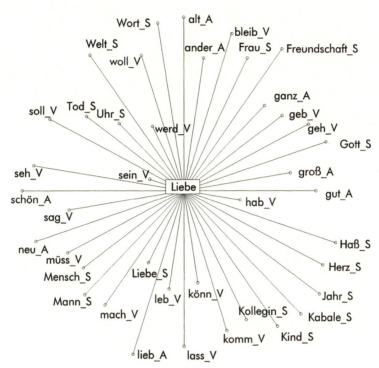

Abb. 9: Liebe, r = 15, n = 4500

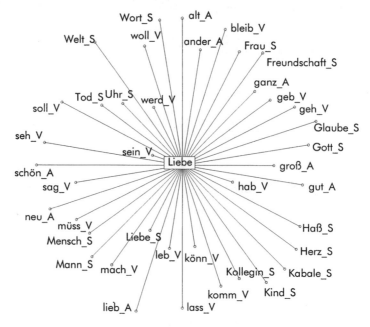

Abb. 10: Liebe, r = 10, n = 4500

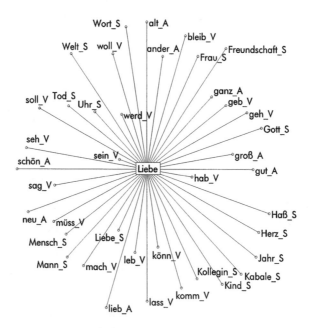

Abb. 11: Liebe, r = 5, n = 4500

2.3 Features: Filter, Netze, Kontraste und mehr

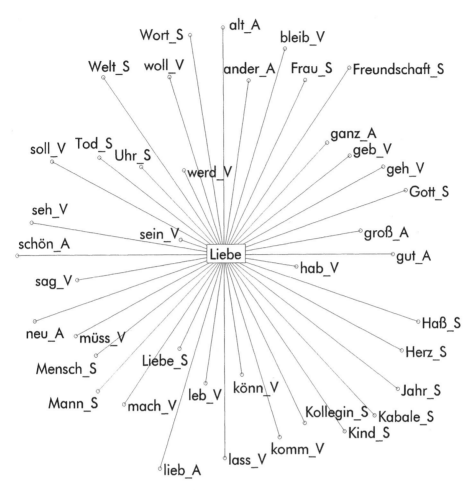

Abb. 12: Liebe, r = 5, n = 4500

160. Im Zusammenhang hiermit kann auch die Berechnungsformel für die Affinitäten gesehen werden. Soll man räumliche Distanz und Frequenz einfach proportional werten? Oder müsste man parametrisieren?
Im Semantischen Inspektor ist ein Parameter λ vorgesehen, der Frequenz und Nähe gewichtet nach der Formel $a = d^{\lambda} / f^{(1-\lambda)}$, wobei a die Affinität, d die mittlere Distanz, f die relative Häufigkeit und λ zwischen 0 und 1.
Das bedeutet: Je kleiner λ gewählt wird, umso stärker wird die Distanz gewichtet. Ergebnisse der Parametrisierung mit Filterung auf S, V, A sehen etwa so aus:

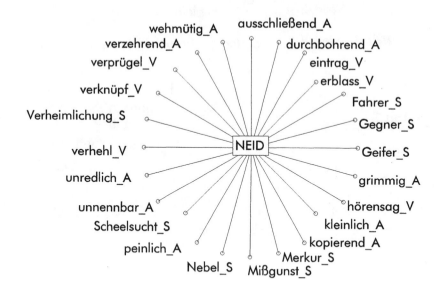

Abb. 13: NEID, n = 2300, λ = 0.8

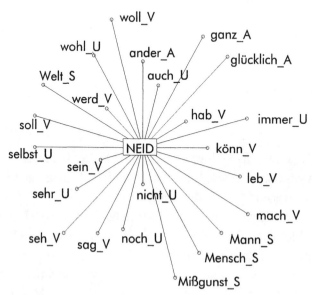

Abb. 14: NEID, n = 2300, λ = 0.4

Obwohl beide Ergebnisse nicht unplausibel erscheinen, ist deutlich, dass die Parametrisierung wirkt. Affinitäten werden eingeebnet, die Ergebnisse diffuser (Strahlenkranz), wenn die Frequenz geringer gewertet wird. Auch hier bleibt noch viel empirische Arbeit zu leisten, um Regularitäten oder gar methodische Vorschläge zu entwickeln.

161. Kondensate haben keine methodische Begrenzung, sie bilden Kontinuen. Jedes Wort steht in Affinitäten zu x anderen Wörtern. Die Anzahl x ist im Prinzip unüberschaubar groß; wir führen nur eine praktische Beschränkung ein. Denn je weniger affin ein Wort W_i zu einem W_0 ist, umso weniger relevant sollte es für die Bedeutung von W_0 sein. Darum legen wir einen Schwellenwert s fest. Definition des Kondensats:

(35) $K_0 = \{<W_0, W_i> | <W_0, W_i> \in B_0 \text{ und } W_0 \rightarrow W_i < s\}$

Die Festlegung eines Schwellenwerts ist erst einmal eine praktische Frage. Die Festlegung sichert die Vergleichbarkeit von Kondensaten, und sie schafft die praktische Möglichkeit der Repräsentation.
Es bleibt aber eine empirische Frage, ob es etwa tatsächliche Schwellen gibt, nicht nur gesetzte. Man könnte sich denken, dass die Distanzwerte doch nicht gleichmäßig graduell abnehmen, so dass es Sprünge und plötzliche Abfälle gibt.

162. Weitere Untersuchungsfragen wären also:
– Wie ist ein Kondensat strukturiert?
– Wieviele Elemente enthält es oder sollte es enthalten?
– Bis zu welcher Distanz sind die affinen Lexeme semantisch relevant?
– Gibt es Sprünge in der Distanzstruktur?
Eine andere Frage ist die nach regionaler Strukturierung:
– Gibt es eine Art Verteilung in semantische Ringe, Regionen oder Ähnliches und was würde das bedeuten?

163. Je nach Untersuchungsziel wird man nicht an allen Satelliten interessiert sein. Es wurde schon erwähnt, dass Funktionswörter nur für Spezialinteressen interessant sein könnten. Viele interessieren sich für die dicken Brocken, für Substantive, Verben und Adjektive. Sie regen am meisten an.
Dass etwa Substantive besonders informativ sind, scheint plausibel. Wir befolgen diesen Grundsatz im Unterstreichen in Texten und in Notizen. Was immer "Information" hier heißen mag, es wurde auch in psychologischen Experimenten

nachgewiesen, dass Information primär durch Substantive vermittelt wird (Marx 1978:431).

Für unsere Deutungen wollen wir das nicht unbesehen übernehmen. Aber es steht für uns außer Zweifel, dass Substantive besonders bedeutsam sind. Hingegen scheinen Verben auch stärker für die grammatische Organisation relevant.

164. Zum Zweck der Auswahl sind Filter vorgesehen, die nach lexikalischen Kategorien selegieren. Wir haben einmal S und V ausgewählt und einmal nur A.

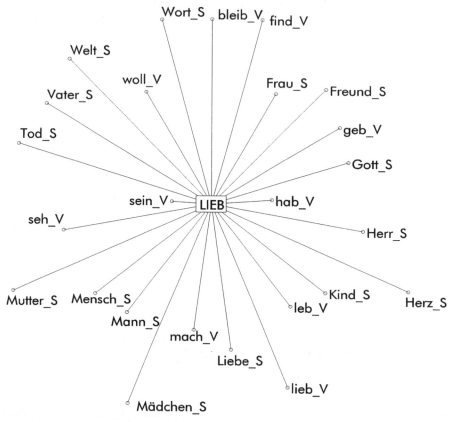

Abb. 15: LIEB, r = 8, n = 28800

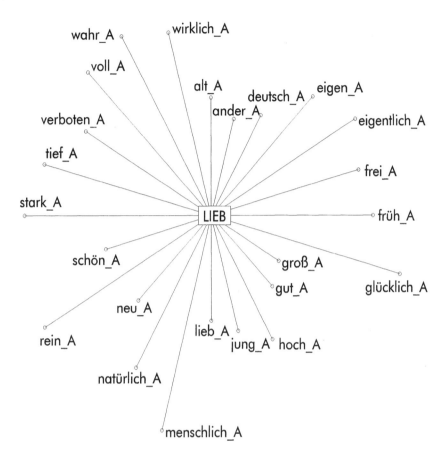

Abb. 16: LIEB, r = 8, n = 35000

165. Im engeren Sinn Grammatisches kann man selegieren über die hinteren Abspaltungen oder Funktionswörter. So kann man auch etwas über die Affinität der Flexive, also die Frequenz der jeweiligen Wortformen entnehmen.
Bemerkenswert ist vor allem, dass der Plural *-e*, *-en* bei *Gefühl* verhältnismäßig frequent ist. Das heißt, dass *Gefühl* weit weniger als z.B. *Neid* kontinuativ verwendet wird. Bei *Freude* kommt die Plural-Endung sogar an erster Stelle. Auch grammatische Eigenschaften haben einen Sinn, man muss sie nur lesen können.

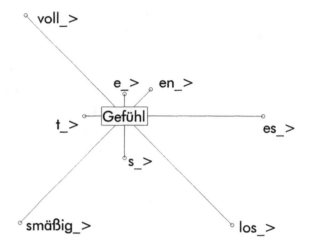

Abb. 17: Gefühl, r = 8, n = 7700

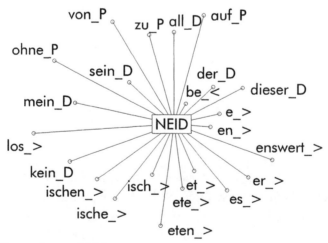

Abb. 18: NEID, r = 8, n = 2300

166. In folgenden Sternen haben wir stärker die Wortbildungsaktivitäten herausgefiltert. Die hinteren Abspaltungen wurden natürlich nicht lemmatisiert.

2.3 Features: Filter, Netze, Kontraste und mehr

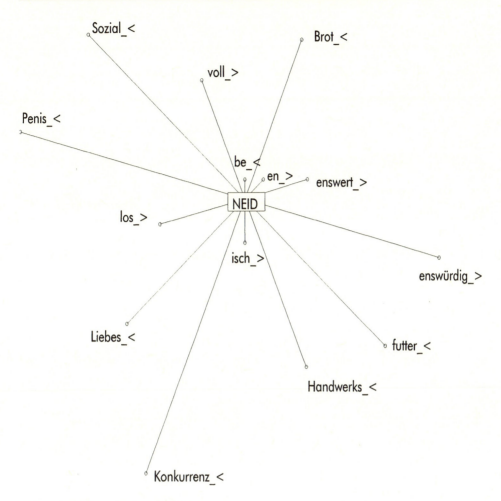

Abb. 19: NEID, r = 8, n = 450

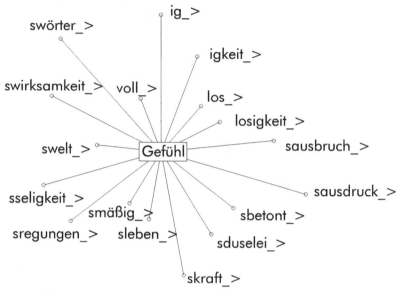

Abb. 20: GEFÜHL, r = 8, n = 7700

Beiden Sternen liegt jeweils die Wurzel in allen möglichen Wortformen zugrunde. So bekommen wir bei *NEID* als affinste Wortbildung das Verb *beneiden* und etwas weiter entfernt die Adjektivableitungen *neidisch, neidlos, neidvoll*. Wir können natürlich auch vordere und hintere Abspaltungen trennen.
Der Gefühlsstern zeigt Wortbildungen, in denen *gefühl* als Vorderglied steht. Dies sind einmal Suffixableitungen und dann Komposita mit *gefühl* als Annex. Die Fugenzeichen werden mit abgetrennt.

167. Präpositionen sind eine Mischung semantisch-grammatischer Leistungen. Sie regeln erst einmal grammatische Anschlüsse. Dabei ist zu unterscheiden zwischen Präpositionen außerhalb des Wurzelsyntagmas und solchen innerhalb. Außersyntagmatische werden mit der grammatischen Konstruktion weniger zu tun haben; sie sind sicherlich auch semantisch unspezifischer, wenngleich nicht irrelevant. Präpositionen innerhalb des Wurzelsyntagmas werden bei substantivischer Wurzel erst einmal danach zu ordnen sein, ob sie vorangehen und somit die NP regieren oder ob sie den Anschluss regierter NP regeln.
Präpositionen im Vorbereich geben – soweit sie nicht selbst regiert und strukturell sind – tendenziell die semantische Rolle der Wurzel-NP an. Sie scheinen von größtem Interesse. Präpositionen im Nachbereich charakterisieren den Anschluss; auch sie sind partiell semantisch auszudeuten.

2.3 Features: Filter, Netze, Kontraste und mehr

Für uns ist sowohl die Affinität wie die Streuung verschiedener Präpositionen von Interesse.

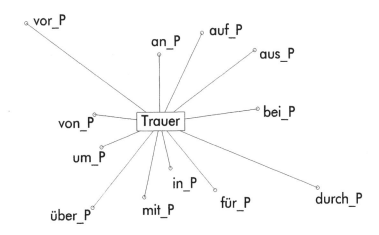

Abb. 21: Trauer, r = 8, n = 1600

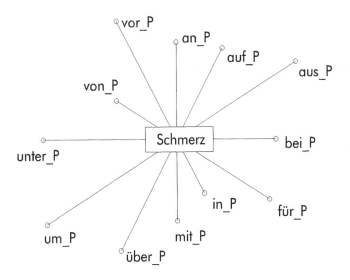

Abb. 22: Schmerz, r = 8, n = 4600

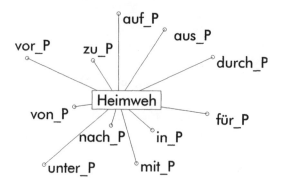

Abb. 23: Heimweh, r = 8, n = 100

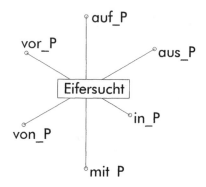

Abb. 24: Eifersucht, r = 8, n = 450

168. Die getrennte Untersuchung von Vorbereich und Nachbereich bringt meistens eine Überlappung bei mehr oder weniger unspezifischen Präpositionen, aber auch klare Differenzen bei spezifischen.
Im Vorbereich finden wir die freien, motivorientierten *aus*, *in*, *mit* und das nie regierte *ohne*. Hingegen dürfte *nach* aus der regierten NP stammen, vielleicht *Streben nach*, *Suche nach* usw. Das ist Vermutung und Deutung. Doch anders der Nachbereich. Hier ganz signifikant die regierten *auf*, *nach*, *um*, das im Vorbereich nicht vorkommt, und außerdem das fehlende *aus*.

2.3 Features: Filter, Netze, Kontraste und mehr

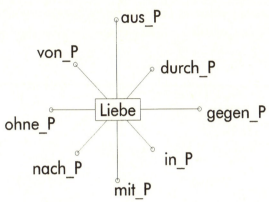

Abb. 25: Liebe, r = 8, n = 27900

169. Man kann die Präpositionsauswahl spezifischer machen, indem man den Radius enger wählt. Denn die nahen Präpositionen sind natürlich die spezifischeren. Man glaube aber nicht, dass regierte Präpositionen ganz verblasst und ohne Bedeutung seien. Es zeigt schon auf wichtige semantische Eigenschaften der Unterschied von *Misstrauen gegen, Eifersucht auf* und *Liebe zu*. In *Liebe* steckt Hinwendung und Richtung. In *Misstrauen* steckt Gegnerschaft.

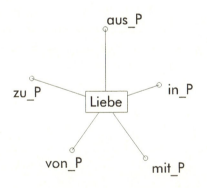 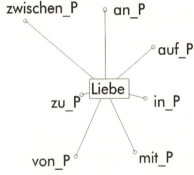

Abb. 26: Liebe vorn, r = 3, n = 9300   Abb. 27: Liebe hinten, r = 3, n = 9300

170. Die Satelliten einer Wurzel sind nicht von der Analyse ausgenommen. Auch sie sind nur Lexeme, deren Bedeutung es zu eruieren gilt, die sich nur in diesem semantischen Kosmos ergeben hat. Wir müssen sehen, was sie in diesem Kosmos bedeuten, darüber hinaus gibt es nichts. Was passiert also, wenn man ein affines W_i als neue Wurzel wählt? Kommt W_0 in diesem Kondensat in absehbarer Distanz vor?

Jeder Satellit ist auch seine eigene Wurzel. Was sehen wir, wenn wir den Weg im Netzwerk weitergehen? Auffälliges und nicht mehr so übliches Verb ist heg_V in folgendem Stern.

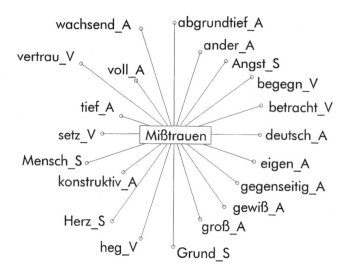

Abb. 28: Mißtrauen, r = 8, n = 1100

Welches semantische Profil hat dieses nicht gerade frequente und recht spezifische Verb? Der entsprechende Stern zeigt, dass *hegen* ganz darauf zugeschnitten ist, in seinem Akkusativ-Slot Substantive einer besonderen Kategorie aufzunehmen, die nicht ganz leicht zu charakterisieren ist.

Abb. 29: HEG, r = 8, n = 1200

171. Die eng begrenzte Selektion des Verbs lässt es nicht verwunderlich erscheinen, dass im *hegen*-Stern unser Startpunkt *Misstrauen* wieder vorkommt. Auf jeden Fall ist *hegen* ein Verb, dass Gefühlswörter, Gedankenwörter und Verwandte als Satelliten hat. Die Konnexion von *hegen* und *Misstrauen* zeigt eine gewisse Symmetrie. Die Vernetzung ist nicht rein verzweigend, auch nicht unbedingt eine Hypertextstruktur.
Wie Sterne sich allgemein vernetzen ist eine offene Frage. Kann eine weitere Untersuchung zu einem ganzen Netzwerk aus einer gemeinsamen Basis führen?

172. Es war eine Grundannahme der Informationstheorie, dass ein Zeichen in einer Kette nur Bedeutung haben kann, wenn es in Opposition steht zu einem anderen Zeichen. Verschärft: Ein Zeichen hat nur Bedeutung, wenn es eine Kette gibt, in der es mit einem andern Zeichen in Opposition steht.
Es war eine Grundannahme des Strukturalismus (de Saussure), dass die Bedeutung eines Zeichens differenziell ist, sich abgrenzt gegen die Bedeutung anderer Zeichen durch Oppositionen.

Grob gesprochen: Eine Wortäußerung w_i sollte in U_i nur Bedeutung haben, wenn w_i mit einem w_j kontrastiert, d. h. austauschbar ist und so eine andere Kette mit anderer Bedeutung entsteht.

173. Sei $U_i // w_j$ eine Kette, in der das zentrale w_i ersetzt ist durch w_j oder weniger operational gesprochen: in der w_j an Stelle von w_i steht. Wenn es eine Kette dieser Art gibt (sie also Element von D* ist) oder wenn sie in C vorkommt, sagen wir, dass w_i und w_j kontrastieren. In diesem Fall gilt:

(36) $D_i \cap D_j \neq \emptyset$

Beide Wörter haben überlappende Distributionen. Wörter mit überlappender Distribution stehen in einer semantischen Beziehung. Die Frage ist,
- in welcher semantischen Beziehung stehen sie und
- ist die semantische Beziehung aus dem Vergleich der Distributionen zu gewinnen?

174. Kontrastieren ist eine anerkannte Methode semantischer Erkenntnis. Bedeutungen sind differenziell. Die Bedeutung von W_i grenzt sich ab von verschiedenen W_j. Welchen Unterschied würde es also machen, wenn statt W_i in identischer Umgebung W_j gebraucht wäre? Diese Betrachtungsweise ist seit de Saussure Gemeingut und methodisch fruchtbar.
Eine Hypothese aber ist, dass sich dies grundlegend ändert bei der Betrachtung von Distributionen und ihren Kondensaten.
Ein methodisch spektakulärer Schritt ist der Übergang von rein distributiven Fakten, wie sie die Kondensate darstellen, zu semantischen Aussagen. Können wir Bedeutungsverwandtschaften über Sterne ermitteln?

175. Wie weit nun zeigen die Kondensate die Bedeutung? Wie weit lösen sie die These von Harris ein "difference of meaning correlates with difference of distribution" (Harris 1970:785/ 786)? Oder die schärfere These "If A and B have almost identical environments ..., we say they are synonymous" (Harris 1954:157)?
Oder hat doch eher Lyons Recht: "Whatever prima facie evidence there is goes against the identification of sameness of distribution and sameness of meaning" (Lyons 1963:6A2)?

2.3 Features: Filter, Netze, Kontraste und mehr

176. Ein Traum wäre: Die semantischen Relationen zwischen W_i und W_j sind ablesbar an den Verhältnissen ihrer Kondensate K_i und K_j. Naheliegend:

(37) $K_i = K_j$ genau dann, wenn W_i synonym ist mit W_j.

Dieser strenge Synonymie-Begriff läuft empirisch leer.
Der Grund des Leerlaufs ist, dass es keine Synonyme in diesem naiven Sinn gibt. Synonymie ist eine graduelle Eigenschaft, die sich in mehr oder weniger ausgeprägten Übereinstimmungen in den Kondensaten ausdrücken wird.

177. Versuchen wir uns an *Angst* und *Furcht*. Zum Unterschied zwischen Angst und Furcht äußert sich Wandruszka in eigener Kursivsetzung:

> 1. *Angst* ist die körperliche Beklemmung, die die innere Fluchterregung der Furcht hervorruft und die umgekehrt durch diese innere Fluchterregung der Furcht hervorgerufen wird, 2. *Angst* wird daher für Furcht vor allem da gesagt, wo der leibseelische Zustand als solcher, mehr als der Anlass, im Vordergrund steht, 3. *Angst* ist als Körperempfindung deutlicher spürbar und wird daher vielfach auch als Steigerung der *Furcht* gebraucht. (Wandruszka 1981:22)

Die Furcht scheint also in die Bedeutung des Wortes *Angst* einzugehen, worin Wandruszka den Grund für die immer häufigere Verwendung des Wortes *Angst* auf Kosten des Wortes *Furcht* sieht.

178. Wir schauen uns ein paar Daten an. Wir untersuchen die Distributionen von *Angst* und *Furcht*, die öfter als Synonyme gewertet werden. *Angst* wird dabei als zentraler und als wortfeldbestimmend angesehen, weshalb es auch in Gebrauchswörterbüchern häufig zur Erklärung und als Synonym andrer Lexeme, die ein Angstgefühl bezeichnen, verwendet wird.
Wir wollen hier weniger darauf hinaus, dass es absolute Synonymie nicht gibt, eine Feststellung, die ja nur zeigt, dass ein so definierter Terminus keine Verwendung hat. Bei *Angst* und *Furcht* erkennt man das schon leicht, wenn man bedenkt, dass *Furcht* im Gegensatz zu *Angst* keinen Plural kennt und dass die beiden ein anderer stilistischer Hauch umweht. Es geht darum, die Distributionen zu vergleichen.

179. Wie schauen die Distributionen aus und ihre Kondensate? Wir lassen sie uns von den beiden Sternen zeigen:

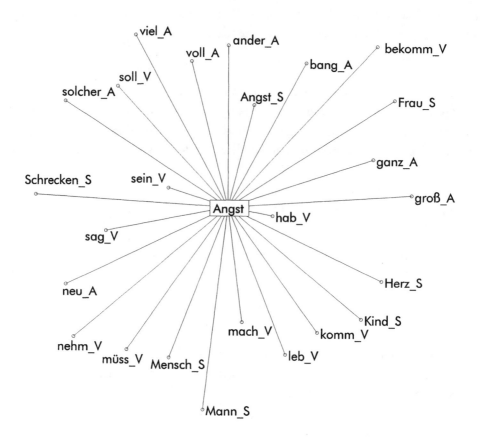

Abb. 30: Angst, r = 8, n = 6700

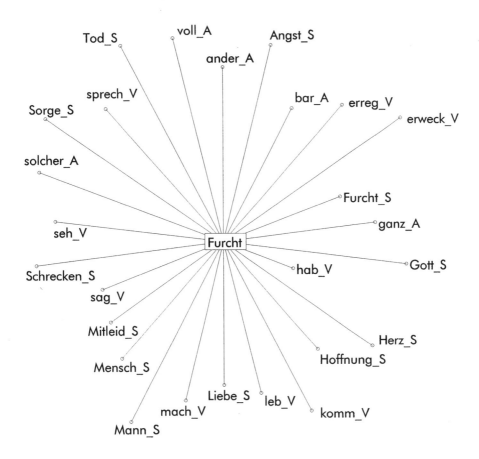

Abb. 31: Furcht, r = 8, n = 4000

180. Wenn wir *Angst* auf der Basis von *Furcht* betrachten, indem wir die Affinitäten vergleichen, sehen wir insbesondere fünf oder sechs Spitzen, bei denen *Angst* wesentlich höhere Werte hat, also schlechter liegt als *Furcht*.

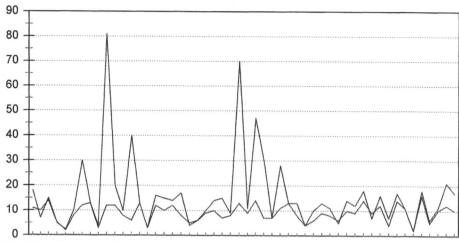
Abb. 32: Affinitätsvergleich Angst und Furcht

Diesen Spitzen entsprechen einmal die abgetrennten Komposita-Teile *Gottes-* und *Menschen-*, die der Wurzel *Furcht* viel affiner sind. Dann die beiden Verben *erregen* und *erwecken* und das Nomen *Mitleid*. Außerdem etwas weniger differierend *einflößen* und *Hoffnung*.

Hingegen liegt *Angst* besser bei dem abgetrennten *Todes-* und der Präposition *aus*. Außerdem leicht besser bei *haben* und dem Intensifier *groß* (während *Furcht* eher mit *tief* intensiviert wird).

Die größten Ausreißer sind: *erwecken, Mitleid, erregen, einflößen, Hoffnung*, die alle spezifischer für Furcht sind.

181. Nun zur nächsten Frage: Wie weit können Kondensate Antonymie zeigen? Naheliegend wäre hier die Definition der Antonymie als komplementäre Distribution der Kondensate:

(38) $K_i \cap K_j = \emptyset$ genau dann, wenn W_i antonym zu W_j ist.

Auch diese Hoffnung ist trügerisch. Antonyme haben ja wohl die Eigenschaft, dass sie in ähnlichen oder gerade identischen Kotexten vorkommen. Die Differenz muss sich also auf bestimmte Eigenschaften beziehen, nicht auf alle.

182. Das Vorkommen von W_i und seines Antonyms W_i' in einem Kondensat geht natürlich nicht darauf zurück, dass widersprüchliche Aussagen zugrunde liegen. Es ist aber ein Indiz dafür, dass im Zusammenhang mit W_0 sich widersprechende Aussagen und Ansichten im Spiel sind. Je näher die Affinitäten von $<W_0, W_i>$

2.3 Features: Filter, Netze, Kontraste und mehr 91

und $<W_0, W_i'>$, umso disparater ist W_0 in Bezug auf W_i, umso umstrittener vielleicht der Begriff W_0.

183. Für *Freude* und *Trauer* erkennen wir bei den 50 nächsten Objekten einen parallelen Verlauf der Affinitäten. Sehr ähnliche Werte ergeben sich für: *groß, vor, werden, haben, Freude, ich, durch.*

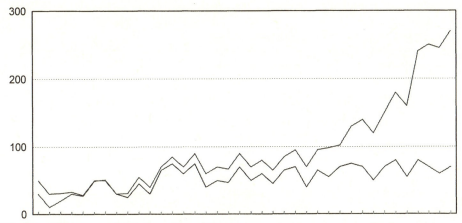

Abb. 33: Affinitätsvergleich Freude und Trauer

Affiner zu *Freude* sind: *rein, glücklich, Lust, daran*. Das verwundert nicht. Aber anders schon bei: *Leiden_S* und *schmerz_V*, die ebenfalls affiner zu *Freude* sind. Erinnert uns das daran, dass Freud und Leid nahe beieinander wohnen?

184. Wenn man Affinitätsbasen vergleicht, sind wohl besonders interessant die beiden äußeren Enden der Differenzen. Die folgende Grafik zeigt die beiden extremen Enden des Vergleichs von *Trauer* und *Freude*. Der obere, nach rechts ladende Teil enthält die Satelliten, deren Affinitätswerte am wesentlichsten besser sind (also kleineres a) im Trauer-Kondensat als im Freude-Kondensat.

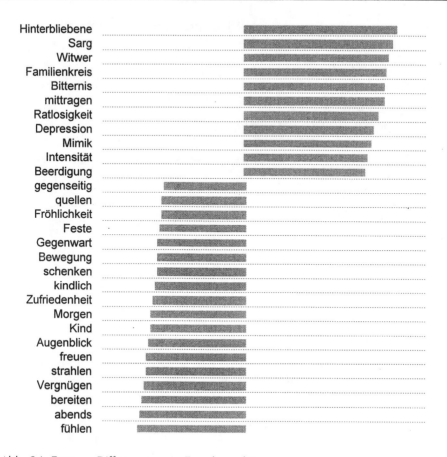

Abb. 34: Extreme Differenzen von Freude und Trauer

185. Die folgende Grafik zeigt den inneren Kern des Vergleichs von *Freude* und *Trauer*, also jenen Bereich, wo die beiden sich am wenigsten unterscheiden. Als Nullpunkt haben wir die in diesem Zusammenhang eher nichtssagende Konjunktion *und* stehen lassen

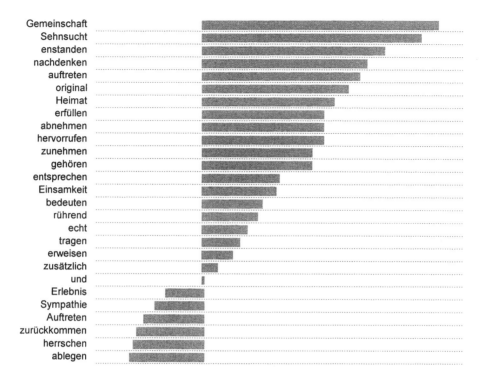

Abb. 35: Neutrale Zone von Freude und Trauer

185. Bemerkenswert scheint an diesen Ergebnissen, dass Antonyme nicht komplementäre Verteilung aufweisen und dass sie in ihrer Bedeutung eben nicht völlig verschieden sind. Antonymie ist so etwas wie distanzierte semantische Nähe: Einerseits haben Antonyme einen gemeinsamen semantischen Bereich, sozusagen eine neutrale Zone; man kann sie eben in ähnlichen Zusammenhängen verwenden. Andrerseits unterscheiden sie sich innerhalb des gemeinsamen Bereichs dann sehr, die Schere der Affinitäten öffnet sich stark nach beiden Polen auf einem Kontinuum.

186. Eine andere Lehre ist, dass in der Gebrauchstheorie nicht nur reine Synonymie oder reine Antonymie im naiven Sinn nicht existiert, was ja nicht mehr viele denken würden, sondern dass auch Synonymie und Antonymie nur zwei graduell unterschiedene Pole sind auf dem Kontinuum der semantischen Relationen. Beide sind Bedeutungsverwandschaften und zwischen ihnen gibt es alle möglichen Abschattungen von Bedeutungsverwandschaften.

Im Grunde sind alle Bedeutungsverwandtschaften komplementäre Verteilung in gewissen Regionen. Aber wie bestimmt man die Regionen?

187. Das Regionalproblem steckt auch im Polysemieproblem. Von Polysemie sprechen wir, wenn ein Lexem mehrere Bedeutungen hat; in der Gebrauchstheorie, wenn es mehrere Verwendungsweisen hat. Aber wie unterscheiden wir eine Verwendungsweise von einer anderen? Naiv ist die Annahme, dass die je bezeichneten Gegenstände kategorial verschieden seien. Natürlich ist eine Bank zum Draufsitzen etwas ziemlich Anderes als ein Geldinstitut. Aber wir müssten sie nicht so spektakulär unterscheiden (und natürlich haben beide historisch miteinander zu tun). Wir sehen den Unterschied und das genügt uns als Begründung einer Polysemie. Doch das ist keine sprachliche Begründung, sie wäre bestenfalls in einer schlichten Referenzsemantik möglich. (Und wie steht es mit Drehbänken und Datenbanken?)

188. Bei Licht besehen spielt hier auch das Fregeprinzip eine Rolle. Wir sprechen nämlich nur von Polysemie eines Lexems, wenn wir die kontextuellen Verwendungsweisen nicht regulär auseinander erklären können oder zu können glauben. Bei *geh-e* und *geh-st* können wir das und nehmen ohne weiteres an, es sei das gleiche *geh*. Wir können es auch bei dem Unterschied der Verwendungen von *Goethe* in folgenden beiden Sätzen:

(39)   Wann wurde Goethe geboren?
(40)   Wann hast du Goethe gelesen?

189. In Fällen, wo eine reguläre Erklärung möglich ist, sprechen wir kaum von Polysemie. Um aber Polysemie generell zu erklären, bräuchten wir eine begründete Unterscheidung von Kontexttypen. Nur dann können wir Polysemie herausfischen aus der ganz normalen Kontextvariation, aus dem ganz normalen Problem, wie ein Lexem über seine Bedeutung im Kontext den jeweiligen Sinn ergibt. Denn was sonst unterscheidet Polysemie von sogenannter Kontexteinschränkung?

190. Schifko behauptet apodiktisch, die distributive Semantik könne mit Mehrdeutigkeiten nicht fertig werden (Schifko 1975:82).
Nun, ich kenne keine semantische Theorie, die mit Mehrdeutigkeiten in dem Sinn fertig wird, dass sie sie ermittelt. Nicht einmal eine Rechtfertigung für eine

postulierte Polysemie kann plausibel gegeben werden, ohne dezisionistische Grundannahmen (Heringer 1981). So setzen auch korpusorientierte Untersuchungen die Polysemie im Zweifelsfall einfach voraus (Church/ Gale/ Hanks/ Hindle 1991:155).

Apresjan vermutete (Apresjan 1966:52), dass polyseme Lexeme komplementäre Verteilung hätten. Das kann wieder nur regionale Verteilung betreffen, und es scheint irgendwie vorauszusetzen, man hätte die Verwendungen schon getrennt. Aber wie könnte man das oder wie könnte man verschiedene Regionen im Kondensat abgrenzen?

Komplementäre Verteilung ist nicht gleich Polysemie.

Bei komplementärer Verteilung könnte die Bedeutung nicht kippen. Denn dafür sind sich überlagernde Kontexte nötig.

191. Entgegen dem methodischen Defätismus ist die Distributive Semantik die einzige, die darauf hoffen kann, Polysemien, verschiedene Verwendungsweisen eben, aus Belegen zu gewinnen. Man muss nur die graduellen Unterschiede der Kotexte analysieren und clustern, wie es die multidimensionale Skalierung prinzipiell zulässt. Das ist aus verschiedenen Gründen noch schwierig, aber die Ergebnisse mit ausgewählten Satelliten sind nicht schlecht.

192. Mit den Kondensaten haben wir eine formale Methode, die reproduzierbare und valide Ergebnisse liefert. Fruchtbar wird sie aber erst mit einer akzeptablen Interpretationsmethode.

Bemerkenswert ist – wie es auch andere in analogen Untersuchungen bemerkt haben (Fillenbaum/ Rapoport 1971:240) – die relative Ähnlichkeit der Ergebnisse, die mit unterschiedlichen Methoden erzielt werden. Bemerkenswert ist auch die Konstanz und die relative Resistenz gegenüber kleineren Änderungen der Analysemethode, sodass die Entscheidung für eine Methode und ihre Begründung oft schwer fällt. Das wäre erklärbar durch die Trivialität des Verfahrens. Alle Methoden haben etwas Grundlegendes gemeinsam, das für die Ähnlichkeit der Ergebnisse sorgt, das durch periphere Änderungen nicht spektakulär beeinflusst wird.

Wenn das stimmt, heißt es nicht, dass die Ergebnisse empirisch trivial sind. Es heißt aber zweierlei:

(i) Den bisherigen Methoden ist dieser Aspekt entgangen, wenigstens was die empirische, nicht-subjektive, datengestützte Erforschung betrifft.
(ii) Die Methoden stecken noch in ihren Anfängen. Die Relevanz und Wirkung der Unterschiede und Veränderungen müssen noch erforscht werden.

Stärkt das nicht die Vermutung, dass diese Methoden äußerst produktiv sein werden?

3. Deutung und Darstellung

non fingendum...
Roger Bacon

193. Kondensate kann man sehen wie Telegramme des Geistes. Haben sie also psychische Realität? Sie können den Netzwerken ähneln, die man mit Assoziationstests ermittelt. Da diese assoziativen Netzwerke von Sprecher zu Sprecher variieren, sind sie natürlich nicht mit einem Kondensat identisch. Aber auch Kondensate variieren von Korpus zu Korpus. Die Frage ist, ob ein durchschnittliches, repräsentatives Kondensat einem durchschnittlichen assoziativen Netzwerk entspricht.

194. Es scheint plausibel, dass Lerner mentale Kondensate bilden, die sie im aktiven Sprachgebrauch als Schemata verwenden, um selbst Sätze zu bilden und zu verwenden.
Für die psychische Realität von Kondensaten scheint Einiges zu sprechen. In der Ontogenese lernen Kinder erst einmal Sprache ohne Syntax und dann mit der ganz schlichten Syntax der Linearität. Erst später erwerben sie Morpheme und Funktionswörter, erst später die volle (angenommene) zweidimensionale Struktur. Der Zweitspracherwerb beginnt analog. Im natürlichen Zweitspracherwerb steht am Anfang eine pidgin-ähnliche Varietät ohne viel Syntax.
Für die psychische Realität der Kondensate könnte man auch reklamieren das Verhalten aphasischer Patienten. In ihren subjektiven mentalen Netzwerken scheint es Löcher zu geben. An Stelle der entsprechenden Wörter werden umliegende verwendet: Hyponyme, Kohyponyme, aber auch Wörter, die situativ oder referenziell mit W_0 verbunden sind (Stachowiak 1979:60).

195. Hier stellen sich aber noch viele Fragen:

(i)   Welche Form haben mentale Kondensate?
(ii) Sind die mentalen Kondensate syntaktisch organisiert oder haben sie eher die Form der sogenannten Semantiksprache?
(iii) Wie schließt der Sprecher aus dem mentalen Kondensat, dass eine Kette semantisch nicht wohlgeformt wäre?

3.1 Allgemeines

Jede Deutung hängt in der Luft.
Ludwig Wittgenstein

196. Der erste Augenschein verleitet uns dazu, den Affinitäten eine Prädikat-Argument-Struktur zu unterlegen. Je nach lexikalischer Kategorie deuten wir $W_0 \rightarrow W_i$ als $W_0(W_i)$ oder als $W_i(W_0)$. Dies ist natürlich falsch.
Die Kondensierung behandelt erstens positive wie negative Prädikationen gleich. Das heißt aus "$W_i(W_0)$" und "non-$W_i(W_0)$" macht sie das Gleiche.
Die Kondensierung berücksichtigt zweitens nicht die Indirektheit von Relationen. Sie behandelt eine Prädikation zum Kern W_0 genauso wie die zu einem Satelliten W_i. Die grammatische Struktur ist ja eliminiert. Und darum wirft sie auch alles zusammen.

197. Halten wir fest: Affinitäten sind keine Prädikationen. Wenngleich das Argument-Prädikator-Verhältnis vielleicht letztendlich zu Grunde liegt, ist die Prädikation nicht recoverable.
Direkte Prädikationen liegen aus mehreren Gründen nicht vor:

(i) Die Richtung ist unbekannt. Man weiß nicht, ob W_0 Prädikator zu W_i ist oder umgekehrt.
(ii) Die Prädikation könnte indirekt sein, möglicherweise über mehrere Kettenglieder, so dass ein W_j eine Prädikation zu W_i wäre, das seinerseits W_0 affin ist.
(iii) Die Affinität ist neutral gegenüber der Negation. Darum ist zu W_0 sowohl W_i als auch dessen Antonym W'_i affin.

198. Affinitäten sind nur thematische Zusammenhänge. Sie charakterisieren semantische Dimensionen, in denen die Prädikation sinnvoll ist.
Der thematische Zusammenhang von W_0 und W_i hat also doch mit dem P-A-Verhältnis zu tun, und er ist abhängig von der syntaktischen und semantischen Kategorie der W_i.

199. Manche W_i bezeichnen überwiegend Gegenstände irgendeiner Art. Andere W_i bezeichnen Eigenschaften irgendeiner Art. So kann man es schematisch und inhaltbezogen darstellen.

3.1 Allgemeines

Allerdings ist dies nicht direkt an die jeweiligen W_i gebunden. Es hängt auch von den grammatischen Zusammenhängen ab. Grob gesprochen sind Gegenstände das, wovon etwas gesagt wird; Eigenschaften sind das, was von den Gegenständen gesagt wird. Dies hat eine Entsprechung in der Sprache.

200. Volle Wörter können im logischen Sinn zum Referieren oder zum Prädizieren gebraucht werden. Im ersten Fall haben sie Argumentcharakter, im zweiten Fall Prädikatcharakter. Weil "Prädikat" hier nicht im linguistischen Sinn gebraucht ist, sagen wir kurz: R-Charakter und P-Charakter.
Die Funktion der W_i ist aber nicht eins-zu-eins zu ihrer Kategorie:
– Eigennamen sind Wörter reinen R-Charakters (Geach 1968:31). Überschreiten sie diese Grenze, werden sie zu Appellativa, so die gängige Meinung.
– Nomen haben R- und P-Verwendungen. Dies gilt für Kontinuativa wie *Gold*, *Fieber*, gilt für Individuativa wie *Huhn*, *Zahl*, gilt für Konkreta wie *Gold*, *Huhn*, gilt für Abstrakta wie *Fieber*, *Zahl*.
– Adjektive haben fast nur P-Verwendungen.
– Verben haben nur P-Verwendungen.

201. Wahrheit und Falschheit, Affirmation und Negation kommen erst ins Spiel über Wörter mit P-Charakter. Wörter reinen R-Charakters können darum keine Gegenteile haben (Geach 1962:38).
Substantivische Wörter können ohne weiteres in R-Funktion verwendet werden, mit Hilfe von Determinierern in NP. Das jeweilige Substantiv trägt zur Bedeutung der NP bei, indem es prädizierend den Referenzbereich der NP einschränkt. Die Prädikation ist in diesem Fall im Hintergrund, sozusagen präsupponiert. Aber sie ist normale Prädikation.

202. Die Relation zwischen W_0 und W_i ist thematisch. W_i ist im Zusammenhang von W_0 relevant. Es mag beispielsweise naheliegen, im Zusammenhang mit *Freude* eine Frage zu erörtern, ob sie still ist oder laut, ob kurz oder von Dauer, allgemein oder nur bei mir.

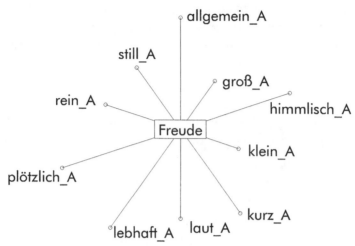
Abb. 36: Ausgewählte Adjektive bei Freude

Das heißt, für Freude ist die Frage der Dauer etc. besonders relevant. In diesem Fall natürlich, weil *kurz* von Freude prädiziert wird und weil es oft wahr prädiziert wird. *Kurz* charakterisiert sozusagen eine Dimension der Bedeutung von *Freude*, kein inhärentes Merkmal. Polare Lexeme oder Antonyme können eine Dimension aufspannen im semantischen Raum einer Wurzel.

203. In der Logik ist normalerweise die Rede von der Extension eines W_0 mit P-Charakter. Die Extension eines solchen W_0 ist die Menge aller Gegenstände, von denen W_0 wahr prädizierbar ist. Also:

(41) $E(W_i) = \{x \mid W_i(x)\}$

In der Semantik ist ein weiterer Grundbegriff nützlich. Eine Dimension eines W_0 ist die Menge aller W_i, die mit W_0 einen sinnvollen prädizierenden Ausdruck bilden können. Die Extension ist also durch die Dimension bestimmt.
Das affine W_i liegt oft in einer semantischen Dimension von W_0 oder umgekehrt. W_i liegt in einem Bereich oder charakterisiert einen Bereich, in dem es sinnvoll ist, über W_0 Aussagen zu machen. W_i erschöpft die Dimension nicht. Die Dimension wird oft nur von W_i und dem antonymen W_i' ausgeschöpft oder aber durch ein Hyponym von W_i.

204. Ein W_i, das zu einem W_0 affin ist, ist also kein impliziertes oder implizierendes Merkmal der Bedeutung von W_0. Das Verhältnis von W_0 und W_i ist nicht von der Art, dass, wenn W_0 wahr prädiziert sei, dann auch W_i oder umgekehrt. Das Verhältnis zielt nicht auf die Wahrheit, sondern auf den Sinn. Wo W_0 sinnvoll prädiziert wird, wird auch W_i sinnvoll prädiziert. Es ist ein wahrheitsfunktional offener Aspekt der Bedeutung von W_0. Die Frage der Wahrheit oder Falschheit ist zwar in vielen Fällen zentral, aber sie kann nur im Rahmen des Sinnvollen gestellt werden. Wahrheit liegt innerhalb des Sinns. Darum muss die semantische Dimension weiter sein als die Extension.

205. Die Relation zwischen W_0 und W_i muss nicht im Rahmen der Prädikation bleiben. Sie kann in dem Sinn thematisch sein, dass im Zusammenhang von W_0 eben W_i eine Rolle spielt. W_i gehört in den Dunstkreis oder den semantischen Hof von W_0. Mag das auf sachliche Zusammenhänge zwischen W_0 und W_i zurückgehen oder auf assoziative oder auf Anspielungen und sprachliche Manipulationen.

3.2 Sterndeuten und semantische Formate

> *... ein zerstörtes Spinnennetz*
> *mit der Hand in Ordnung bringen*
> Ludwig Wittgenstein

206. Die distributive Darstellung enthält tiefere semantische Aussagen nur versteckt und für den Normalverbraucher unsichtbar.

207. Viele semantischen Darstellungen sind geprägt von der Frage "Was ist X?", und zwar im landläufigen Sinn, in dem die Frage eine Art definitorischer Antwort erheischt. Fragen dieser Form sind sinnvoll. Schlecht ist die Antwort "X ist ein Y ...". Wir haben keine einfache Antwort vorgesehen auf die Frage "Was ist ein Gefühl?" Insbesondere ist in unserer Sprache kein Y, kein genus proximum vorgesehen. Einen etwas anderen Zungenschlag zeigt die Frage "Was verstehen wir, was versteht man unter ...?" Dann erwartet man doch eher eine detailliertere Antwort, eine, die nicht Objektivität vorgaukelt, sondern auf kollektives Wissen, Glauben und Stereotypen abzielt, kurz auf interpretierte Welt.

208. Machen wir den Versuch! "Was ist Angst?" "Angst ist ein beklemmendes Gefühl, ..." Die differentia specifica ist so klar nicht. Aber vielleicht sagt ein Wörterbuch mehr. Auf jeden Fall kann man z.B. Wahrigs Antwort gerade als Antwort auf diese Frage verstehen. Hier (Wahrig 1981:166) finden wir unter dem Lemma *Angst*:

> **Angst** (f.; – ¨-e)
> **1** *große Sorge, Unruhe, unbestimmtes, oft grundloses Gefühl, bedroht zu sein;* aus ~ vor Strafe nicht schlafen können; jmd. ist, gerät, schwebt in ~; in tausend Ängsten schweben; die ~ (in sich) bekämpfen, unterdrücken; jmdm. ~ einflößen, einjagen; es mit der ~ zu tun bekommen; vor ~ nicht schlafen können
> 1.1 etwas aus ~ tun *weil man sich ängstigt*
> 1.2 jmd. hat, bekommt ~ *ist, wird ängstlich*
> 1.3 ~ um jmdn. od. etwas haben *befürchten, dass jmdm. od. einer Sache ein Unglück geschieht*
> 1.4 ~ vor jmdm. od. etwas haben *befürchten, dass jmd. od. etwas einen Schaden verursacht*

Das Wörterbuchformat scheint mir weder wohldefiniert noch einheitlich. Bedeutung als Aufzählung von Eigenschaften, aber welche? Geben sie die vollständige Bedeutung? Etwa das, was man wissen muss, um Verwendungen des Wortes zu verstehen? Welcher deutsche Sprecher weiß das schon alles? Welcher kennt demnach die Bedeutung?

209. Eine ganz andere Frage ist, ob man gegen das vorherrschende Format, das Lexikonformat überhaupt ankommt. Ist es nicht historisch in einer stillen Komplizenschaft von Wörterbuchmachern und Wörterbuchbenutzern entstanden? Die Macher zeigen den Benutzern, wie sie glauben, dass Wörterbücher für Benutzer von Nutzen seien. Die Benutzer lernen, was man Wörterbüchern entnehmen kann, und sie werden in Zukunft nur zum Wörterbuch greifen, wenn sie entsprechende Fragen haben, die zu stellen sie eben in diesem Zusammenhang gelernt haben. Beider Erwartungen verfestigen sich; andere Fragen entstehen nicht, andere Formate – mögen sie noch so interessant sein – haben keine Chance.

210. Für psychische Phänomene sind Psychologen zuständig – so heißt es. Was tun sie, wenn sie uns sagen wollen, was es mit der Angst etwa auf sich habe? Sie könnten das Phänomen beschreiben. Aber das würde doch wohl nur heißen, wie sie es erleben. Oder vielleicht andere von außen beschreiben, die sagen, sie würden Angst erleben. Nun, wenn denn so etwas erwünscht ist. Wissenschaftlich orientierte Psychologen entwickeln hierfür auch eine eigene Terminologie und in der sagen sie, was sie unter Angst verstehen. Das hört sich dann so an:

> Wir verstehen unter "Angst" die Gesamtheit der menschlichen Bedrohtheitserlebnisse, soweit sie mit emotionaler und leiblicher Verstimmung verbunden sind: die motivlosen, scheinbar motivlosen, die real und angemessen motivierten wie die irreal und unangemessen motivierten, die auf gegenwärtige wie auf künftige Gefahr bezogenen, die qualitativen und quantitativen Abschattungen von permanenter Ängstlichkeit bis zum akuten Schreck, die dispositionellen wie die aktuellen Verfassungen...
> Von "Furcht" sprechen wir wesentlich seltener, und zwar nur dann, wenn das Bedrohtheitserlebnis weniger emotional als rational, mehr gegenstands- als ichbezogen erscheint, ... (von Bayer/von Bayer-Katte 1973:26)

Die Frage ist: Was hat das noch mit der Angst zu tun oder gar mit der Bedeutung von *Angst*?

211. Sollten Philosophen vielleicht besser Bescheid wissen? Bei Kant finden wir:

> Bangigkeit, Angst, Grauen und Entsetzen sind Grade der Furcht. (Kant, Anthropologie I, 75)

Er scheint die Idee zu haben, dass *Furcht* sozusagen der Oberbegriff zu diesen allen, also auch zu *Angst* ist. Wie einer darauf kommt, weiß man auch nicht. Jedenfalls kommt Kierkegaard zu dem Schluss, "dass er [= der Begriff der Angst] von Furcht und ähnlichen Begriffen ganz und gar verschieden ist" (Kierkegaard 1984:42).

212. Angst ist nicht etwas, was man definieren kann, wie man will. Angst kann man überhaupt nicht definieren. Sie ist, was sie ist. Und vor allem ist Angst nicht etwas, was mit dem Wort *Angst* nichts zu tun hat. Das war schon Freud bewusst:

> Was Angst [für den Menschen ist], kann uns am besten die Sprache selbst sagen. Was liegt in einem Wort? Das Wort ist nicht die Sache selbst. Es ist aber ebensowenig eine beliebige Kennmarke, die zu der Sache selbst keinerlei innere Beziehung hätte. In seiner Entstehung, seiner Geschichte, finden auch immer die Empfindungen ihren Niederschlag, die die Sache im Menschen auslöst. Das gilt doppelt, wenn es sich um ein Wort für das handelt, was der Mensch in seinem eigenen Innern empfindet, soweit er es überhaupt in Worte fassen kann. Die Sprache birgt in ihren Bildungen das eigentümlichste Selbstbildnis des Menschen. (Freud 1969: 380)

213. Freud weiß natürlich auch, dass man etwas besser bestimmt, wenn man es gegen Verwandtes abgrenzt, gerade so wie in der strukturellen oder relationalen Semantik. Er betont darum den Unterschied von Angst, Furcht und Schreck:

> Angst bezieht sich auf den Zustand und sieht vom Objekt ab, während Furcht die Aufmerksamkeit gerade auf das Objekt richtet. Schreck scheint hingegen einen besonderen Sinn zu haben, nämlich die Wirkung einer Gefahr hervorzuheben, welche nicht von einer Angstbereitschaft empfangen wird. So dass man sagen könnte, der Mensch schütze sich durch die Angst vor dem Schreck. (Freud 1969:382)

Man weiß nicht recht, wie Freud zu diesen Behauptungen kommt. Die Sprache hat er doch nicht befragt. Immerhin ist er nicht uneins mit Heidegger, der auch meinte "Angst ist grundverschieden von Furcht" (Heidegger 1960:31).

214. Was beispielsweise das Absehen vom Objekt betrifft, steht Freud ganz in einer älteren Tradition. Denn auch andere haben dies behauptet, so schon Kierkegaard zum Unterschied zwischen Angst und Furcht:

> ... dass er [= der Begriff der Angst] von Furcht und ähnlichen Begriffen ganz und gar verschieden ist, dass sie sich auf etwas Bestimmtes beziehen, während die Angst die Wirklichkeit der Freiheit als Möglichkeit für die Möglichkeit ist. (Kierkegaard 1984:42)

215. Angst und Furcht gehören zusammen. Nicht weil sie zweierlei sind, sondern weil sie so eng verwandt sind. Sie können in stilistischer Variation gebraucht werden, sie kommen in Zwillingsformeln zusammen. Sie zu trennen scheint eher eine attraktive Übung für intellektuelle Turner.

216. Wenn man nun so einen Stern sieht wie in Abbildung 29, verspürt man große Lust, ihn stärker metaphysisch zu deuten. So ein Stern hat erst einmal eine Anregungskraft: Er regt uns an zu Deutung und zur Schaffung von Zusammenhängen. Eine Art Rorschach-Figur?
Sicherlich kann er uns dienen zur Überprüfung und zur Entwicklung der Individualkompetenz. Diese Funktion ist nicht zu verachten. Doch das taut noch nicht die eingefrorenen Textsinne wieder auf. Ja, nur so ganz auftauen wollen wir sie doch sowieso nicht. Angestrebt wäre eine partielle Dekomprimierung, die uns das Wesentliche plausibler macht.

217. Entscheidend für den Wert der distributiven Analyse ist die Interpretation der Ergebnisse. Die Interpretation ist geprägt durch das Empiriedilemma, dass man eine Analyse konzipiert, um bestimmte Fragen zu beantworten, dass man aber das Design der Antwort nicht kennt und erst recht nicht die Antwort selbst beurteilen kann. Man bekommt, was man bekommt. Man muss versuchen, das Ergebnis zu verstehen; man muss entdecken, wie man es praktisch nutzen kann; und man muss diese Nutzung verbessern.
Der Empiriker ist ein entdeckender Anarchist. Er könnte nichts Neues entdecken, wenn er sich strikt an das Bestehende hält, an die bestehenden Regeln und Methoden, an die bestehenden Kenntnisse.

218. Die Interpretation wird verbessert durch zwei methodische Verfahren:
(i) Die einzelnen Schritte der Analyse werden überdacht. Ihre Wirkung und ihr Sinn wird eruiert auf der Basis bisherigen linguistischen Wissens.

(ii) Die Ergebnisse werden in Beziehung gesetzt zu der Basis der Analyse. Die Ergebnisse werden also auf der Basis der Belege gedeutet.

Beide Verfahren ruhen auf der linguistischen Kompetenz und der sprachlichen Kompetenz des Interpretierenden. Sie erscheinen verhältnismäßig subjektiv, die Deutungen leben von ihrer Plausibilität. Aber letztlich muss der Semantiker immer Teilnehmer werden. Denn sonst könnte er nicht verstehen, worum es geht. Er will ja das Wesen der Dinge erkennen und darstellen.

219. Trotzdem: Gibt es objektivere Verfahren der Interpretation? Ein objektives Verfahren würde voraussetzen, dass es ein erklärtes Ziel semantischer Untersuchungen gibt und dass die Ergebnisse einer Analyse an einem Maßstab gemessen werden können.

Ein erklärtes Ziel semantischer Untersuchungen gibt es: Sie sollen die Bedeutung und die Bedeutungsverhältnisse einzelner W_0 ermitteln. Aber worin eine befriedigende Lösung besteht, wissen wir nur, sofern wir uns in einem Lösungsrahmen bewegen. Dieser Rahmen aber ist entworfen in früheren Lösungen und durch sie bestimmt. Wir bleiben damit in der Tradition früherer Untersuchungen und vermeiden die empirische tabula rasa.

Den Maßstab für die Beurteilung unserer Ergebnisse haben wir ebensowenig. Wir müssten bisherige Lösungen als sakrosankt erklären, und damit wären neue Untersuchungen überflüssig.

220. Wenn wir offen und entdeckend an die Ergebnisse der Analyse herangehen, können wir uns weder damit begnügen, dass sie plausibel oder sinnvoll sind (wie etwa Fillenbaum/ Rapoport 1971:243), noch dass sie die semantischen Verhältnisse korrekt darstellen. Denn hierfür haben wir keine Maßstäbe.

Wir können nur vergleichen mit andern Methoden und ihren Ergebnissen.

Auch hierbei sind wir natürlich auf unser Vorwissen angewiesen. Aber wir sind einen Schritt weitergegangen: Wir rechtfertigen und beurteilen bestimmte Methoden vergleichend.

Da die einzelnen Methoden unterschiedlich konzipiert sind, liefern sie natürlich nicht direkt vergleichbare Ergebnisse. Insbesondere mögen die Methoden unterschiedliche Stoßrichtungen haben, unterschiedliche Grundannahmen, unterschiedliche praktische Ziele, unterschiedliche Verwendungsmöglichkeiten.

3.2 Sterndeuten und semantische Formate

221. Fernziel der distributiven Analyse ist, mit der Sterndarstellung zumindest ein abrégé oder eine Art Synopse der Bedeutung zu erzeugen. Bis zu diesem Ziel ist es noch ein weiter Weg. Und leider ist nicht ganz bekannt, wo dieses Ziel liegt und wie es aussieht. Bedeutungsdarstellungen ruhen auf den verschiedensten Auffassungen von Bedeutung und sie haben unterschiedliche Formate. In einer empirischen Semantik liegt vor der Darstellung erst einmal die Deutung der Daten oder in unserem Fall die Interpretation der Sterne. Hätten wir diese Interpretationsmethode explizit, dann könnten die Sterne als Bedeutungsdarstellung genügen. Brauchbar sind sie aber schon jetzt: als Instrument verschiedener semantischer Theorien, wenn sie nur empirische Ambitionen haben.
Wie könnte man die Sterne dekondensieren, und welche Formate eignen sich für die semantische Darstellung distributiver Analyse?

222. Auf Professionalität bedachte Linguisten hegen die Hoffnung, ein Semantiker habe gute Auftaumethoden und -fähigkeiten. Sie meinen vielleicht, dass sie mit ihrer Verstehenskompetenz und ihrem sprachreflexiven Wissen die historischen, sozialen Dimensionen der Textbasis systematisch und besser erfassen könnten als normale Sprecher (Haß 1991:231). Das mag schon sein. Trotzdem wüsste man gern, wie sie das machen. Vielleicht wüssten sie das sogar selbst ganz gern. Denn sollte methodisch nicht gerade heißen, dass man es explizieren kann? Also, wie machen sie es? Haben sie qua Sprecher bessere Komprimierungsmethoden, und qua Linguist eine bessere Auftaumethode? Auf jeden Fall haben sie ihre Kenntnisse aus Texten.

223. Naheliegend ist zuerst einmal die Betrachtung der Zweierbeziehungen im Stern von der Wurzel aus. Die Beziehung zwischen dem W_0 und einem beliebigen Satelliten W_i heiße semantische Konnexion. Das Maß der Konnexion ist die Affinität a. Die erste Frage ist dann: Wie ist Konnexion auszudeuten? Die zweite Frage ist: Was besagt die Affinität für die semantische Konnexion?

224. Die Affinität sichert uns erst einmal, dass wir mit dem Stern nicht mehr betrachten müssen, welche Zweierbeziehungen überhaupt möglich sind oder vorkommen. Im Textstrom sind im Grunde alle möglich; in der distributiven Analyse haben wir selegiert. Wir haben mit einer Grundhypothese selegiert, welche Satelliten typisch, relevant, semantisch aussagekräftig sind. Was "semantisch aussagekräftig" dabei heißt, steht allerdings auf einem anderen Blatt.

225. Und trotzdem: Der Rückgang auf die Textbasis, ist das nicht ein Schritt zurück? Ja und nein. Mit der Betrachtung der Belege verliert man erst einmal den immensen Arbeitsvorteil des Programms. Aber: Man hat nur noch eine kleine Auswahl anzuschauen, wenngleich auch das schon viel sein mag. Entscheidend ist allerdings, wie der Blick sich verändert: Man betrachtet eben nicht mehr alle Belege, sondern eine Selektion. Und die Selektion enthält den Sinn der Methode.

226. Nach unserer Intuition und nach gängigen semantischen Darstellungen sehen wir im Stern sofort unterschiedliche Aspekte sich in Konnexionen niederschlagen. Wir würden sagen morphologische Aspekte, insbesondere in der Affinität der Flexionsendungen, Wortbildungsapekte, unterschieden in PräRaum und PostRaum, syntaktische Aspekte, etwa Subjekt- oder Objektrollen.
Und wo bleibt da die Bedeutung? Ich sehe in diesen Einteilungen eine Art Grobstrukturierung, die auf semantischen Tatsachen basiert. Also, all dies gehört zur Bedeutung, zumindest ist es ein Ausfluss oder Teil des Gebrauchs, um es etwas konzilianter zu sagen. So bliebe mir denn zu zeigen, wie die Tatsache, dass ein Verb überfrequent in der 3. Person vorkommt, mit seiner Bedeutung zu tun hat. Das ist so schwer nicht.

227. Hier geht es erst einmal darum, verschiedene Formate zu entwerfen und den Deutungsweg zu ihrer Ausführung zu skizzieren. Wir erarbeiten zuerst übliche Anwendungen und stellen danach neue Formate vor. Wir hoffen, damit eine Semantik zu konzipieren, die das Wesen der Wörter eruiert und übersichtlich darstellt, das, was die Wörter für uns und in unserer Kultur bedeuten.

228. Was Wittgenstein von den Philosophen sagt, mag auch für fortgeschrittene Semantiker gelten.

> Philosophen sprechen sehr häufig davon, die Bedeutung von Wörtern zu untersuchen, zu analysieren. Aber lasst uns nicht vergessen, dass ein Lexem keine Bedeutung hat, die ihm gleichsam von einer von uns unabhängigen Macht gegeben wurde, so dass man eine Art wissenschaftlicher Untersuchung anstellen könnte, um herauszufinden, was das Lexem *wirklich* bedeutet. Ein Wort hat die Bedeutung, die ihm jemand gegeben hat. (Wittgenstein 1970:52)

Nur bedenken: Der Jemand war nicht einer, sondern sehr viele. Die Bedeutung hat sich so langsam ergeben, weil all diese Jemande einen Sinn mit dem Wort verbunden haben und ohne zu wollen das emergente Konstrukt geschaffen haben.

3.3 Distributive Kollokationen

*Als wäre die Bedeutung ein Dunstkreis,
den das Wort mitbringt.*
Ludwig Wittgenstein

229. Was genau Kollokationen sind, möchte ich nicht definieren müssen. Da insbesondere die Abgrenzung zur distributiven Affinität nicht ganz einfach sein dürfte, verlagern wir die Frage auf die kollokative Deutung von Sternen.

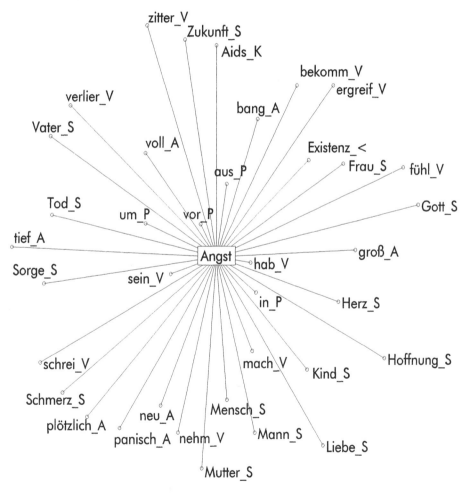

Abb. 37: Angst, r = 8, n = 6700

230. Dennoch einige Thesen. Eine Kollokation K ist ein Ausschnitt aus der Distribution. Sie ist eine (zweistellige) Relation. Die Argumente der Relation sind W_i (nicht w_i). Die Aussage $K(W_0, W_i)$ ist also eine Verallgemeinerung von Kookkurrenzen. Die Kollokation liegt in einem Fenster mit $r \geq 1 \leq n$. Für n gibt es keine systematisch begründbare Grenze, falls man nicht eindeutige grammatische Beschränkungen einführt. Eine Kollokation von W_0 und W_i liegt nur vor, wenn ihre Affinität einen bestimmten Grenzwert unterschreitet.

231. Was also kann man verlässlich dem Stern entnehmen? Wie kann das Entnommene dargestellt werden? Eine Möglichkeit ist eine eher traditionelle distributive Analyse mit der Ausgangsfrage

(42)   Was hat eigentlich W_i zu tun mit W_0?

Es geht um die Frage der Konnexion zwischen W_0 und W_i, die der Stern abbildet. Wenn wir sie als Kollokation deuten, werden wir sie wohl meist auf syntaktische Konstruktionen reduzieren. Da es sich um Textkondensat handelt, liegt es nahe, auf die Texte zurückzugehen.
Natürlich begeben wir uns hiermit in Gefahr, den Gewinn der Methode zu verspielen. Aber, wie gesagt, man kann die Methode auch verstehen und nutzen als Instrument, das uns in der traditionellen Analyse auf die Sprünge hilft. Also springen wir. Das befriedigt besonders, wenn sich unsre Intuitionen als gut erweisen.

232. Zuerst zu den Verben: ANGST ⇨ hab_V, ANGST ⇨ sein_V betonen den Zustand; sie gehen tatsächlich weitgehend zurück auf *Angst haben* (*Haben Sie keine Angst vor dem Sex!?*) und *in Angst sein*, wenngleich *sein* natürlich weit streut, weil es kotextuell auch außerhalb der Angst-Syntagmen vorkommt. Wer Angst hat, fühlt sie gewöhnlich und das kann so weit gehen, dass er zittert vor Angst: ANGST ⇨ fühl_V, ANGST ⇨ zitter_V.
ANGST ⇨ bekomm_V betont das Eintreten der Angst: Die Angst kommt, oft *plötzlich*, man bekommt Angst, es wird einem angst und *bang*; diese Konnexionen gehen also weitgehend zurück auf *Angst bekommen* (*Ich bekomme Angstzustände.*), aber auch *es plötzlich mit der Angst zu tun bekommen*. ANGST ⇨ ergreif_V zeigt uns, dass die *Angst uns* dann *ergreift*.
Angst muss nicht einfach so entstehen und vergehen, es gibt Angstmacher und Angstmacherei. Die transitiven Verben mach_V und nehm_V sind dafür zuständig. ANGST ⇨ mach_V geht wesentlich zurück auf *jemandem Angst machen*

(*Mach ihm keine Angst vor dem Krankenhaus.*), ANGST ⇨ nehm_V auf *jemandem die Angst nehmen*.

233. Die lemmatisierten Substantive sind überwiegend valenzbedingt, *Angst* ist ja relational. ANGST ⇨ Aids_S, ANGST ⇨ Zukunft_S, ANGST ⇨ Tod_S passen in den Valenzframe *Angst vor ...*, extrem sogar *Angst vor der Angst* und *Angst vor Männern*. Dies ist allerdings nicht die einzige Valenzstelle der Wurzel: ANGST ⇨ Mensch_S und ANGST ⇨ Frau_S zielen auf die Subjekte der Angst, die Angst der Menschen und tatsächlich die Angst der Frauen. Hiergegen kommt auch der Autor nicht an, der feststellt, *dass Männer mehr Angst vor Schmerzen haben als Frauen*. Das Stereotyp ist stärker. Schließlich noch ein zweiter Valenzframe für ANGST ⇨ Kind_S, ANGST ⇨ Arbeitsplatz_S. Ihnen liegt vorwiegend der Valenzframe *Angst um ...* zugrunde mit einer variierten Präposition: *Angst um die Versetzung, um die Zukunft der Kinder* und *Angst um den eigenen Arbeitsplatz*. Allerdings gesellt sich *Kinder* auch zu *Frau* und *Mann*, zu *Vater* und *Mutter* in den Einser-Slot.

234. Modifizierende Adjektive bestätigen weitestgehend die spontane Intuition: ANGST ⇨ groß_A basiert weitgehend auf *große Angst*, allerdings interessanterweise auch mehrere Belege *Angst vor Großem*. Ähnlich ANGST ⇨ neu_A die *Angst vor Neuem*. ANGST ⇨ voll_A geht zurück auf *voll Angst*, eine Kollokation, die ja auch das Adjektiv *angstvoll* hervorbrachte.
ANGST ⇨ panisch_A geht sogar auf eine Eins-zu-eins-Beziehung *panische Angst* zurück. Das bestätigt sich auch schön, wenn wir die Perspektive wechseln.

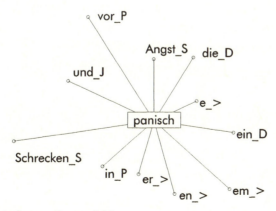

Abb. 38: panisch, r = 8, n = 100

235. Nebenbei bemerkt, diese strenge Kollokation geht auf die Etymologie zurück, aus deren Fesseln sich *panisch* nicht befreien konnte. Noch nicht. Die Ausbleichung könnte das Adjektiv bald befreien.

236. Diffuser bleiben die Relationen in anderen Fällen. So gehört der abgetrennte Kompositumteil *Todes* sicherlich in den Valenzrahmen und verstärkt die Affinität der Angst zum Tod. Ganz anders aber *Existenz*, dessen semantische Relation zur Wurzel schwer anzugeben ist. Und dennoch können gerade diese Satelliten die Atmosphäre im semantischen Raum bestimmen. Mit traditioneller distributiver Methode scheint hier nicht viel zu machen. Allerdings im Stern passt dazu ANGST ⇨ leb_V, das überwiegend beruht auf *in Angst* und *mit der Angst leben*. Weitere wichtige Sonderfälle sind ANGST ⇨ Hoffnung_S, das sich häufig in Zwillingsformeln findet. (Die Hoffnung eine Art positives Pendant zur Angst?)

237. Die empirische distributive Analyse relativiert intuitive Kollokationsaussagen: "Wir sagen *Ich habe Angst* und *Ich fürchte mich* und meinen offensichtlich damit das gleiche. Aber wir sagen nicht *Ich habe Furcht*" (Wandruszka 1981:37). Tatsächlich ist *haben* das nächste Verb bei *Angst*. Aber bei *Furcht* kommt es auch. Und es scheint so, als habe Wandruszka Recht, weil *haben* bei Furcht nicht durch dieses Syntagma hochkommt. Aber auch die Perspektive spielt eine Rolle. Denn in anderen grammatischen Personen ist *Furcht haben* durchaus üblich. Was als generelle Kollokation gesehen wurde, entpuppt sich als bedingt und als Frage der Perspektive.

238. Vielleicht kann man etwas verallgemeinern und zwei methodische Regularitäten herausschälen, die man erst einmal für substantivische W_i ansetzen kann. Diese Regularitäten sind formuliert in syntaktischen Frames.

(i) Bei relationalen W_0 fungieren die Satelliten, insbesondere substantivische Satelliten, überwiegend als Slot-Filler.
(ii) Bei relationalen Satelliten füllt die W_0 einen Slot. Im Fall von V-Satelliten ist das eine der Valenzstellen, natürlich die selektional naheliegende. Im Fall von A-Satelliten füllt die W_0 meistens den Einser-Slot und erscheint fast immer als attributives Adjektiv mit dem substantivischen W_i als Kopf.

3.4 Semantische Plots

> *Was etwas ist,*
> *verstehen wir in Geschichten.*
> Ludwig Wittgenstein

240. Wörter gewinnen ihren Sinn aus dem Kontext, aus der Verwendung in Geschichten. Die Geschichte existiert nicht nur in ihrem festen Verlauf. Ihr Plot geht über diesen Verlauf hinaus. Wesentliches wird vom Unwesentlichen getrennt, aus dem Syntagmatischen ins Paradigmatische verlagert.

241. Ein Kondensat ist wie eine Vorlage für eine Reizwortgeschichte. Die affinen W_i sind sozusagen Stichwörter, die zur Ausführung der Geschichte reizen und verführen.
Ein Kondensat hat etwas von einem mentalen Skript. Allerdings können wir das Skript spontan nicht angemessen extemporieren. Die Verführung besteht darin, in der Geschichte die W_i prädizierend zu verwenden und jedes nur einmal zu verwenden.
Improvisation ist reizvoll und sinnvoll, bringt aber nicht die volle Geschichte, nur eine individuelle Ausformung.

241. Ein semantischer Plot soll so etwas sein wie das Porträt des Wortes. Er hat eine Verwandtschaft mit einem philosophischen Essay, mit einem Besinnungsaufsatz und soll uns sagen, was das Wort für uns und in unserer Kultur bedeutet. Eine typische Geschichte kann schon aufgehen durch ein kurzes Zitat wie in der folgenden Kitschgeschichte:

(1) Schließlich war er Arzt und hatte als solcher die Pflicht zu helfen. An seine Liebe glaubte sie nicht mehr. Für hunderttausend Mark war wohl jeder Mensch fähig, Liebe zu heucheln. Wie mochte er wohl innerlich gelacht haben, als sie ihm ihre Liebe gestand! Sicher wartete er schon sehnsüchtig darauf, dass sie endlich für immer die Augen schloss.

Mit einem Stern können wir Wortgeschichten systematischer extemporieren. Der Stern liefert uns die Schlüsselwörter, die wir mit entfernteren Satelliten und der Inspektion der Belege anreichern.

242. In semantischen Darstellungen steht die Verlässlichkeit im Vordergrund. Das ist gut so. Nur, meistens werden die Darstellungen etwas trocken. Sollten sie nicht auch ein bisschen spannend und motivierend sein? Vielleicht gelingt einmal ein Mittelweg: Spannend und empirisch fundiert – und mind opening.

Ziel dieser Semantik ist die übersichtliche Darstellung des Wesens eines Wortes. Zum Wesen eines Worts gehört, wofür es verwendet wird. Dies soll in der normalen Sprache dargestellt werden und zugleich die sprachliche Verfasstheit vorgeführt werden. Der Modus der Rede über die Sprache und der Modus der Rede über die Welt verschmelzen und sind letztlich nicht unterschieden. Die Unterschiede von kursiv und gerade verschwinden. Es geht nicht um distanzierte Darstellung von außerhalb, sondern um Vorführen innerhalb der Sprache.

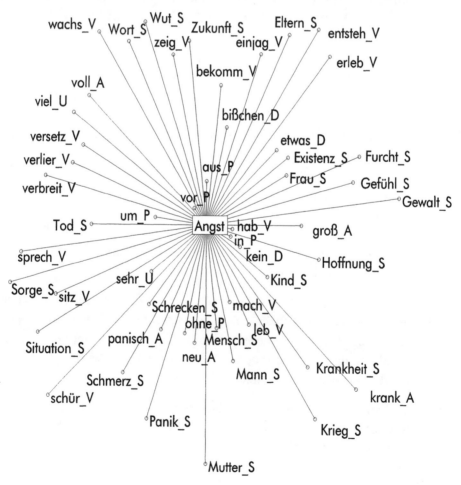

Abb. 39: Angst, r = 8, n = 5100

243. Angst ist ein Gefühl. Frauen, Männer, Kinder, also besonders Menschen, können Angst haben, in und mit der Angst leben und Angst erleben. Angst bekommt man, sie kommt und entsteht in uns. Wir geraten in Angst, oft ohne recht zu wissen, wieso und warum. Sie wird ausgelöst durch das, wovor wir Angst haben. Sie kann uns packen und uns wie ein wildes Tier im Nacken sitzen. Nicht immer kommt sie von selbst: Jemand oder etwas kann einem Angst machen. Sie wird erzeugt durch Gegenstände oder Hunde, sie wird uns eingeflößt und eingejagt von anderen.

244. Angstmacher gibt es vielerlei. Es gibt die Angst vor Krankheit und Schmerzen, insbesondere vor Aids und Krebs. Ja, die Angst selbst kann uns krank machen, kann hysterisch und neurotisch werden.
Die Urangst ist die Angst vor dem Sterben und vor dem Tod.
Angst richtet sich auf Zukünftiges und Drohendes, auf das, was kommt, besonders auf die Zukunft selbst. Aber wir haben auch Angst vor Großem und Neuem. Jede Veränderung kann uns Angst machen. Wir haben Angst vor dem Alleinsein, vor Einsamkeit und vor dem Verlassenwerden. So ist keiner frei von Angst: Wir leben in Angst. Angst prägt die menschliche Existenz; der Mensch lebt in Existenzangst. Es heißt für ihn in Angst und mit der Angst zu leben. Angst – die conditio humana.

245. Unsere Angst muss nicht immer begründet sein, wenngleich bestimmte Situationen besonders angsterregend sind. Wir haben vor allem Angst im Krieg, aber auch in Höhen und in Prüfungen. Und sogar bei einem Krimi kommt uns die Angst, vielleicht auch, weil sie im Krimi gespielt werden mag.
Neben der Angst vor gibt es die Angst um: Angst um die Kinder, um die Familie.

246. Angst kann wachsen und größer werden. Wir können viel Angst haben oder sehr Angst haben, vielleicht auch nur ein bisschen. Angst beginnt bei der Unruhe und kann sich steigern bis zur schrecklichen und furchtbaren Angst, bis zur Panik.
Obwohl wir die Angst nicht immer zeigen sollten, zeigt sie sich meistens doch körperlich. Im Gesicht wird man blass, weiß gar. Der Blick wird starr, Angstschweiß tritt auf die Stirn. Man zittert vor Angst.
Die Angst verfolgt uns bis in die Träume. Sie führt zu Wut und Verzweiflung und ist oft begleitet von Sorge. So beeinflusst sie auch unser Handeln und wir tun mancherlei aus Angst.

247. Es ist ein Ideal, keine Angst zu haben und ohne Angst, angstfrei, zu leben. Wir sollten unsere Angst selbst bewältigen, und möglichst nicht verdrängen, wenngleich wir das oft genug tun. Bei der Bewältigung der Angst können Worte und Sprechen helfen: Angst verschlägt einem zwar das Wort, aber Ängste kann man auch zur Sprache bringen, man kann etwas über sie sagen und versuchen, anderen die Angst zu nehmen.

Wir können die Angst überwinden durch Mut und Hoffnung.

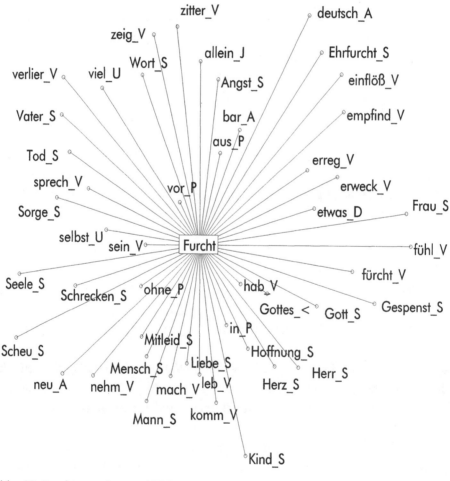

Abb. 40: Furcht, r = 8, n = 4700

248. Furcht fühlen oder empfinden wir Menschen. Mann und Frau können Furcht haben, in Furcht leben. Sie haben Befürchtungen, die auf Zukünftiges gerichtet sind, auf das, was kommt. So haben wir auch Furcht vor Neuem und vor der Gefahr.
Furcht kommt und entsteht in uns; sie mag tief im Herzen keimen. Etwas kann Furcht erwecken. Aber sie wird auch geweckt und erregt, uns eingeflößt; man kann jemandem Furcht machen, ihn das Fürchten lehren. Selbst bei an sich furchtlosen Menschen kann sich die Furcht breit machen durch furchtbare Worte oder eine furchtbare Zukunft.

249. Furcht kommt vor allem im religiösen Bereich. Sie betrifft menschliche Grundfragen. Zentral ist die Gottesfurcht oder die Furcht vor dem Herrn. Sie ist mehr eine Haltung denn ein Gefühl, ihr steht die Ehrfurcht nahe. Ehrfurcht haben auch die Kinder vor ihren Eltern zu haben, besonders vorm Vater. Sie sollte mit Liebe verbunden sein.
Während man vor Krankheit und Schmerzen eher Angst hat, fürchtet man sich vor Geistern und Gespenstern, auch vor Überfremdung und Asylanten, früher ebenso vor Kommunisten. Und dann geht die Furcht um vor Atom, Naturzerstörung und Umweltkatastrophen.
Eine zentrale Form der Furcht ist die Todesfurcht oder die Furcht vor dem Tod oder eine Art Furcht, wie man sie vor dem Tod verspürt.
Bedingt durch die Geschichte Deutschlands ist die Furcht vor Vielem, was mit den Deutschen zu tun hat. Hier wirken Furcht und Schrecken des Krieges nach.

250. Die Furcht ist eine Verwandte der Angst und des Schreckens und der milderen Scheu. Aber sie hat auch Affinitäten zu Mitleid und Liebe gar. Sie alle sind versammelt im Herzen und in der Seele. Wie in der Dramentheorie des Aristoteles kann die Furcht vor dem Schicksal Anderer unsere Empathie und dann unser Mitleid erregen.

251. Die Furcht kann große Ausmaße annehmen, tiefer gehen, zur krankhaften Furcht gar werden. Sie zeigt sich unterschiedlich, man kann sie äußern und gestehen.
Am liebsten wären wir bar jeder Furcht. Wir schätzen Leute ohne Furcht und möchten auch furchtlos sein oder wenigstens, dass die Furcht sich verliert.
Da helfen uns andere, die uns mit Worten mitteilen, dass wir nichts zu fürchten brauchen.

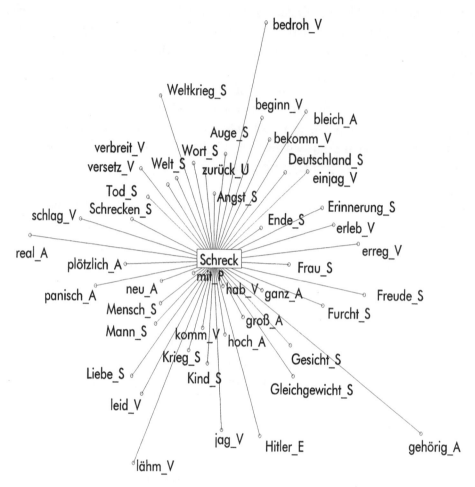

Abb. 41: Schreck, r = 8, n = 5300

252. In der Familie SCHRECK haben wir Schreck und Schrecken als untrennbare Einheit. Der Schreck und das Erschrecken sind vielleicht etwas mehr auf das Individuum bezogen, Schrecken mehr auf die Verhältnisse. Es können Ereignisse sein, die uns erschrecken, einen Schreck verursachen.

Einen Schrecken oder Schreck hat man nicht, man bekommt oder erfährt ihn plötzlich. Während Angst eher bedrückt und down macht, lässt einen der Schreck hochschrecken oder zurückschrecken. Vor Schreck kann man zusammenfahren, der Schreck fährt einem in die Glieder und kann einen durchfahren.

Erschreckte Menschen, Frauen, Kinder und Männer. Erschrecken spiegelt sich in ihren Augen wider. Sie werden bleich im Gesicht und starr vor Schreck stehen bleiben, und es kann passieren, dass sie vor Schreck kein Wort herausbringen. Nur wenige schaffen es, ihren Schrecken nicht zu zeigen.

253. Man erschrickt selbst, kann aber auch durch etwas oder jemanden erschreckt werden. Ursache des Schreckens ist meist, dass etwas Unerwartetes, bisher Unbekanntes, also Neues kommt, oder dass man etwas vernimmt oder auch sieht und in Folge davon erschrickt – unvorbereitet, ohne Erwartung. Auch Worte können Schrecken auslösen, ebenso wie der Bürgerschreck und der Schreckensmann.
Der Schrecken begleitet unser Leben und Handeln. Man kann mit Schrecken etwas feststellen, erfahren, vernehmen oder ihm entgegensehen. Der Schrecken kann verschiedener Art sein. Es gibt freudigen, leisen, liebevollen, bangen, empörten und furchtbaren Schrecken. Oftmals scheinen wir zwischen zwei konträren Empfindungen hin- und hergerissen. Dinge können zugleich schrecken und locken, zugleich erschreckend und faszinierend oder schrecklich und schön sein.

254. Der Schreck lähmt uns, er ist kein Motiv fürs Handeln. Man lässt vielleicht vor Schreck etwas fallen. Die Folgen des Schreckens sind abhängig davon, wie groß der Schrecken ist.
Ein Hinweis genügt oft, um sich nicht erschrecken zu lassen, den Schrecken zu nehmen bzw. rein äußerlich nicht zu erschrecken zu scheinen. Oft muss man auch froh sein, dass etwas kein schreckliches Ende genommen hat und dass man noch einmal mit dem Schrecken davongekommen ist.

255. Vieles kann schreckliche Ausmaße annehmen. So kann es zu Jahren des Schreckens kommen, wie die beiden Weltkriege eine schreckliche Zeit waren, die in erschreckender Weise gezeigt haben, wie schrecklich es zugehen und was an Schrecklichem begangen werden kann. In der Schreckensherrschaft Hitlers wurden Menschen in Angst und Schrecken versetzt und lebten in Angst und Schrecken. Nach dem schrecklichen Ende denken Viele mit Schrecken an diese Zeit und sind froh dem Tod und all dem Schrecklichen entgangen zu sein, wenn auch schreckliche Erinnerungen zurückgeblieben sind. Die abschreckenden Beispiele dienen der Abwehr von Wiederholung. Und das Gleichgewicht des Schreckens hat uns lange davor bewahrt.

Obwohl das Schreckgespenst umgeht, sollte man nicht alles so schrecklich ernst nehmen!

256. Da wir hier die einschlägigen drei Lexeme beisammen haben, lohnt sich der Vergleich mit Bergenholtz' lexikographischer Untersuchung zum Wortfeld "Angst" (Bergenholtz 1980). Bergenholtz ist wie wir empirisch vorgegangen und hat die Verwendung von Lexemen für Angstgefühle in Korpora untersucht. Er verfolgt eher klassische Ziele, insofern sind seine Ergebnisse nicht mit unseren eigentlichen Ergebnissen zu vergleichen. Aber die Aufbereitung und Registratur des Materials sind es doch. Es kann dabei allerdings nicht schon um eine Bewertung der Unterschiede gehen, sondern eher darum, sich über ähnliche Ergebnisse als Bestätigung des empirischen Ansatzes zu freuen. Es ist ein erster Schritt zur Validierung empirischer distributiver Methoden.

257. Unter einem Angstgefühl versteht Bergenholtz eine Emotion, "die lexematisch nicht nur durch *Angst*, sondern auch durch *Furcht, fürchten, ängstlich, entsetzen, Schreck, panisch* und andere Lexeme bezeichnet werden kann" (Bergenholtz 1980:10; Bergenholtz/ Faets 1988:85), was natürlich erst einmal grob klingt.
Das Lexem *Angst* wird als zentral und als wortfeldbestimmend angesehen. So wird auch in Gebrauchswörterbüchern *Angst* weit häufiger als andere Lexeme zur Erklärung und als Synonym für Lexeme verwendet, die ein Angstgefühl bezeichnen.

258. Als Kriterien für die Auswahl der Lexeme, die das Wortfeld bilden, nennt Bergenholtz die eigene Kompetenz, eine Informantenbefragung, eine Durchsicht verschiedener Wörterbücher und eine Ergänzung durch Textuntersuchungen. Daraus resultierte die Auffassung, dass die folgenden Lexeme als besonders wichtig bei der Beschreibung des Wortfeldes "Angst" anzusehen sind: *Angst, angst, ängstlich, ängstigen, Bange, bange, bangen, befürchten, Befürchtung, entsetzen, Entsetzen, erschrecken, Furcht, furchtsam, Panik, panisch, Schock, Schreck* und *Schrecken*.
Weitere Lexeme werden dem Feld zugerechnet: *Alb/ Alp, Bammel, grauen, Grauen, graulen, grausen, Grausen, Graus, gruseln, Gruseln, Lampenfieber, Phobie, phobisch, Schiss, schockieren*.
Lexeme, die nur teilweise oder nur in geringem Grad ein Angstgefühl bezeichnen sind: *Besorgnis, bestürzt, Bestürzung, entsetzlich, fürchterlich, furchtbar, greu-*

lich, Horror, Schauder, schaudern, Schauer, schauern, Schauern, scheu, Scheu, scheuen, Sorge, sorgen, Terror, zagen, zaghaft und *Zaghaftigkeit*. Außerdem werden die vielen Komposita und Idiome (*jmdm rutscht das Herz in die Hose*) dazugerechnet.

259. Der nächste Schritt in Bergenholtz' Untersuchung betrifft die Durchsicht verschiedener Wörterbücher in Hinsicht auf die Bedeutungsangaben der ausgewählten Lexeme. Dieser Schritt wird damit begründet, dass die vorhandenen Wörterbücher in einer Tradition lexikographischer Tätigkeit stehen, die als empirische Basis und Hypothese für weitere Untersuchungen zu sehen ist.

260. Zentraler Teil der Untersuchung ist die lexikographische Auswertung zweier Textkorpora. Aus diesen Korpora wurden die Belege mit folgenden Stämmen exzerpiert: *-angst-, -bange-, -furcht-, -entsetz-, -panik-, -schock-* und *-schreck-*. Die Auswertung der Belege soll den Gebrauch der Lexeme beleuchten. Die Umgebungen der einzelnen Wortarten werden je für sich bestimmt. So beziehen sich folgende Fragen auf die Nachbarn vor Angst-Substantiven in Syntagmen:
– Welche attributiven Adjektive können auftreten?
– Welche Verben in Prädikatfunktion kommen in Sätzen mit einem Angstsubstantiv als grammatischem Subjekt vor?
– Welche logischen Subjekte sind in Sätzen mit den Angstsubstantiven vorzufinden?
Eine weitere Frage bezieht sich auf die Gründe des Auftretens eines Angstgefühls. Hier merkt Bergenholtz an, dass mit Beantwortung dieser Frage die Grenze des Begründbaren erreicht ist und es zu subjektiven Interpretationen der Belege und damit zu subjektiven Aufteilungen kommen kann.

261. Bei *Angst* führt Bergenholtz zunächst eine Vielzahl von Adjektiven auf, die als Attribut zu *Angst* stehen können. Alle diese attributiven Adjektive können auch bei dem ein oder anderen Substantiv des Wortfelds auftreten. Ähnliches sagen uns die Sterne. Das Adjektiv *groß* taucht bei allen drei Wurzeln auf. Dies deckt sich mit Bergenholtz' größter geschlossener Gruppe von attributiven Adjektiven, die einen "hohen Grad der Angst" angeben. In dieser Gruppe finden wir auch das Adjektiv *panisch* ganz wie im Angststern.
Bergenholtz stellt noch eine Vielzahl anderer, semantisch begründeter Adjektivgruppen auf, die im engeren Kondensat nicht vorkommen. Da stellt sich die Frage nach einem Relevanzkriterium in solchen Untersuchungen.

262. Eine nächste Übereinstimmung ist in bezug auf das Verb *haben* auszumachen. Bergenholtz betont, dass aus dem Wortfeld *Angst* als grammatisches Objekt zu *haben* im Normalfall das Substantiv *Angst* bevorzugt wird und diese Verbindung als besonders enge Kollokation anzusehen ist, *Furcht haben* werde hingegen eher durch das Verb *fürchten* ausgedrückt. Auch dies bestätigt die Kondensierung.
Der Satellit *groß* wird mit *Angst* auch im Sinn von *vor groß-... Angst haben* verbunden. Bei *Furcht* wird die Verbindung *groß-... fürchten* bevorzugt. Das Verb *haben* ordnet Bergenholtz in die Gruppe "Angst empfinden" ein. Hierunter fällt auch das Verb *bekommen*, für das er nach *haben* die meisten Belege aufführt. Auch dieses Verb bietet unser Angststern.

263. Ähnliches trifft für eine weitere Gruppe zu, die Bergenholtz mit "Angst kann hervorgerufen werden" umschreibt. Das Verb *machen* liefert hier die meisten Belege und ist sowohl im Angststern als auch im Furchtstern vorhanden.
Dasselbe gilt für die Gruppe der "Bekämpfung eines Angstzustandes", wozu das Verb *nehmen* zählt, auch dieses ist als Satellit vorhanden. Beim Vergleich der Verben ist festzuhalten, dass Bergenholtz alle Verben aufgenommen hat, die auch im Angststern erscheinen, dass es jedoch aufgrund der meist zu geringen Anzahl an Belegen, die er dafür aufweisen kann, nicht möglich ist, weitere Gemeinsamkeiten herauszuarbeiten.

264. Der nächste Punkt betrifft substantivische Lexeme, die zusammen mit *Angst* auftreten können. Die Verbindung *Angst und Schrecken* bestimmt hier das Bild. Bergenholtz nennt allerdings auch *Sorge* und *Verzweiflung*. Diese Beispiele lassen sich bestätigen. Es fehlen hingegen im Vergleich zum Angststern die Substantive *Schmerz* und *Wut*. *Wut* wiederum taucht bei Bergenholtz als Partner von *Furcht* auf.
Als Grund dafür, dass *Angst* häufiger von anderen substantivischen Lexemen aus dem Wortfeld (wie z.B. *Schrecken*) begleitet wird, sieht er die geringe Aussagekraft von *Angst* als Folge seiner Verwendungsbreite an. Allerdings findet er *Angst* auch häufig in der Verbindung mit *Furcht*. Beim Vergleich der Sterne ist jedoch auffällig, dass im Prinzip alle drei Lexeme auch in allen drei Sternen vorkommen. Das zeigt ihre Verwandtschaft überdeutlich.

265. Einen letzten Vergleichspunkt bilden die möglichen Objekte oder Inhalte der Angst, Ursachen der Angst, wie Bergenholtz das nennt. Auch hier sind viele Übereinstimmungen zu entdecken. So z.B. die *Angst vor der Zukunft, vor dem Tod, vor Schmerzen* und die *Angst vor Unbekanntem, Neuem*.
Die *Berührungsangst* und die *Angst vor Aids* sind bei Bergenholtz nicht zu finden. Die Angst vor Aids kam erst später.
Hier ist Bergenholtz nur zuzustimmen, dass die "Vielfalt von Angstgründen in jedem Fall deutlich [macht], dass die Gemeinsprache völlig inadäquat beschrieben wird, wenn *Angst* als ein Lexem für ein stets objektloses Angstgefühl beschrieben wird" (Bergenholtz 1980:163).

266. Die Adjektive und Verben in Verbindung mit *Furcht* entsprechen nach Bergenholtz denen bei *Angst*. Die Verbindung von *Furcht* mit anderen Substantiven kommt, mit Ausnahme des Substantivs *Ehre* (das Kompositum *Ehrfurcht* wurde nicht berücksichtigt), unter "Befürchtungen" zur Sprache. Als Besonderheit bei *Furcht* sieht Bergenholtz, dass dieses Substantiv nur im Singular verwendet wird, es stimmt darin mit *Entsetzen* und *Panik* überein. Bergenholtz deutet dies vorsichtig als Hinweis darauf, dass die intensiveren Angstsubstantive keinen zusätzlichen Verweis auf gleichzeitige ähnliche Gefühle durch Pluralbildung benötigen (Bergenholtz 1980:172).
Das scheint mir nicht der Punkt.

267. Bei den Objekten der Furcht sind zwei weitere Übereinstimmungen der Ergebnisse festzustellen. Es ist dies zum einen die *Furcht vor Menschen* und zum anderen die *Furcht vor etwas Unbekanntem* oder *Ungewissem*. Dies bestätigt die Annahme, dass *Furcht* bei weitem nicht nur auf konkrete Objekte gerichtet ist.
Weitere Gemeinsamkeiten sind bezüglich der Präpositionalphrase *Anlass zur Befürchtung geben* und der Verbindung *Befürchtungen bestehen* vorhanden. Die letztere Verbindung ordnet Bergenholtz in die Gruppe "Vorhandensein eines Angstgefühls" ein. Dies scheint aber nicht voll gerechtfertigt. Der Gebrauch von *die Befürchtung haben* kann dann als eine Variante zu *Angst haben* verstanden werden. Die Verbindung von *Befürchtung* mit ausdrucksschwachen Verben wie *haben* und *bestehen* deutet für Bergenholtz auf die Objektivität des Ausdrucks leichter Angstgefühle hin.

268. Auch in Bezug auf die syntagmatischen Verbindungen ist eine Übereinstimmung vorhanden. Diese besteht in dem Substantiv *Hoffnung*, das auch als

Partner von *Furcht* auftritt und angeblich ein positives Gefühl ausdrückt. Die Ursachen der Befürchtung liegen nach Bergenholtz alle in der Zukunft. Der Satellit *Zukunft* im Furchtstern bestätigt auch diese Aussage.

269. Das Verb *befürchten* ist im gleichen Sinn wie die *Befürchtung* auf die Zukunft bezogen. Bergenholtz merkt an, dass bei *befürchten* die unpersönliche Konstruktion mit *man* sehr häufig ist und bringt dies in Zusammenhang mit *befürchten* als einem wenig affektbeladenen, objektiven Ausdruck eines Angstgefühls, der häufig in technisch orientierten Fachtexten Verwendung findet (Bergenholtz 1980:203). In Übereinstimmung mit den Sternen nennt er als häufige, ebenfalls auf die Zukunft bezogene Verbindung *Folgen befürchten*. Die Verbindung *den Tod befürchten* kann nicht bestätigt werden. Aus unseren Belegen geht hervor, dass man den *Tod fürchtet*.

270. Weiter stellt Bergenholtz fest, dass *fürchten* unter den Verben der "Angst" die Stellung von *Angst* unter den Angstsubstantiven einnimmt, was die Frequenz betrifft. Auch in der Bedeutung gehört das Verb eher zum Substantiv *Angst* als zum Substantiv *Furcht* (Bergenholtz 1980:211). Hierfür lassen sich Parallelen aus unserem Korpus anführen: Man hat *Angst vor dem Mann*, aber man *fürchtet den Mann*; *der Mann hat Angst*, aber *er fürchtet sich*; man hat *Angst vor groß-...*, aber man *fürchtet groß-...*

Als grammatische Objekte zu *fürchten* nennt er u.a. die Substantive *Augenblick*, *Folgen* und *Leben*, auch sie werden im Furchtkondenst durch Satelliten repräsentiert und in der Funktion eines grammatischen Objekts verwendet, liegen aber außerhalb des Sternbereichs. Wie schon bei *Befürchtung* und *befürchten* bezieht sich das Angstgefühl häufig auf die Zukunft.

271. Der Furchtstern enthält u.a. den Satelliten *nichts*. Auch Bergenholtz nennt dieses indefinite Pronomen als häufiges Objekt zu *fürchten*. Verwendungsbeispiele hierfür sind: *nichts zu fürchten brauchen, vor nichts Furcht haben*. Andererseits wird im Furchtkorpus *nichts* auch als Verstärkung zu einer schon bestehenden Furcht verwendet: *Er fürchtet nichts mehr als ausgeschlossen zu bleiben*.

272. *Schreck* und *Schrecken* werden bei Bergenholtz getrennt voneinander betrachtet.

Als typisch für die Verbindung bestimmter Verben mit *Schreck* sieht er zunächst den Umstand an, dass *Schreck* in den meisten Fällen als grammatisches Subjekt steht (dies trifft auch bei *Furcht* zu, wohingegen *Angst* meist das grammatische Objekt ist). Die Verben drücken dann häufig aus, dass der *Schreck* plötzlich kommt und eine erstarrende Wirkung haben kann. Es zeigt sich also eine Reaktion des Körpers. Bergenholtz nennt hier folgende weiteren Beispiele, die auch im Stern vorhanden sind: *Schrecken* kann einen *durchfahren, vor Schreck* kann man *zusammenfahren* und *starr vor Schreck stehen*.

Die Affinität von *Angst* und *Schrecken* wurde bereits erwähnt, ebenso zum Adjektiv *groß*, welches als Attribut zu *Schreck* oder *Erschrecken* stehen kann.

273. Den Ursachen des Schrecks ist laut Bergenholtz gemeinsam, dass er in einer Vielzahl von Situationen bei plötzlichen und unerwartet eintretenden Ereignissen entsteht und meist von kurz anhaltender Dauer ist. Im Schreckstern zeigt dies der Satellit *plötzlich*. Die genannten Verben unterstützen diese Auffassung. Eine Korrektur scheint bezüglich der Dauer notwendig: Es gibt durchaus länger anhaltende Schrecken.

Das Vorhandensein eines Schreckens gibt das Verb *zeigen* wieder, das auch als Satellit im Kondensat vorhanden ist und in diesem Sinn verwendet wird. Weiterhin nennt Bergenholtz Verben die das Ent- bzw. Bestehen oder das Verschwinden des Schreckens anzeigen, wie z.B. *entstehen, vergehen, verlieren, nehmen*. In unseren Belegen finden sich *Schrecken überstehen* und *Schrecken nehmen*. Hier ist eine starke Übereinstimmung mit dem Angststern vorhanden. Hingegen kommt dieser Zusammenhang im Furchtstern nicht hoch.

274. Eine weitere Abteilung bei Bergenholtz bilden die Verben mit der Präpositionalphrase *mit Schrecken*, die alle mehr oder weniger die "Feststellung eines Schreckens" ausdrücken. Auch hier sind die Ergebnisse gleich: *mit Schrecken denken an, mit Schrecken feststellen, mit Schrecken wahrnehmen* und in unseren Ergebnissen *mit Schrecken vernehmen*. Die nahe Präposition *mit* rührt daher, dass Schrecken oft unser Handeln begleitet.

275. Eine Übereinstimmung liegt auch bezüglich des grammatischen Objekts des bivalenten *erschrecken* vor. Meist sind es Menschen, die dieses Gefühl empfinden. Als Beispiel für ein grammatisches Subjekt nennt Bergenholtz das *Wort*, das auch im Schreckstern steht. Beim Verb *erschrecken* muss man im Gegensatz zu *befürchten* und *fürchten* die Gegenwartsbezogenheit deutlich herausstellen.

276. Auffallend und ermutigend ist die Übereinstimmung der Ergebnisse, obwohl sie mit unterschiedlichen Verfahren gewonnen wurden. Allerdings scheint es mir, dass Bergenholtz mehr Arbeit in das Material investieren musste. Wenn man die Programme der Distributiven Semantik verwendet, kann man wesentlich effektiver arbeiten. Und ich glaube, dass man methodisch eine bessere Basis gewinnt, weil bessere und überprüfbare Relevanzkriterien gelten. Daneben eröffnet die interaktive Nutzung unseres Programms neue Erkenntnismöglichkeiten.

3.5 Semantische Formulare

*Will man diese Beziehungen auf eine einfache
Formel bringen, so geht man fehl.*
Ludwig Wittgenstein

278. Die Idee des semantischen Formulars ist angeregt durch die ausführlicheren Definitionen von Wierzbicka, die wohl anfänglich auch für Erhebungen genutzt wurden. Aber natürlich wird hier nicht der Gedanke einer universellen Beschreibungssprache verfolgt. Es geht vielmehr um eine Textform, um ein strukturiertes semantisches Formular, das den Gebrauch eines Wortes beschreibt, indem es nacheinander auf die wichtigen Aspekte eingeht. Die Aspekte sind charakteristisch für Wörter einer bestimmten Gruppe, sie sind essenziell. Das Formular ist ein Aufriss der konzeptuellen Struktur eines Bereichs. Es ist kein starres Gerüst, sondern in semantischer Voranalyse gewonnen. Die Entwicklung der Aspekte ist schon ein wesentlicher Teil der semantischen Analyse.
Hier entwickeln wir ein Formular für Gefühlswörter.

279. Frame: Um die einzelnen Gefühlswörter liegt sozusagen ein grammatisch orientierter Frame von Mitspielern. Der Frame eines Gefühlsworts sieht Positionen oder Leerstellen vor, die so oder so gefüllt sein müssen, damit der Sinn erfüllt ist.
So scheint uns plausibel, dass Eifersucht irgendwie drei Mitspieler hat, zum Beispiel ein Mann X, sein Rivale Z und die Frau Y, um die es geht. Angst hingegen scheint eher zwei Slots zu haben, wieder jemand, der sie hat, und dann sozusagen das Objekt oder der Inhalt der Angst.
Der Frame entwirft somit eine Konstellation, in der sich die Kernszene abspielt.

280. Für die einzelnen Slots kann man Beschränkungen formulieren, schon unsere Grundcharakterisierung nützt solche Beschränkungen. Aber die Rollen sind im Allgemeinen schwer zu skizzieren und zu präzisieren, wenn dies nicht unmöglich ist, weil unsere Sprache nicht die Mittel bietet. Man spricht beim Eifersuchtsframe vielleicht öfter von Z als dem Grund der Eifersucht von X. Nur, als Gründe sehen wir auch ganz andere Dinge, bei der Eifersucht kann der Grund auch im Verhalten von Y liegen. Ähnlich die Frage nach dem Zweier-Slot von *Angst*, nämlich *Angst vor Y*. Viele sagen, Y sei die Ursache der Angst. Aber Ursachen werden auch anders eingeführt, nicht für jedes Y schiene die Rede von

Ursache passend. Insbesondere könnten Ursachen ja nicht in der Zukunft liegen. Außerdem ist fraglich, in welchem Sinn Angst überhaupt äußere Ursachen hat. Die zur Verfügung stehenden wie die üblichen Beschreibungsmittel sind weder angemessen und scharf noch trennscharf.

281. Wie gewinnt man einen Frame? In unsrer Darstellung klingt es öfter so, als ginge man vom Frame aus und schaue nach den Realisierungen. Aber Frames müssen wir eruieren, aus den sprachlichen Daten gewinnen. Darum ist die Frage, wie sich Frames und Slots zeigen und wie wir sie erkennen. Irgendwie müssen wir doch ein Bewusstsein von ihnen gewinnen. Natürlich haben wir Beispiele. Die Mitspieler sind unterschiedlich kodiert, mal als Attribut, mal Possessivartikel:

(2) die Eifersucht Schleichers auf Papen
(3) Borgseels Eifersucht auf den Arzt
(4) seine Eifersucht auf ihn
(5) aufkeimende Eifersucht auf den himmlischen Verursacher der unbefleckten Empfängnis

Aber das ist erst einmal wenig. Ihre Auswahl setzt den Frame voraus.

282. Einzelne Lexeme realisieren den Frame syntaktisch. Aber wir betrachten ganze Familien. Die Gefühlswörter einer Familie entwerfen sozusagen eine Szene, etwa die Eifersuchtsszene oder die Neidszene. So gehören zur *NEID*-Familie etwa *Neid*, *neidisch*, *beneiden* und *neiden*. In dieser Szene erkennen wir drei Rollen, die sich realisieren beim eher seltenen Verb *neiden*:

(6) Die Leute neiden ihm seinen Reichtum.

Wir haben hier sozusagen zwei Personenrollen: den Neider und den Beneideten, zusätzlich das Objekt des Neids, das, worum der Beneidete beneidet wird. Diese Rollen tauchen bei den anderen Lexemen in unterschiedlicher Kodierung auf.

283. Klarster Fall ist also die Grammatikalisierung: Ein Slot wird als normales Subjekt kodiert, ein andrer präpositional angeschlossen, oft mit einer bestimmten Präposition, z.B. *Angst vor...* Solche Präpositionen kommen natürlich in den Sternen hoch.
Wir können die Rollen grammatisch festmachen. So können wir bei *NEID* vom Verb ausgehen, bei dem die Rollen voll grammatikalisiert sind:

(7) X beneidet Z um Y.
(8) X neidet dem Z das Y.

Wir hätten hier ein Subjekt und diverse Objekte, deren Selektion die jeweilige Rolle skizziert. Aber richtig semantisch kommen wir auch hier nicht weit. Allgemein stellen wir vielleicht fest, dass im Gegensatz zur Eifersucht, wo wir drei Personenrollen haben, hier die Z-Rolle eine Sachrolle ist, die Personen, Fähigkeiten, Dinge und anderes umfasst.

284. Die genauere Besetzung oder Belegung der Rollen ist zu bestimmen. Auch Rollenkonstellationen kann man eruieren, etwa dass das Neidobjekt sich in irgendeiner Weise im Besitz von Y befindet und dass X es nicht besitzt. So besteht ein Anschluss zur besitzen-Szene.
Bei Eifersucht soll im prototypischen Fall X die Y lieben, ob Y den X liebt, scheint nicht relevant. Auch die Beziehung zwischen Y und Z ist faktisch irrelevant, es muss keine geben. Darum ist eingebildete Eifersucht schlicht Eifersucht.

285. Szenen und Frames sind perspektivisch. So scheint im Fall der Eifersucht fraglich, ob man die dritte Rolle als Rivalenrolle bezeichnen darf. Muss Z denn wirklich Rivale von X sein oder genügt, dass X den Z für einen Rivalen hält. Wessen Perspektive ist dominant? Welche sollen wir als Beschreiber einnehmen? Nun, wir müssen eben die Annahmen der Beteiligten formulieren, ohne uns selbst zu involvieren, was wohl mit der Verwendung von *Annahme* schon geschehen ist.

286. Bei Eifersucht finden wir zwei weitere interessante Erscheinungen. Einmal scheint der auf-Slot vage. Er kann besetzt sein durch die Y-Rolle oder durch die Z-Rolle. So gibt es Verwendungen wie (9) und wie (10):

(9) Othellos Eifersucht auf Jago
(10) Othellos Eifersucht auf Desdemona

Außerdem ist die Y-Rolle bei *Eifersucht* kaum besetzt. Es ist eine stille Rolle und ein stillgelegter Slot. Aber sie ist da.

287. Bemerkenswert ist eine gewisse Analogie in den Frames von *Neid* und *Eifersucht*. Diese Analogie geht noch weiter, wenn man von dem extemporierten prototypischen Fall abgeht und die Textbelege berücksichtigt. Einmal zeigt sich dann, dass weder die Y-Rolle noch die Z-Rolle auf Personen beschränkt ist. So ist es ganz üblich, die Z-Rolle sachlich zu besetzen: *Eifersucht auf schöne Dinge; Eifersucht auf die relative historische Schuldlosigkeit des Liberalismus; die Eifersucht Gottes auf ein Vorrecht; höchst persönliche Eifersucht auf die Gegenstände des abgöttischen Gefühls; Eifersucht auf den Myrtenschmuck; eine gewisse Eifersucht auf das Verhältnis des Schleiers zu Adrian.*

Auch hier wird wieder manifest, dass Y-Rolle und Z-Rolle nicht immer scharf geschieden werden.

Neid ist wie Eifersucht ohne Liebe. Schon Wilhelm Busch wusste: Eifersucht ist Liebesneid.

288. Frame-Unterschiede sind nicht äußerlich. Sie wurden schon in der Vergangenheit tiefer gedeutet. So gab es eine einschlägige Tradition den Unterschied von Angst und Furcht zu erklären, die mindestens bei Kierkegaard begann, der meinte, "dass sie [die Furcht und ähnliche] sich auf etwas Bestimmtes beziehen, während die Angst die Wirklichkeit der Freiheit als Möglichkeit für die Möglichkeit ist". (Kierkegaard 1984:42)

Und Freud hatte den Unterschied von Angst, Furcht und Schreck so bestimmt, dass Angst sich auf den Zustand beziehe und vom Objekt absehe, während Furcht die Aufmerksamkeit gerade auf das Objekt richte (Freud 1969:382).

Man weiß allerdings nicht recht, wie sie zu diesen Behauptungen kommen. Die Sprache haben sie nicht methodisch befragt. Haben sie sich von ihr leiten lassen?

289. Beide Frames haben nämlich zwei Slots, die jedoch grammatisch leicht verschieden kodiert sind, weil die beiden unterschiedliche Derivate haben. Bei den Substantiven herrscht erst einmal volle Analogie:

(11) X hat Angst vor Y.
(12) X hat Furcht vor Y.

Hierbei ist X eine Personenrolle und Y eher eine offene Rolle, die genauer zu spezifizieren wäre. Ähnliches gilt für die Verben *sich ängstigen* und *sich fürchten*, allerdings mag es hier Unterschiede geben in der Besetzung. Ein Unterschied der Familien ergibt sich dadurch, dass es zu *Furcht* die transitive *be*-Ableitung *befürchten* gibt. Ein Unterschied in der Objektbezogenheit ist hierin allerdings nicht zu erkennen (es sei denn man hängt einer antiquierten Grammatikauffassung an, die kasuelle Anschlüsse anders beurteilt als präpositionale).

290. Eigenperspektive (ich-Perspektive) vs Fremdperspektive (sie-Perspektive): Meine Gefühle sind meine, kein andrer kann sie haben. Bei meinen eigenen Gefühlen bin ich ganz sicher, dass ich sie habe. Es gibt keine Frage der Wahrheit, Zweifel greifen nicht. Ich habe meine Gefühle einfach, und es wäre sehr komisch zu sagen:

(13)   Ich dachte, ich sei traurig, aber ich war es gar nicht.
(14)   Ich war traurig und habe es nicht gemerkt.

Und wenn ich sage:

(15)   Ich habe Heimweh.

so kann ich mich dabei nicht irren. Es ist keine Behauptung, sondern die Äußerung eines Gefühls. Niemand kann die Äußerung widerlegen. Darum ist auch ein Insistieren nicht angebracht:

(16)   Ich weiß, dass ich Heimweh habe.

Natürlich kann man so etwas wie (16) sagen, aber nur in bestimmten Situationen.

291. Der ich-Perspektive entgegengesetzt sind die Perspektiven aller anderen grammatischen Personen, die wir im "sie" zusammenfassen. Hier greift der Zweifel, weil wir uns in der Zuschreibung von Gefühlen irren können und weil andere sie vortäuschen können. Darum brauchen wir hier z.B. Kriterien dafür, ob jemand ein Gefühl hat oder nicht. Wir müssen beobachten können.

292. Ausdruck (Innen vs Außen): Gefühle werden oft als eher privat angesehen. Sie seien eben in uns drinnen. Aber sie spielen natürlich ihre Rolle in der Interaktion und in der Kommunikation. Darum haben sie auch ein Außen und einen Ausdruck. Bei Schmerz verziehen wir das Gesicht usw. Das halten wir oft für natürliche Reflexe; wer den Schmerz nicht zeigen will, muss den Ausdruck unterdrücken. Aber neben dem natürlichen Ausdruck gibt es auch den konventionalisierten Ausdruck. Und die Grenze zwischen beiden ist nicht klar gezogen. Zur Trauer etwa passt das Weinen. Aber ob man sozusagen für sich allein weint oder ob man anderen damit auch die Trauer zeigt oder sogar zeigen will, das ist ja nicht unbedingt eine Frage, die zu entscheiden ist.

293. Im Ausdruck gibt es Unterschiede: Gefühle, die eher tief drinnen sitzen und bleiben, die sich aber dennoch ausdrücken. Dann Gefühle, die stärker nach außen

drängen, wie Zorn und Wut, die auch dramatische Ausdruckszüge annehmen. (Sie sind auch aktiver und fungieren häufiger als Motive fürs Handeln.)
Oft ist sogar ein öffentlicher Ausdruck für das Gefühl vorgesehen, etwa eine Sitte, dass man Trauer trägt.
Der Ausdruck des Gefühls ist oft ein Kriterium für die Zuschreibung des Gefühls in der Fremdperspektive. Nur er stellt sicher, dass wir die Fremdperspektive überhaupt einnehmen können. Sonst sind wir auf Vermutungen angewiesen.

294. Der Ausdruck ist ein öffentliches Kriterium des Gefühls, er ist aber weder eine logische noch eine kausale Folge des Gefühls. Man kann ein Gefühl haben ohne den entsprechenden Ausdruck. Aber es ist nicht – wie beim double bind – unbedingt glaubwürdig, ein bestimmtes Gefühl zu haben und einen ganz unpassenden Ausdruck dazu, z.B. große Wut und ein freundliches Lächeln. Das wird auch unsere Deutung infizieren.

295. Im Vordergrund steht der Ausdruck von Gefühlen in Mimik, Gestik und Habitus. Hier lesen wir ab, dass ein Anderer das Gefühl hat. Die Freude besonders in den Augen und im Gesicht; die Angst in den Augen, dem ganzen Gesicht (ins Gesicht geschrieben) und auf der Stirn. Vieles erkennt man im Blick: die Angst, das Misstrauen, die Eifersucht und den Neid. Vor Angst wird der Blick starr, mit aufgerissenen Augen. Ausdruck ist aber auch vor Neid erblassen, vor Scham erröten oder vor Wut rot anlaufen und aus Freude lachen oder lächeln. Manche Gefühle haben sozusagen ein Ausdrucksarsenal, fast ein kleines Skript: Bei Scham senken wir den Blick, wenden das Gesicht ab, drehen den Kopf zur Seite oder senken ihn nach unten, vielleicht schließen wir die Augen oder kucken weg.

296. Dauer/ Verlauf: Wörterbucherklärungen behaupten oft, ein Gefühl sei ein Zustand. Das ist grob und falsch. Zustände kann man ja nicht spüren.
Mit solchen Erklärungen soll aber auch auf einen zeitlichen Aspekt hingewiesen werden.
Der zeitliche Aspekt greift bei den verschiedenen Gefühlen und vor allem auch bei den Gefühlswörtern und ihren Verwandten unterschiedlich ein.
Wichtig ist vor allem, ob es sich beim Haben des Gefühls um ein Erleben, eine Episode also, handelt, oder um etwas Stehendes, Dauerhaftes, oft eine Eigenschaft oder Disposition. So sprechen wir mit (17) von einer Episode, mit (18) eher von einem stehenden Charakterzug:

(17) X ist traurig.
(18) X ist furchtsam.

Die beiden Aspekte werden oft durch unterschiedliche Wortbildung getrennt. So hat etwa *ängstlich* beide Aspekte, *furchtsam* ist nur stehend, *traurig* nur episodisch.

297. Eine etwas andere Frage ist, ob und in welcher Weise das Haben eines Gefühls Dauer hat. Angst wie Trauer haben Dauer. Die Frage "Wie lange?" macht Sinn. Der Schreck ist aber punktuell, hier macht diese Frage nach der Dauer keinen Sinn. Sonst ist bei einem Gefühl die Frage des Entstehens relevant, ob es einen plötzlich überkommt oder ob es langsam wächst und sich entwickelt.

298. Metaphorik: Die Rede von Gefühlen ist weitgehend metaphorisch geprägt. Allerdings bleibt hier ein gewisses Problem, was metaphorisch ist. Wenn man über Gefühle nicht anders als metaphorisch reden kann, dann klingt das sehr nach einem wenig sinnvollen Gebrauch des Terminus "metaphorisch".
Die Unterscheidung von metaphorischer und normaler oder wörtlicher Rede ist irgendwie dogmatisch. Ich kann sie aber rechtfertigen, etwa wenn es mir gelingt, einen ganzen Mechanismus aufzudecken, der mir gestattet ein Bündel von Verwendungen eines Lexems aus anderen Verwendungen zu erklären. Oder wenn es mir gelingt, wiederkehrende Eigenschaften einer Gruppe von Lexemen aus einer Regularität zu erklären. Paradefall wäre etwa die Erklärung des temporalen Gebrauchs vieler Präpositionen aus ihrem lokalen Gebrauch mit dem Mechanismus der Auffassung von Zeit als Raum.

299. Dieser Mechanismus oder diese Regularität möge metaphorisches Modell heißen.
Das metaphorische Modell wirft ein erhellendes Licht auf unsere Auffassung des jeweiligen Gefühls zum Beispiel. Es trägt bei zur Erkenntnis des Wesens.
Auch wenn wir nicht ernsthaft glauben, dass etwa die Eifersucht ein Tier ist, so hat sie für uns dennoch etwas von einem Tier, weil sie z.B. tut, was ein Tier tut oder tun könnte. "Tun könnte" deutet auf den produktiven Aspekt solcher Metaphorik.

300. Fraglich ist im einzelnen aber auch: Was ist jeweils metaphorisch gebraucht? Wenn die Angst groß und die Trauer tief ist, dann sind es wohl die

Adjektive, die metaphorisch gebraucht sind. Deshalb kann man daraus etwas über die Auffassung und den Charakter des jeweiligen Gefühls entnehmen.

Bei einer Anzahl von Gefühlen spielt die Beurteilung, die Graduierung nach der Tiefe eine Rolle. Dem liegt die Vorstellung zugrunde, dass Gefühle etwas sind, das im Körper drinnen ist, nicht nur dass sie tief sitzen können, sondern auch dass sie tief hinein reichen, hineingehen, sich sozusagen ausdehnen, auf jeden Fall Ausdehnung haben.

301. Ein metaphorisches Modell kann man etwa so beschreiben: Gefühle sind dynamische Gegenstände, die im Körper entstehen, sich dort befinden, größer werden, wachsen können und auch wieder verschwinden.

Gefühle sind irgendwie etwas Lebendiges. Sie werden geweckt und leben in uns. Die Angst beschleicht einen, die Eifersucht und der Neid nagen sogar an uns. Eine kleine Sammlung affiner Verben zeigt sie wie kleine Monster.

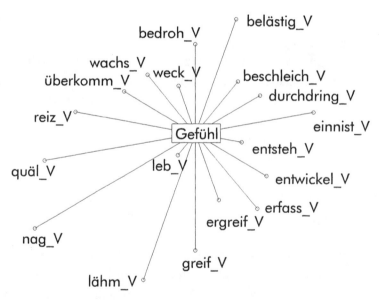

Abb. 42: Gefühl, r = 8, n = 7700

302. Ein anderes metaphorisches Modell wäre: Gefühle sind Feuer. Dies sind verhältnismäßig ferne Satelliten, sie bilden aber eine kohärente Auswahl.

3.5 Semantische Formulare

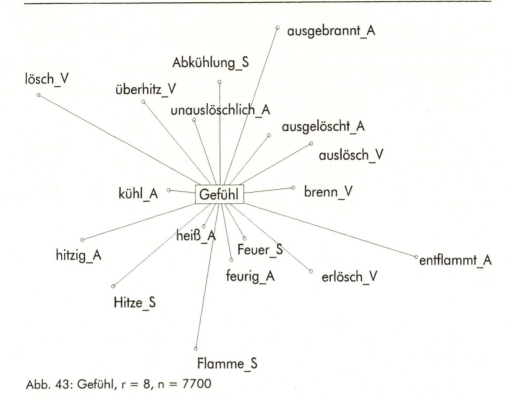

Abb. 43: Gefühl, r = 8, n = 7700

303. Situs: Ein Schmerz ist ein Gefühl, das einen klaren Ort hat. Schmerzen treten an verschiedenen Stellen des Körpers auf, und ich kann sagen, wo ich sie spüre: am Bein, im Kopf, im Zahn und seiner Umgebung. Anders ist das schon bei seelischen Schmerzen wie vielleicht: die Trauer. Hier scheint eine Art Übertragung des (primären) Gebrauchs vorzuliegen; man kann nicht mehr sagen, wo der seelische Schmerz weh tut, außer vielleicht in der Seele (eine ulkige Ortsangabe). Schmerz kann man fast überall im Körper spüren, Angst nicht. Die Angst hat einen speziellen Situs.
Der Situs ist allerdings nicht der Ort, wo das Gefühl ist. Diese Rede ist nicht sinnvoll. Er ist der Ort, wo man es spürt. Und er ist nicht da, wo Psychologen sagen, dass die Gefühle seien, im limbischen System. Da spüren wir nix.

304. Bei *Gefühl* ist der Anteil des Körperlichen etwas geringer als bei *Schmerz*. Dennoch hat man Gefühl im ganzen Körper, öfter ist es allerdings erst erwähnenswert, wenn man in einem Körperteil kein Gefühl mehr hat, sonst eher selbstverständlich. Das Organ für körperliche Gefühle sind die Fingerspitzen. Aber auch hier ist schon die Übertragung ganz gewöhnlich. Das Wort *Fingerspitzengefühl* wird fast nur metaphorisch verwendet.

Eher übertragene Verwendungen sind auch bei andern Gefühlen der Normalfall, wenn man von Übertragung überhaupt sprechen sollte. Denn einen anderen, eigentlichen Gebrauch gibt es hier nicht.

305. Anders als bei der Sinneswahrnehmung haben wir kein Organ, mit dem wir Gefühle empfinden. Mit jenen Organen nehmen wir wahr, aber die Wahrnehmungen sind nicht dort. Außerdem kann ich meine Wahrnehmung schon mal bestimmen, Gefühle aber kommen mir.

Obwohl man die Gefühle nicht körperlich spüren muss, haben sie oft ihren Situs. Die Liebe ist/ wohnt im Herzen, und dort spürt man sie wohl auch. Das Herz ist mit Gefühlen bevölkert. Im Herzen auch die Trauer, die Freude und das Misstrauen. Auch der Neid, die Eifersucht und die Wehmut. In der Seele, im Busen und der Brust halten sich schon mal Freude, Neid und Angst auf; die Angst besonders im Bauch und in der Brust. Solche Redewendungen sind nicht rein metaphorisch. Alle entsprechenden Idiome haben einen physischen Background oder körperlichen Untergrund. Das Psychische und das Physische sind eben nicht so getrennt.

Bemerkenswert ist, dass alle Gefühle, die irgendwo spürbar sind, im Leib spürbar sind. Keine sind im Kopf, außer Kopfweh.

306. Intensität: Wie stark und wie intensiv ein Gefühl empfunden wird, ist immer ein Thema. Dies kann einmal als Eigenschaft je eines Gefühls angesehen werden und vergleichend untersucht werden (Scherer/ Walcott 1994) mit dem Ergebnis, dass etwa Freude und Angst intensiver empfunden werden als Scham. Ob das sinnvoll ist, bleibe dahingestellt. Hier geht es um eine Dimension einzelner Gefühle und vor allem darum, wie ihre Intensität ausgedrückt wird. Dafür scheint vor allem der Adjektivbereich zuständig.

3.5 Semantische Formulare

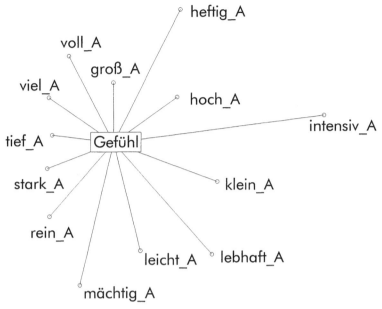

Abb. 44: Gefühl, r = 8, n = 7700

In diesem Stern fällt strukturell auf, dass es zu manchen Intensifiern kaum ein Gegenteil gibt, dass also ein Pol in dieser Dimension bevorzugt scheint. Polar ist die Rede von starkem und schwachem Gefühl. Bei *leicht* aber ist der Gegenpol schon kaum ausgeprägt und bei *tief* liegt das partielle Antonym *hoch* auf einer anderen Achse. Dies könnte für verschiedene Gefühle variieren. Außerdem ist auffällig, dass Magnifier überwiegen und affiner sind als die entsprechenden Diminisher. Das gilt etwa für das hochaffine *groß* im Vergleich zu *klein*.

3.6 Satzbatterien

> *Vorsicht und Misstrauen sind gute Dinge,*
> *nur sind ihnen gegenüber Vorsicht und Misstrauen nötig.*
> Christian Morgenstern

307. Eine Satzbatterie ist eine strukturierte Menge von Sätzen. Sie soll den Gebrauch eines Worts, etwa eines Gefühlsworts offenlegen.

Alle Sätze sind objektsprachlich; sie sollen die grammatische und semantische Struktur des Gefühlsworts und seiner Familienverwandten zeigen. Zeigen heißt dabei ausstellen, nicht beschreiben, nichts über die Wörter sagen, weil man so die Bedeutung oder Verwendung doch nicht zu fassen bekäme. Eine Satzbatterie ist die Realisierung der Grimmschen Hoffnung.

Ausgangspunkt sind authentische Texte. Die Sätze sind prototypisch gedacht. Sie zeigen die charakteristischen Verwendungseigenschaften des Worts in dem Sinn, dass man von ihnen ausgehend weiterkommt in der Verwendung, weil sie gute Regelhypothesen erlauben. Das kann so gedacht sein, dass sich die Verwendung einem Sprecher, der das Wort schon kennt, übersichtlich erschließt, aber auch einem Lerner, der etwas über Sinn und Verwendung des Worts erfahren will.

308. Die Prototypentheorie ist erst einmal ein formale Definitionslehre. Sie hat keinen bestimmten Anwendungsbereich. Der schlichte Transfer von der Objektdefinition auf die Bedeutungsdefinition beruht auf der simplistischen Bedeutungstheorie: die Bedeutungen, das sind die Gegenstände. So genügt es der sog. Kognitiven Semantik schon mal, dass der Prototyp ein Gegenstand oder auch eine Kategorie ist.

Die Prototypentheorie kann aber ihren Platz finden in der Gebrauchstheorie. Der Prototyp ist dann etwa: das beste Beispiel für die oder eine Verwendung eines Wortes oder eines Ausdrucks.

309. Der wichtigste Aspekt einer Satzbatterie ist die Exemplarität oder Beispielhaftigkeit der Sätze. Sie sollen eben gute oder prototypische Beispiele für die Verwendung des Gefühlsworts sein. Diese Eigenschaft kann man in einigen Grundsätzen ausbuchstabieren.

(i) Exemplarität. Die Beispiele sollen sozusagen repräsentativ sein. Das hat einmal etwas mit Frequenz zu tun. Denn in der Regel werden frequente Verwendungen typischer sein. Auch Lerner werden am ehesten mit frequenten Verwendungsweisen in Kontakt kommen. Außerdem heißt exemplarisch, dass man mit solchen Beispielen eine Inferenzbasis bekommt, von der aus man als Lerner weiterschließen kann.

(ii) Produktivität. Mit dieser Eigenschaft ist gemeint, dass die Beispiele einerseits die erwähnte Inferenzbasis bieten, anregen zum Weiterdenken und Weiterspinnen, aber auch für die eigene Produktion anregen und leiten können. Erstes Ziel ist Verstehen. Aber Verstehen ist auch die Basis sprachlicher Produktion.

(iii) Transparenz. Diese Eigenschaft soll sicherstellen, dass zu zeigende Eigenschaften der Satzbeispiele auch klar und eindeutig ausgestellt werden.

(iv) Natürlichkeit. Als Belegbeispiele sind die Sätze in gewissem Sinn natürlich. Aber sie tragen auch Züge bestimmter Register und Varietäten. Diese Züge müssen – soweit sie intendiert sind – deutlich werden.

310. Wichtig ist die innere Struktur der Satzbatterie. Sie könnte nach verschiedenen Zwecken verschieden sein. Aber sie muss die relevanten Aspekte nacheinander vorführen, ähnlich wie ein semantisches Formular.
Ein weiteres Kriterium sind die Übergänge. Sie sollten nahtlos und nachvollziehbar sein.
Dabei können auch genetische Übergänge als Vorbild dienen; sie haben hohe semantische Plausibilität. Ähnlich der Übergang zu oder in metaphorischen Verwendungen in kleinen Schritten. Die missing links zwischen den Verwendungsweisen lassen sie uns verstehen, zeigen ihre Kohärenz und machen sie plausibel.

311. Semantische Relationen zu sinnverwandten Wörtern werden nicht expliziert, sondern ebenfalls gezeigt. So werden sowohl Synonymien wie Antonymien in Beispielsätzen greifbar. Folgende Sätze stellen *Misstrauen* und *Vertrauen* gegenüber, die wohl gewöhnlich als Antonyme gesehen würden:

(19) Misstrauisch ist jemand, der sein Vertrauen verloren hat.
(20) Er verliert das menschliche Zutrauen, wird ein misstrauischer Mensch.

Zugleich zeigen die Sätze aber auch so etwas wie, dass Vertrauen als das eher Ursprüngliche angesehen wird, das man erst mit der Zeit verliert:

(21) Das Misstrauen wächst mit den schlechten Erfahrungen, die man macht.

312. Ein Problem scheint, dass ein semantisches Netz nicht in linearer Ordnung vorführbar ist. Mag hier ein Aspekt aufscheinen, der ein link zur nächsten Verwendungsweise ist, so wird in anderen Zusammenhängen, das heißt zwischen anderen Sätzen, vielleicht ein anderer aufscheinen. So hat man öfter Lust, Sätze in einer Batterie zu wiederholen in einem anderen Päckchen. Das sollte möglich sein, weil wir in der linearen Textform mehrfache links nicht anders zeigen können. Ein Hypertext wäre schon was Anderes.

313. Die Sätze einer Satzbatterie sind zwar kontextlos, aber sie sind nicht kontextfreie Beispielsätze, wie wir sie so häufig in Grammatiken finden. Die kontextuelle Ladung ist oft wichtig. Darum dürfen sie ruhig kontextverweisende und kontextuell situierende Ausdrücke enthalten. Damit erzeugen sie geradezu Kontext und regen an, sich passende Kontexte hinzuzudenken, was ihrer Produktivität zugute kommt. (Wenn Platz wäre, hätte man öfter lieber Texte als Sätze.) Ebensowenig sollten die syntaktischen Positionen dieser Sätze sozusagen allgemein, generisch oder kategorial abgebunden sein. Oft sagen typische Belegungen Entscheidendes, bis hin zu Eigennamen, die in spektakulären Verwendungen eine Rolle spielen. Denn der Hinweis auf Historisches auf Episodisches erhellt den kulturellen Hintergrund. Aber die Füllung kann auch Kategoriales zeigen.

314. Eine wichtige Frage ist, ob Satzbatterien die reine Empirie verlassen sollten und sich nicht mehr auf tatsächliches Korpusmaterial stützen sollen. Diesen Schritt haben wir schon vollzogen mit der prototypischen Auslegung und Anpassung der Sätze. Ganz wie in der linguistischen Probiermethode sollten aber auch abweichende Sätze aufgenommen werden, um dem Leser die Grenzen der Verwendung zu zeigen. Denn nur so kann er Regelhypothesen über die Verwendung austesten. Solche Abweichungen kann man etwa erzeugen, indem man die entscheidenden Gefühlswörter kommutiert und so systematisch auf Unterschiede kommt. Aber auch der Sternvergleich hilft hier weiter.

315. Wie gewinnt man Satzbatterien? Wir haben erst einmal zwei Hilfsmittel, die uns auf die Sprünge helfen. Zuerst das Kondensat, den jeweiligen Stern. Und dann das Belegkorpus, das Fleisch an die Sache bringt. Häufig wiederkehrende Strukturen und Satzstücke können wir direkt adaptieren, indem wir sie so zubereiten, dass sie das Entscheidende zeigen.

316. Ein Modul der Batterie sollte die grammatischen Eigenschaften ausstellen. Zuerst einmal alle Mitglieder der Wortfamilie und ihre Verwandtschaft bringen, etwa *Misstrauen, misstrauisch* und das Verb *misstrauen*. Und dann die einzigen etablierten Komposita: *Misstrauensvotum, Misstrauensantrag*. Ihr Genus, ihre Valenz, die geforderten Kasus und die Selektion sollten deutlich werden. Ebenso dass etwa das Verb *misstrauen* nicht trennbar ist.

317. Beispielsweise sind nach dem Transparenzprinzip für Kasus eindeutige Formen besser als ambige. Eine Form wie in (22), die sowohl Dativ wie Akkusativ sein kann, eignet sich weniger zur Exemplifikation des Dativanschlusses:

(22)   Die Völker misstrauen den Deutschen aufgrund der Geschichte.
(23)   Die Völker misstrauen einem starken deutschen Staat aufgrund der Geschichte.

318. Display des Genus leisten bekanntlich am besten die definiten Artikel. Hier gibt es aber einen Konflikt bei Kontinuativa, die im genuinen Gebrauch keinen Artikel haben. Das muss im Verlauf der Batterie deutlich werden. Es müssen also mehrere artikellose Verwendungen von *Misstrauen* erscheinen.

319. Die Valenzen der drei Verwandten sind unterschiedlich:

(24)   Tiefes Misstrauen gegenüber deutschen Soldaten
(25)   Viele sind misstrauisch gegenüber der Polizei.

Für präpositionale Anschlüsse muss der Unterschied zwischen Varianten und Bedeutungsmodifikationen erkennbar sein. Bei den präpositionalen Anschlüssen gibt es die Varianten *gegen* und *gegenüber* und literarisch noch andere:

(26)   Der Misstrauische ist misstrauisch gegen alles und jeden.
(27)   Die Freude ward ihm vergällt durch das Misstrauen in die Aufrichtigkeit seiner Höflinge.
(28)   Wer hat das Misstrauen zwischen euch gebracht?

320. Die Selektion der valenziellen Slots soll erkennbar werden. Die Selektion ist aber nicht so schematisch geregelt, dass dies mit Füllungen wie *etwas* und *jemand* geleistet wird. Speziellere und typische Füllungen müssen her. So verdeutlicht ein Satz wie (29) die Selektion besser als (30), weil er zugleich persönliche Füllungen wie sächliche vorführt:

(29) Der Misstrauische ist misstrauisch gegen alles und jeden.
(30) Der Misstrauische ist misstrauisch gegen alle.

321. Weitere wichtige Aspekte der Valenz: Es müssen auch die grammatischen Möglichkeiten der Slot-Füllung gezeigt werden, etwa dass dass-Sätze und Infinitivkonstruktionen möglich und üblich sind. Ebenso muss man überlegen, wie man zeigt, dass ein Komplement obligatorisch oder optional ist. Die Obligatorik könnte erkennbar werden in der Pronominalisierung mit *es* etwa.

322. Aber eine Reihe von Sätzen macht alles noch deutlicher: Wer ist so ein Misstrauischer und wogegen richtet sich das Misstrauen?

(31) Gymnasialprofessor Kürtchen war ein kleiner misstrauischer und reizbarer Junggeselle.
(32) Nachbarn im Dorf sind misstrauisch und neidisch.
(33) In den Straßen rundherum fahren Lastwagen auf, stehen Polizisten misstrauisch.
(34) Die misstrauischen Grenzer wollten das Hochzeitsgeschenk sehen.
(35) voll gegenseitigen Misstrauens
(36) Doch ich misstraue diesem Wort.
(37) So misstraute er sich und seiner Welt und fröstelte in seiner Pelzjacke.
(38) Er würde jeder Wahrheit misstrauen, die ihm wohltäte.
(39) Joseph war immer zu heiterem Misstrauen gegen die Gerechtigkeit dieses Bildes geneigt gewesen.
(40) Reinholds Blicke waren zweifelhaft misstrauisch.
(41) Die Gesichter bleiben misstrauisch und verschlossen.
(42) Die jüngere Schriftstellergeneration ist von einem grundlegenden Misstrauen gegenüber der öffentlichen und verordneten Sprache geprägt.
(43) Der junge Doktor ist misstrauisch gegen das Wetter.
(44) Er misstraut jedem Tee, der fertig in Tassen herumgereicht wird.
(45) Dies entwickelt äußerstes Misstrauen gegen das Rationale.
(46) Gegen Bayreuth, gegen Wahnfried, gegen Cosima stand ein Misstrauen, das von so manchem geteilt wurde.
(47) Das Misstrauen der Bevölkerung gegenüber den neuen, von oben kommenden Weggenossen bleibt.
(48) Das Misstrauen gegenüber den Vietnamesen sitzt hier tief, Hass kommt zum Vorschein.

323. Enge Partner und Kollokatoren sollten vorgeführt werden. Dazu zählen insbesondere typische Verben.

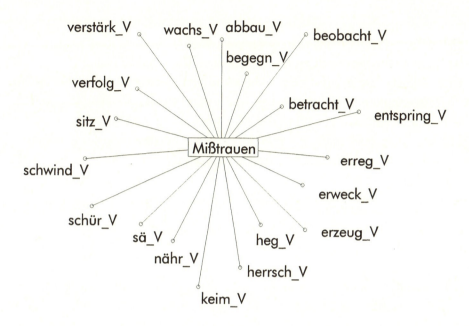

Abb. 45: Misstrauen, r = 8, n = 1100

(49) Neues Misstrauen gegenüber der Staatsführung ist entstanden.
(50) Spinoza erregte in mir Missbehagen und Misstrauen.
(51) Das Taktieren des Kanzlers hat Misstrauen geweckt.
(52) Die Menschen begegnen einander mit tiefem Misstrauen.
(53) Ist das Misstrauen erst geweckt, wächst es weiter.
(54) Misstrauen frisst sich in dich hinein, sodass es am Ende tief verwurzelt ist.
(55) Das Misstrauen sitzt zu tief.
(56) Am schlimmsten war das Misstrauen, das mein Leben vergiftet hat.
(57) Misstrauisch wittert er überall Verschwörung, Unrecht und Konspiration.
(58) Versuche, dein Misstrauen zu überwinden.
(59) An der deutschen Jugend ist es, dies Misstrauen zu zerstreuen.

324. Kontrastierende und verwandte Lexeme können die Bedeutung plausibel abgrenzen. Sie bringen etwas Licht in den Dunstkreis eines Wortes:

(60) Solche Leute neigen zu Misstrauen und Bitterkeit.
(61) Ihr Zusammenleben war beherrscht von Misstrauen, Angst und voller Argwohn.
(62) Verunsicherung, Ablehnung, Misstrauen
(63) Zorn, Verzweiflung, Misstrauen, Furcht
(64) Wo das Misstrauen groß ist, leben auch Hass und Neid.
(65) Die Ungewissheit seiner selbst, seine Unzufriedenheit und Unlaune, sein Misstrauen, seine Reizbarkeit waren nicht danach angetan zu gewinnen.
(66) Unter Partnern kommt es öfter zur misstrauischen Eifersucht.
(67) ... und er misstraute ihnen, obgleich er sie liebte.
(68) Da war nicht Teilnahme, nicht Mitgefühl, sondern Misstrauen, kaltes ablehnendes Misstrauen.

In der kleinen Sammlung zeigt sich vor allem die prinzipiell negative Wertung des Misstrauens, die ja wohl schon durch das Präfix *miss-* und die umliegenden *un-*Bildungen signalisiert ist. Aber auch sonst ist das Umfeld negativ geprägt.

325. Abweichungen erproben Linguisten meistens so, dass sie in Sätze neue Teile hineinkommutieren. Lehrreich kann es darum sein, ein Wort durch ein anderes mechanisch zu ersetzen. So kommen feine Verwendungsunterschiede zutage. Eine kleine Sammlung aus unserem Korpus, in der *eifersüchtig* durch *neidisch* ersetzt wurde, möge dies veranschaulichen:

(69) Auch mit Dennis Hopper sei die Zusammenarbeit sehr eigentümlich gewesen, vor allem, weil dessen Freundin "ziemlich *neidisch" sei.
(70) Eine andere, die in den Aktuarius verliebt ist, stürzt *neidisch herein.
(71) "Du bist *neidisch, und das kränkt mich", sagt das Mädchen.
(72) Ein *neidischer Mann hat seine Braut erschossen.
(73) Seine *neidische Frau habe ihm das Geschlechtsorgan abgeschnitten, hieß es.
(74) Er unterdrückte die *neidische Regung, die ihn flüchtig gestreift hatte.
(75) Sie ist *neidisch auf ihre Mutter, sagte ich nicht ohne Freude zu mir selbst, während sie mir ein "au revoir" hinwarf und sich entfernte.
(76) Die Mütter selbst wurden *neidisch auf die Tochter, wenn der Vater gerade für "sein kleines Mädelchen" die Brustnahrung erwartete.
(77) Die "kleine Maisie", die Edward unter den Augen der *neidischen Gemahlin aus Indien mitgebracht hatte.

(78) Was wusste ich von mir, von meiner hemmungslosen, herrischen, *neidischen Liebe?
(79) Nicolas ist *neidisch und fühlt, dass sich ihm seine Geliebte entfremdet.
(80) Den *Neidischen zu spielen, hieße den Leuten dort draußen recht geben, den Skandal proklamieren, ihn laut werden lassen. Empfand er Eifersucht?
(81) Sie müssen wissen, meine Frau ist krankhaft *neidisch.
(82) Ein wenig beneide ich ihn um die Festigkeit, mit der er auf dem Einzeltisch bestanden hat, und bin etwas *neidisch auf die jüdischen Auswanderer.
(83) Frankreich hat bislang *neidisch über die Autonomie seiner atomaren "Force de frappe" gewacht und stets betont, sie diene nur der Landesverteidigung.
(84) Die Amerikaner verfolgten *neidisch die Bemühungen der schwedischen Kapitalisten, in diesen Ländern Fuß zu fassen, die sich Wallstreet als ihr Reservat vorbehalten habe.
(85) Doch die deutschen Helfer waren *neidisch darauf bedacht, ihre eigenen Spender bei der Stange zu halten.
(86) Bisher allerdings hat Norwegen sein "Weißes Gold" *neidisch gehütet.
(87) Später wacht er *neidisch darüber, dass kein anderer länger redet als er.
(88) Der Liberale hat bei der Überwindung der bürgerlichen Gesellschaft allerdings *neidisch darauf zu achten, dass nicht auch die bürgerlichen Freiheiten verlorengehen.
(89) Sie meinte, ich sei *neidisch.
(90) Ich sah keinen Grund, *neidisch zu sein, und war es doch.
(91) Sollte er *neidisch sein?
(92) "Oder bist etwa *neidisch, Lonerl?" – "Ich bin auch nicht ein bisserl *neidisch, dass du's weißt!"
(93) Frankie hat sehr viel Sehnsucht nach mir, aber *neidisch ist er nicht.
(94) Die römischen Kaiser waren auf den Purpur höchst *neidisch.
(95) Es war ihm beinahe, als wenn er *neidisch auf den Beglückten wäre, dessen Bild sich in einem so schönen Gemüt hatte eindrücken können.
(96) Oberste Instanz in ganz Berlin sind noch immer die vier alliierten Stadtkommandanten, die *neidisch über ihre Rechte wachen.

326. Die kleine Batterie zeigt wohl erst einmal, dass durch Ersetzung kaum echte Abweichungen entstanden sind. Die Verwendung von *eifersüchtig* scheint sich im Frame von *neidisch* zu bewegen. Allerdings sind spezifischere Verwendungen immer da angebracht, wo es um Liebe und enge persönliche Beziehungen geht. Hier bringt *eifersüchtig* einfach einen anderen Zungenschlag in die Geschichte, etwa (73). Dies wird oft manifest durch entsprechende Wörter wie *Liebe*, *Gemahl* usw. im näheren Kontext, wie in (69), (70), (77), (78), (79). Man kann dies auch als Kollokationen deuten. Öfter scheint aber hier auch *eifersüchtig* aus Variationsgründen verwendet. Darüber hinaus ist *eifersüchtig* bei Verben des Überwachens und ähnlichen treffender als Modifikator. Ein kleiner Block exemplifiziert die Tatsache, dass die beiden Adjektive sich etwas anders verhalten in Bezug darauf, ob es um einen stehende Eigenschaft geht oder um eine episodische, etwa (83), (84), (85), (96).

327. Wie verwandt doch *eifersüchtig* und *neidisch* sind, erkennen wir, wenn wir an ihrer Stelle *misstrauisch* einfügen. Nach dem allgemeinen Prinzip kommen die Unterschiede umso stärker heraus, je mehr Kontext gegeben wird, bis auf die präpositionalen Anschlüsse natürlich, die absolut lokal sind.

(97) Sie ist *misstrauisch auf ihre Mutter, sagte ich nicht ohne Freude zu mir selbst, während sie mir ein "au revoir" hinwarf und sich entfernte.
(98) Die Mütter selbst wurden *misstrauisch auf die Tochter, wenn der Vater gerade für "sein kleines Mädelchen" die Brustnahrung erwartete.
(99) Ein wenig beneide ich ihn um die Festigkeit, mit der er auf dem Einzeltisch bestanden hat, und bin etwas *misstrauisch auf die jüdischen Auswanderer.
(100) Die römischen Kaiser waren auf den Purpur höchst *misstrauisch.
(101) Es war ihm beinahe, als wenn er *misstrauisch auf den Beglückten wäre, dessen Bild sich in einem so schönen Gemüt hatte eindrücken können.
(102) Auch mit Dennis Hopper sei die Zusammenarbeit sehr eigentümlich gewesen, vor allem, weil dessen Freundin "ziemlich *misstrauisch" sei.
(103) Eine andere, die in den Aktuarius verliebt ist, stürzt *misstrauisch herein.
(104) "Du bist *misstrauisch, und das kränkt mich", sagt das Mädchen.
(105) Ein *misstrauischer Mann hat seine Braut erschossen.
(106) Seine *misstrauische Frau habe ihm das Geschlechtsorgan abgeschnitten, hieß es.
(107) Er unterdrückte die *misstrauische Regung, die ihn flüchtig gestreift hatte.
(108) "Bist du *misstrauisch, Heidi?" fragte Ulrike leise. "*Misstrauisch? Weil Graf Aurel dich heiraten will?"

3.6 Satzbatterien

(109) Die "kleine Maisie", die Edward unter den Augen der *misstrauischen Gemahlin aus Indien mitgebracht hatte.

(110) Als Milena Costa vor zwanzig Jahren ihre Lehrzeit begann, waren *misstrauische Ehegatten noch die Hauptarbeitgeber.

(111) Erwin Bindl war bei seiner hübschen Tochter krankhaft *misstrauisch.

(112) Eine junge Frau, durch irre Reden ihres *misstrauischen Mannes in Todesschrecken gejagt, unterbricht das Gespräch mit der älteren Dienerin – nach dem Wort "Liebe".

(113) Was wusste ich von mir, von meiner hemmungslosen, herrischen, *misstrauischen Liebe?

(114) Nicolas ist *misstrauisch und fühlt, dass sich ihm seine Geliebte entfremdet.

(115) Den *Misstrauischen zu spielen, hieße den Leuten dort draußen recht geben, den Skandal proklamieren, ihn laut werden lassen. Empfand er Eifersucht?

(116) Sie müssen wissen, meine Frau ist krankhaft *misstrauisch.

(117) Frankreich hat bislang *misstrauisch über die Autonomie seiner atomaren "Force de frappe" gewacht und stets betont, sie diene nur der Landesverteidigung.

(118) Die Amerikaner verfolgten *misstrauisch die Bemühungen der schwedischen Kapitalisten, in diesen Ländern Fuß zu fassen, die sich Wallstreet als ihr Reservat vorbehalten habe.

(119) Doch die deutschen Helfer waren *misstrauisch darauf bedacht, ihre eigenen Spender bei der Stange zu halten.

(120) Bisher allerdings hat Norwegen sein "Weißes Gold" *misstrauisch gehütet.

(121) Später wacht er *misstrauisch darüber, dass kein anderer länger redet als er.

(122) Der Liberale hat bei der Überwindung der bürgerlichen Gesellschaft allerdings *misstrauisch darauf zu achten, dass nicht auch die bürgerlichen Freiheiten verlorengehen.

(123) Sie meinte, ich sei *misstrauisch.

(124) Ich sah keinen Grund, *misstrauisch zu sein, und war es doch.

(125) Sollte er *misstrauisch sein?

(126) "Oder bist etwa *misstrauisch, Lonerl?" – "Ich bin auch nicht ein bisserl *misstrauisch, dass du's weißt!"

(127) Frankie hat sehr viel Sehnsucht nach mir, aber *misstrauisch ist er nicht.

328. Gründe für das Entstehen und Bestehen von Misstrauen und wie es vergeht:

(128) Da waren die Banken misstrauisch, da fehlte die Deckung.
(129) Ein Grund des Misstrauens gegen ihn war seine Halbblütigkeit.
(130) Das in der Geschichte begründete Misstrauen der Völker gegenüber einem starken deutschen Staat auszuräumen
(131) Das Misstrauen war künstlich geschürt.
(132) Die Mehrzahl der Flüchtlinge in Prag begegneten dem Angebot Vogels misstrauisch, er hoffe jedoch fügte Mischnick hinzu, dass dieses Misstrauen schwinden werde.
(133) Es nicht unbillig, wenn wir uns auch unsererseits bemühen Misstrauen abzubauen und wenn wir eine Vertrauensbasis für diese Verhandlungen schaffen.

329. Unterschiedliche Verwendungsweisen bis hin zu Polysemien sollen verdeutlicht werden. Bei *Misstrauen* etwa ist interessant, dass es zwar meist negativ gesehen wird, aber nicht immer:

(134) Misstrauen vergiftet die Atmosphäre im Verein.
(135) Wir sind mit Recht misstrauisch.
(136) Jörg hat sich ein gesundes Misstrauen bewahrt.
(137) ... und dass man bei seinen eifrigsten Bemühungen immer gegen sich selbst misstrauisch sein soll.
(138) Hier müssen wir alle ein gesundes Misstrauen lernen.
(139) Er ist als Geschäftsmann und Wirtschaftshaupt seines Hauses wachsam misstrauisch.
(140) Die leersten Menschen halten sehr viel auf sich, treffliche sind misstrauisch.

330. Auch der Aspekt, wie wir Misstrauen erkennen, wie es sich äußert, kann als Verwendungsweise verstanden werden.

(141) Ein Blick streifte Klaus Heinrich, ein rascher und misstrauischer, ja scheuer Blick von unten.
(142) Er war begleitet von Gräfin Löwenjoul, die misstrauisch seitwärts äugte.
(143) Dadurch lässt der andere sich misstrauisch beäugt fühlen.
(144) Seinen von Misstrauen verhängten Blick auf das Leben wird er nicht mehr los.

(145) Man wirft einander misstrauische Blicke zu.
(146) So betrachtete er die Dinge misstrauisch aus der Entfernung.
(147) Jeden politischen Aufstieg beobachtet er mit Misstrauen.
(148) Sein starres Gesicht verrät gar ängstliches Misstrauen.
(149) Misstrauen verrät auch sein forschender Blick.
(150) Angst und Misstrauen stehen jedem Familienmitglied in den Augen.

331. Natürlichkeit mag auch stilistische Unterschiede, Register und Varietäten betreffen. So eine literarische Frame-Variante:

(151) So hatte sie Scheu und Misstrauen wider Denner endlich überwunden.

4. Exempla

nulla unda tam profunda
quam vis amoris furibunda.

332. In diesem Kapitel zeigen wir intelligente Anwendungen der Distributiven Semantik. Das heißt, dass wir semantische Darstellungen bringen, die mit den Hilfsmitteln der Programme und auf der Basis des Belegkorpus erstellt wurden. Sie realisieren Formate, die im vorigen Kapitel skizziert wurden und sie behandeln bestimmte sprachtheoretische Fragestellungen im Licht der Distributiven Semantik.

333. Wir machen uns dabei alles Mögliche zunutze, um das semantische Ziel zu erreichen, und wir zeigen zugleich auch verschiedene Anwendungen der distributiven Methode. Dabei geht es nicht immer objektiv zu, mit der validen Methode ist es leider nicht getan. Der Semantiker ist immer Teilnehmer, der durch seine interaktive Arbeit besser versteht, weil er die Datenlage besser überblickt. Und dann muss er noch als Dolmetscher auftreten und seine Ergebnisse vermitteln.

334. Die Anwendungen betreffen erst einmal das zentrale Lexem *Gefühl* selbst. Wir möchten zeigen, dass für ein Verständnis dessen, was Gefühl und Gefühle für uns sind, es nicht mit einer noch so ausführlichen Definition getan ist. Da geht es insbesondere um die vielen, vielen Arten von Gefühlen und die Möglichkeiten, sie auszudrücken. Es geht aber auch um die Frage, von welcher ontologischen Kategorie ein Gefühl ist. Die diversen Wortbildungen vervollständigen diese Welt. Es wird aber weiter auch um die Liebe gehen.

335. Mit der distributiven Semantik kann man andere Semantiken anschließen. Zu diesem Zweck werden einige Methoden vorgeführt, wie man aus Textkorpora Stereotypen gewinnen könnte. Diese Methode hätte den Vorteil, dass man die tatsächlich in der Kommunikation wirksamen Stereotypen zu greifen bekommt. Und schließlich wagen wir uns noch in die Geschichte, die eigentlich ein Paradefeld dieses semantischen Ansatzes sein wird. Denn das ist ja der Witz einer Sprachgeschichte, dass wir verstehen lernen, was und wie die Menschen gedacht, geglaubt, gewollt und gefühlt haben. Soweit wir das herausbekommen können, können wir es nur über Texte und ihre verständige Analyse.

4.1 "So ein Gefühl" – Was soll das heißen?

> ... *rien de distinct dans la pensée*
> *avant le signe linguistique.*
> Ferdinand de Saussure

336. Das Wort *Gefühl* ist eines jener Wörter, deren Bedeutung wir uns sicher fühlen, das uns aber Schwindel erzeugt, wenn wir es erklären sollen. Ganz so, wie Augustinus es für die Zeit bemerkte. In der Klärung oder den Definitionsversuchen von *Gefühl* wurden die möglichen Verfahren durchgespielt: deskriptiv, präskriptiv, normativ; intensional, extensional; per Synonym, per Kumulation von Merkmalen, als disjunktive Merkmal-Listen (Johnson-Laird/ Oatley 1986), prototypisch.
Aber es gibt Skeptiker: "It is my opinion that an attempt to define emotion is obviously misplaced" (Mandler 1975:10). Dieser Meinung sind bei weitem nicht alle. Unerschütterliche Hoffnung hat Plutchik, "a fully adequate definition may have to wait until much more is known" (Plutchik 1994:1).

337. Verbreitet ist die Umgehung von *Gefühl* durch *Emotion*. Aber was sollte damit gewonnen sein? *Emotion* ist ein Kunstwort oder ein Fremdwort, das nie und nimmer die Verwendung von *Gefühl* abdecken könnte. Es wird zwar öfter im Zusammenhang mit *Gefühl* verwendet, aber nicht statt *Gefühl*. Mit *Emotion* hat man sozusagen ein plastisches Wort, das man biegen und definieren kann. Es erklärt nichts.

338. Psychologen wollen oft messen. So ein Wort wie *Emotion* dürfte für bestimmte psychologische Theorien gerade deshalb angenehm sein. Das kann dann so weit gehen, dass im Register einer dicken Einführung (Izard 1981) das Stichwort *Gefühl* nicht mehr vorkommt, offenbar weil als Übersetzungsäquivalent von englisch *emotion* einfach deutsch *Emotion* genommen wird. Doch so ist die sprachliche Welt des Deutschen nicht beschaffen. Ist das die Auswirkung eines naiven psychologischen Realismus, der davon ausgeht, dass es derlei Gegenstände einfach gibt?
In der englischen Ausgabe kommt wenigstens an einer Stelle *feeling* vor (Izard 1977:32). Aber hier scheint es eher um die Differenzierung von *feeling* und *emotion* zu gehen. Übrigens gibt es einen eigenen Abschnitt "Definition von Emotion" (Izard 1981:20; Izard 1977:48). Aber da findet sich vor allem der

Hinweis, man könne eine Emotion nicht vollständig beschreiben, keine Definition.
Verwundert es da, dass *Glück* eine emotion sein soll?

339. Unter Psychologen gibt es einen Streit, ob man *emotion* klassisch definieren könne oder ob man prototypisch vorgehen müsse, weil *emotion* ein komplexes Konzept sei.
Nach gängiger Auffassung kann man natürlich seine theoretischen Termini definieren, wie man will. Was die Definitionen taugen, zeigt sich am Wert der Theorie. In einer Theorie, die von den Gefühlen der Menschen handelt und etwa untersuchen will, was die Gefühle für sie bedeuten, was sie in der Kultur sind, wird man nur zu einem tieferen Verständnis kommen, wenn man untersucht, wie die Menschen selbst die Gefühle identifizieren, bewerten, nennen usw.
Demnach muss ein klassisch definierender Wissenschaftler, der diesen Zusammenhang untersuchen will, auf jeden Fall auch den Zusammenhang herstellen zu den Gefühlswörtern und ihren Verwendungen. Und darum muss er eben die Gefühlswörter und ihre Verwendung selbst untersuchen oder vorgängige Untersuchungen verwenden.
Das heißt natürlich nicht, dass man nicht auch ganz andere wissenschaftliche Ziele verfolgen kann.

340. Die Auseinandersetzung über die Definition von Gefühlen kann auch in Zusammenhang gebracht werden mit der Frage, ob es überhaupt sinnvoll ist, eine Definition anzustreben, ob es möglich ist, eine zu gewinnen. Wer präskriptiv vorgeht und schaut, ob seine Präskription sich bewährt, wird dies bejahen. Aber wenn man ein Lexem und seinen Gebrauch untersucht, ist nicht ausgemacht, welche Form die Ergebnisse haben. Alles spricht dafür, dass die Verwendung eines Lexems nicht in einer schlichten Definition zu fassen ist (Fodor/ Garrett/ Walker/ Parkes 1980), jedenfalls nicht, wenn man deskriptiv bleibt. Wie sollte denn die Bedeutung nach ihrer Genese wohldefiniert oder abgeschlossen sein?

341. "Sprachverständnis und Sprachverhalten sind ... zur via regia in das schwer zugängliche Gebiet der Gefühle geworden" (Marx 1980:243). Auch Schmidt-Atzert will emotionale Zustände und nicht-emotionale über sprachliche Ausdrücke unterscheiden, obgleich er nicht glaubt, dass unsere Umgangssprache klar und eindeutig sei (Schmidt-Atzert 1980:25). Die Frage ist aber hier schon: Wer verwendet dieses Wort *Emotion* überhaupt und wann in alltäglicher Kommunikation? Ja, und dann schaut Schmidt-Atzert ins Wörterbuch, um die Bedeutung zu ermitteln und ist frustriert, wenn er in Synonymen-Wörterbüchern etwa feststellen muss, dass "wir leider nur Kategorien, die nicht mit 'Emotionen' identisch sind", finden (Schmidt-Atzert 1980:29). Wer die Bedeutung den Wörterbüchern entnimmt, wird nicht den Anspruch auf eine sprachliche Analyse erheben können.

342. Ich würde eher Davitz Recht geben, wenn er sagt, dass "a review of psychological literature dealing with emotion provides little help in understanding what people mean when they say someone is happy or sad" (Davitz 1969:1). Er setzt sich darum zum Ziel, die Sprache zu untersuchen, die emotional meaning, und so ein Wörterbuch der Gefühlswörter zu erstellen. Wie geht er vor? Wie kommt er zu seinen Gefühlswörtern?

343. Zuerst wurden Wörterbücher durchforstet und Kandidaten für Gefühlswörter selegiert. Die Liste wurde mit Probanden überprüft und danach reduziert.
Im zweiten Schritt wurden in einer Art Voruntersuchung Statements von Probanden zusammengestellt zu den einzelnen Gefühlswörtern, nämlich wie sie sich fühlen, wenn sie jene emotion haben. So entstand eine Liste von 556 Aussagen. Sie betreffen überwiegend körperliche Zustände und haben etwa folgende Form:

(1) There is a heavy feeling in my stomach.
(2) I feel soft and firm.
(3) My eyes twitch.

Im dritten Schritt sollten Probanden jetzt in der Checkliste ankreuzen, was für sie zutrifft, wenn sie das Gefühl haben.
Damit wollte Davitz herausbekommen, was jemand meint, wenn er sagt: "Ich habe Angst".

344. Dies ist sicher ein sophistiziertes Verfahren, das tatsächlich endet in Wörterbuchartikeln zu den Gefühlswörtern.
Interessant ist die Kopplung der beiden naheliegenden Vorgehensweisen: Lexika inspizieren und Informanten abfragen. Aber dies macht sie beide nicht prinzipiell besser. Wörterbucheinträge sind wenig empirisch, und Informanten geben extrakommunikativ keine guten Auskünfte.
Analoges gilt für die Ermittlung der emotional meaning. Erst einmal ist die Zuordnung von wie auch immer erhobenen Aussagesätzen nicht das, was jemand

selber sagen würde. Insofern wird die Bedeutung normiert. Und dann ist wieder die Frage, ob die Probanden in normaler Kommunikation so etwas spontan sagen würden.
Wenn Sprecher die Arbeit des Linguisten tun sollen, bringt's auch die Menge nicht.

345. Moderneren Methoden fühlen sich Fehr und Russell verpflichtet (Fehr/ Russell 1984). Sie versuchen den Gefühlen mit der Prototypentheorie beizukommen. Grundlage sind auch hier Informantenbefragungen mit der Stoßrichtung, was ihnen in den Sinn kommt, wenn sie danach gefragt werden, was Gefühl/ emotion sei. Dabei werden verschiedenartige Fragen gestellt:
1. Welche Arten von emotions fallen Ihnen ein?
2. Welche Items der folgenden Liste sind für Sie emotions?
3. Welche der folgenden Items sind für Sie besonders gute Beispiele für emotion?
So wurden etwa folgende Reihenfolgen der besten Kategorien ermittelt:
1. Happiness, Anger, Sadness, Love, Fear, Hate, Joy.
2. Love, Sadness, Hate, Happiness, Joy, Anger, Depression, Envy.
3. Love, Hate, Anger, Sadness, Happiness, Joy, Fear.
Ist nicht die differierende Reihenfolge schon verdächtig?

346. Das ist im Grunde eine rein sprachliche Analyse. Es geht nur um Wörter und Ausdrücke. Allerdings bleibt auch hier das Ganze extrakommunikativ.
Die Schwäche dieser Untersuchung liegt in zweierlei: Die Ergebnisse der verschiedenen "Experimente" werden nicht zu einer prototypischen Darstellung von *emotion* genützt; sie stehen eher unverbunden nebeneinander. Der Prototypenbegriff wird nicht hinterfragt oder methodisch weiter expliziert. So fällt in der Untersuchung Prototypizität weitestgehend zusammen mit der Frequenz von Nennungen. Die Grundidee scheint, der Prototyp sei das Exemplar, das die meisten Probanden für das beste Beispiel halten.

347. Es ist allerdings meine methodische Grundüberzeugung, dass die Gegenstände, die wir mit unsrer Beschreibungssprache voraussetzen und damit eben die Bedeutungen der Wörter unsrer Beschreibungen, nicht einfach sind, keine universalen Primitive. Insbesondere die dicken Beschreibungswörter wie *Begriff*, *Intimität*, *Emotion*, *die Moderne*, *Sexualität* müssen in ihrem Gebrauch von unten, das heißt von den Verwendungen her, genauso expliziert werden wie die untersuchten Wörter.

4.1 "So ein Gefühl" – Was soll das heißen?

Da dies letztlich nicht möglich ist, sollten wir lieber ganz auf die dicken Wörter verzichten. Sie erklären nichts.

Stattdessen: Wir reduzieren die Definition von Gefühl auf die Frage, welche Wörter es sich im Zusammenhang mit Gefühlen zu analysieren lohnt. Wir reduzieren die Probleme der Definition auf die intensive Analyse. Und wir erweitern damit den Erkenntnishorizont.

348. Es ist üblich, Gefühle als universal anzusehen, stillschweigend. So ist bemerkenswert, wie viele psychologischen Untersuchungen ohne Diskussion zwischen Englisch und Deutsch switchen. Per Übersetzung aus dem Englischen hat Schmidt-Atzert seine Gefühlswörter sogar gefunden (Schmidt-Atzert 1980:31).

349. Anders sieht es aus, wenn untersucht wird, wie weit Gefühle universal und wie weit kulturbedingt seien.

Die Annahme, Ausdruck und physiologische Reaktionen bei Gefühlen seien weitgehend genetisch bestimmt, wird auf Darwin zurückgeführt. Danach kann man bei Affen und Menschen etwa ähnliche Gesichtsausdrücke in bestimmten Situationen erkennen. Aber wir erkennen nur Parallelen im Ausdruck und ein bisschen im Verhalten. Von da schließen wir aufs Erleben. Welche Kriterien könnte es geben, dass Tiere solche Gefühle haben?

Das gültige Kriterium ist eines der Kommunikation.

350. Das weithin übliche psychologische Supervokabular setzt die Universalien einfach voraus. Denn nur so kann von Identität über Kulturen und Sprachen hinweg die Rede sein. Die Interdependenz von Individuen und Geschichte, von Individuum und Kultur, von nature und nurture wird in solchen Ansätzen ignoriert.

351. Neuerdings gibt es zur Kulturbedingtheit von Gefühlen ein imponierendes Projekt, das so aufwendig durchgeführt wurde, dass man es kaum zu kritisieren wagt (Scherer/ Walbott 1994).

Aber diese und all solche Untersuchungen haben ein analoges prinzipielles Problem. Es ist der Beginn mit der englischen Auswahl *joy*, *sadness*, *fear*, *anger* und *shame*, *guilt*, *disgust* und dann die Übersetzung. Wenn ich einen Japaner befragen will nach seinen emotionalen Erlebnissen, muss ich ihn auf Japanisch fragen. Und wenn ich weitergehe, brauche ich Ausdrücke für *joy*, *sadness*, *fear*,

anger und *shame, guilt, disgust* in vielen, vielen Sprachen. Wenn es aber keine Ausdrücke mit gleicher Bedeutung gibt, und die gibt es natürlich nicht, was bekomme ich dann? Ich bekomme Ähnlichkeiten und Unterschiede. Dieses Ergebnis ist prognostizierbar.
Interkulturell verstehendes Vorgehen setzt eine Analyse der Kultur und der Sprache voraus. Sonst kommt nur amerikanischer Universalismus raus.

352. Halbherzig erscheint uns die Vorstellung, "dass Sprache und Kultur etc. die Bewertung von Emotionen determinieren" (Schmidt-Atzert 1960:48), sodass die Bewertungen umso unterschiedlicher ausfielen, je unterschiedlicher die Kulturen sind. Nein, die Gefühle selbst sind verschieden. So ist schon die Begründungsidee verdächtig. Sie klingt ja so, als sei Kultur irgendwie etwas, das seine Ausformungen z.B. bei den Gefühlen bestimme. Eine Kultur besteht aber genau aus diesen Dingen, etwa welche Gefühle etabliert sind und wie sie beschaffen sind. Wie steht es mit der Trauer in Indien, falls es so etwas gibt, im Unterschied zu Deutschland oder Europa? Nur wenn man schon das Gemeinsame als Trauer voraussetzt, kann man so reden. Das ist aber begging the question.

353. "Natürlich haben die anderen Menschen die gleichen Gefühle wie wir." Nur: Wir sind es, die das annehmen. Es ist ein Aspekt der Rolle von Gefühlen bei uns, ein Aspekt der Bedeutung von *Gefühl*.

354. Wörterbücher geben uns nichts vor. Aber vielleicht ergeben sie einen Aufriss für unsere Darstellung, einen Ansatz für Kritik, die uns weiterbringt. Was sagt ein Wörterbuch? Wir formatieren etwas übersichtlicher (Wahrig 1981:3, 94).

> **Gefühl** (n.; -(e)s, -e)
> **1** (Pl. selten) *Wahrnehmung durch die Sinnesorgane, bes. durch den Tastsinn;* Druck ~, Durst ~, Hunger ~, Schwindel ~; ein ~ der Kälte, des Schmerzes; ohne ~; dem ~ nach nicht zu unterscheiden; ich habe in den Füßen gar kein ~ mehr
> **2** *innere Regung, seelische Empfindung;* → **a.** *Sentiment, Emotion*; ein ~ der Freude, des Hasses, der Reue, der Scham; jmdm. freundschaftliche ~e entgegenbringen; jmds. ~e (nicht) erwidern; hast du denn kein ~?; seinen ~en freien Lauf lassen; ein ~ der Angst überkam mich; seine ~e unterdrücken, verbergen, verraten; jmds. ~e verletzen; er kann seine ~e nicht zeigen; ein aufsteigendes ~ der Abneigung; ein heißes, warmes ~ der Dankbarkeit; ein inniges, tiefes ~; zärtliche ~e (für jmdn.) hegen; mit ~ singen; ein Mensch ohne ~; sich von seinen ~en hinreißen, übermannen lassen

2.0.1 mit gemischten ~en *teils mit Freude, teils mit Furcht u. unguten Erwartungen*; dem Urlaub mit den beiden sehe ich nur mit gemischten ~en entgegen; ich habe deinem Vorschlag nur mit gemischten ~en zugestimmt; diesen Plänen stehe ich mit gemischten ~en gegenüber
2.1 ~e (für jm.) *Zuneigung*; sie hoffte, dass er ihre ~ erwidern würde; zu lange schon hatte er ihr seine ~e verschwiegen **3** *Sinn, Aufgeschlossenheit, Eindrucksbereitschaft, Verständnis*; Takt ~; ein feines ~ für etwas haben; er hat kein ~ für den Wert des Geldes; das richtige ~ für etwas haben; da kann ich mich auf mein ~ verlassen; sie hatte im Umgang mit Farben schon sehr früh ein sicheres ~ bewiesen
3.1 das ist das höchste der ~e (umg.)
3.1.1 *das ist das Äußerste, dem ich zustimmen, das ich billigen kann*; bis 11 Uhr hast du Ausgang, das ist das höchste der ~e
3.1.2 *das ist das Beste, das zu erreichen ist, das Schönste, das ich mir vorstellen kann*; jetzt ein Himbeereis mit Sahne – das wär das höchste der ~e!
4 *Ahnung, ungenaues Wissen*; ein ~ haben, als ob ...; ich habe das dunkle ~, dass das nicht gut geht
4.1 etwas im ~ haben *instinktiv wissen*; das habe ich so im ~

355. Der Artikel zeigt uns erst einmal das übliche Bedeutungssplitting. Die Kriterien dafür erkennt man schwer. So ist der Versuch erstaunlich, die Pluralfeindlichkeit nur der ersten Verwendungsweise zuzuschreiben, man beachte aber schon das hedgende "selten". Wieso aber soll in *Gefühl der Kälte* eine andere Bedeutung oder Verwendungsweise vorliegen als in *Gefühl der Scham*? Ebensowenig wird das Kriterium der Abspaltung der vierten Verwendungsweise deutlich, obwohl es das einzig klare ist, nämlich die propositionale Ergänzung.
Und wenn man schon über die Schnitte nichts erfährt, so erst recht nichts über die Gemeinsamkeiten. Was haben Wissen und seelische Empfindung gemeinsam?

356. In der ersten Bedeutungsangabe erfahren wir sehr Eigenartiges über die Welt, unter Anderem wir hätten ein Organ, ein Sinnesorgan, mit dem wir Hunger und Kälte wahrnehmen. Wo ist es? Die Bedeutungsangabe würde typischerweise für richtige Wahrnehmungen gelten wie das Sehen, für das wir ja wirklich ein Organ haben. Geht die Argumentation so: Gefühle nehmen wir wahr, also sind sie Wahrnehmungen? Wie trennt man dann Verwendung zwei? Gefühle empfinden wir, also sind sie Empfindungen. Was wären sie dann noch alles?
Natürlich ist nicht alles, was man wahrnimmt, einen Wahrnehmung. Im Gegenteil: Meist sind es Dinge, die man wahrnimmt. Ebensowenig ist, was man spürt oder fühlt, ein Gefühl.

357. Die Bedeutungsangaben im Einzelnen scheinen eher willkürlich und windschief.
Woher weiß man, wie die gemischten Gefühle gemischt sind, nämlich aus Freude und Furcht? Für die meisten Verwendungen wäre diese Paraphrase unangemessen. Wer hat schon Furcht, wenn er etwas mit gemischten Gefühlen sieht.
Außerdem werden Verwendungsweisen auseinandergerissen. So kommt in der dritten nicht mehr heraus, was sie mit der zweiten zu tun hat. (Was ist übrigens Eindrucksbereitschaft? Eine gute Erklärung?)

358. Mir schiene es ungeheuer schwer, einen verlässlichen Wörterbuchartikel zu schreiben. Normale sind zu kurz, zu kompakt, das Format befriedigt nicht; die empirische Basis ist unzugänglich. Trotzdem noch ein abgemagerter Artikel zu *Liebe*, der die Bedeutungsstruktur zeigen soll (Duden 1978:1677). Er zeigt uns, wie unsicher die Zuordnung von Gefühlen ist.

> **Liebe**
> 1. <o. Pl.> a) *starkes Gefühl des Hingezogenseins zu einem [nahestehenden] Menschen, verbunden mit der Bereitschaft, für das Wohl des anderen zu sorgen, Fehler zu übersehen od. zu verzeihen o.ä.*
> b) *auf starker körperlicher, geistiger, seelischer Anziehung beruhende Bindung an einen bestimmten Menschen [des anderen Geschlechts], verbunden mit dem Wunsch nach Zusammensein, Hingabe o.ä.*
> 2. <o. Pl.> a) *gefühlsbetonte Beziehung zu einer Sache, Idee o. ä.*
> b) *mit L. *(mit großer Sorgfalt, Mühe, Geduld)*

359. Auf eventuelle Zirkularität einzugehen lohnt sich wohl nicht. Das ist bekannt. Ebensowenig auf die Gliederung und Unterscheidung der Verwendungsweisen. Ganz abstrus etwa ist die dritte Verwendungsweise. Alles ist bestimmt durch das Beschreibungsvokabular. Oder wodurch sonst?
Wir sehen aber, dass Liebe nur in einer der vier Verwendungsweisen ein Gefühl sein soll. Und das scheint korrekt. Liebe ist zwar mit vielen Gefühlen verbunden, aber in der Verwendung von *Liebe* überwiegt der soziale Aspekt. Mit dem genus proximum "Bindung" soll dies erfasst werden. Allerdings ist zu bemängeln, dass diese Verwendungsweisen und damit die Definientes "Gefühl" und "Bindung" unter einem arabischen Punkt zusammengefasst werden.

360. Als Kontrast und ohne weitere Deutung bringen wir hier einen distributiven Stern zum Substantiv *Liebe*. Er zeigt uns Liebe in einem ganz anderen Format, das nicht die Ansprüche von Wörterbüchern erfüllt. Aber er zeigt uns auch mehr. Würde man den Stern bei der Abfassung eines Wörterbuchartikels verwenden, käme man auf andere Wege, zu anderen prototypischen Beispielen und zu anderen Definitionen. So zum hochaffinen *Gott*_S. Im Duden-Artikel ist hingegen die Liebe Gottes nicht vorgesehen, wenn man die Definitionen ernst nimmt.

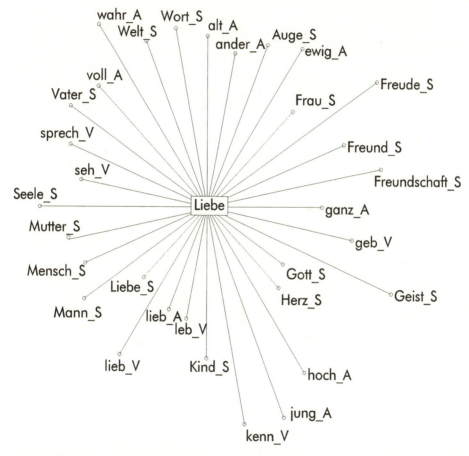

Abb. 46: Liebe, r = 8, n = 27900

361. Etwas heikel erscheint die Erklärung der dritten Verwendungsweise mit dem Lexem *Beziehung* als drittes genus proximum. Dies trifft zwar den relationalen Charakter von *Liebe* allgemein mit seinem Frame aus zwei Slots. Aber es kommt in die Nähe eines modernen Konkurrenten von *Liebe*, nämlich der rezenten und wohl von der allgemeinen Bedeutung ausgegangenen Verwendung von *Bezie-*

hung. Die allerdings fasst das Phänomen ganz anders. Wer Liebe als Beziehung fasst, ist nicht mehr bei der Liebe.

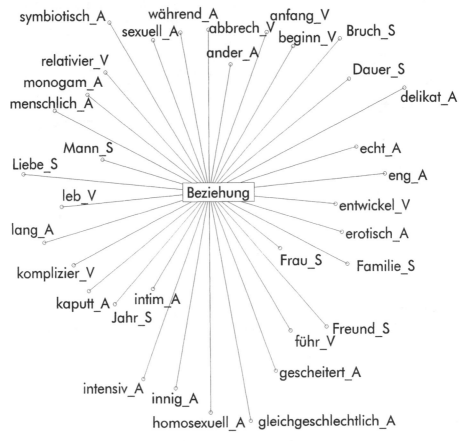

Abb. 47: Beziehung, r = 8, n = 200

362. Schon die Stillage des Vokabulars deutet an, dass wir uns in einem anderen Diskurs bewegen. Es geht um problematisierte oder problematische Beziehung, die durch die Psychologie und moderne Paardiskussion gelaufen ist. Grundlegendes ist deviant, wird in Frage gestellt. Insbesondere ist die Frage nach Entstehung und Dauer hier thematisiert.

Jeder Satellit hätte seine Story verdient. Sie zu erzählen müssen wir uns hier versagen. Aber der Unterschied zu *Liebe* ist eklatant. Auch wer Liebe mit der weiteren Verwendung von *Beziehung* erklären will, zieht sie in diesen Bereich.

363. Wir kehren zurück zu unserer Kernfrage. Der Titel dieses Kapitels deutet an, dass durchaus unsicher ist, was ein Gefühl ist. Die Frequenz der Phrase *so ein Gefühl* deutet darauf hin, dass auch die Sprecher ein Bewusstsein von der Unschärfe, Undeutlichkeit, Unklarheit und Unbestimmtheit von Gefühlen haben. Die distributive Analyse macht deutlich, dass Gefühle die intrinsische Eigenschaft haben, dass sie unklar, diffus und unbestimmt sind, dass es immer eine Frage ist, wie weit man seiner Gefühle gewiss sein kann. Hierzu eine Auswahl affiner Adjektive, die dies zum Vorschein bringt.

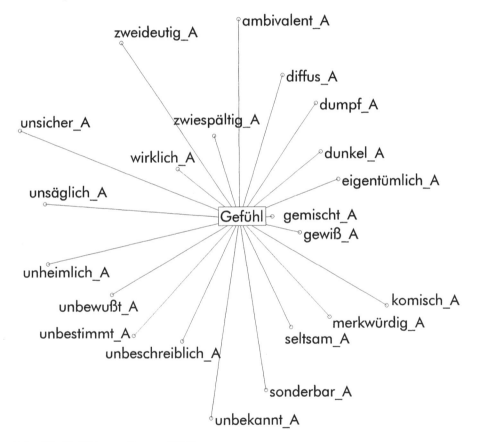

Abb. 48: Gefühl, r = 8, n = 7700

364. Somit steht der Versuch einer klassischen Definition vor der Frage, wie es möglich sein soll, etwas Unklares klar zu definieren. Dies betrifft in gewissem Sinn jede linguistische Analyse und es war seinerzeit ein Argument gegen die formale Bearbeitung natürlicher Sprachen. Lange schien die Frage gelöst – indem man die Augen zudrückte oder die Normierung akzeptierte, die die formale Darstellung nach sich zog. Der andere Weg wäre der der immer feineren Differenzierung, ein Weg, der sich klassischen Definitionen vom Ansatz her verbietet, und darum sind sie für solche Fälle ungeeignet.

Aber wie soll man die Unschärfe scharf bekommen? Ist dies das Problem der fraktalen Geometrie? Ist dies die Frage: Wie lang ist die Küste Englands?

365. *Gefühl* ist – wie wohl alle anderen substantivischen Gefühlswörter – ein Kontinuativum. Kontinuativa kann man dadurch definieren, dass man sie im Singular ohne weiteres artikellos verwenden kann:

(4)   Dafür braucht man eben Gefühl.

Außerdem können genuine Kontinuativa im Gegensatz zu Individuativa mit den Quantifikatoren *etwas, ein bisschen,* unflektiertem *viel, lauter* und *einiges* verbunden werden:

(5)   Vielleicht kommt dann etwas Gefühl in seine Musik.
(6)   Der Song ist mit ein bisschen Gefühl und warmer Stimme vorzutragen.
(7)   Er hat viel Gefühl und weiß, was er an Lotten hat.
(8)   Für den Lachsfang braucht man einiges Gefühl.

Das öfter genannte Kriterium, dass Kontinuativa keinen Plural hätten, ist wesentlich unsicherer. Es greift aber doch bei vielen Gefühlswörtern, etwa bei *Zorn, Wut, Misstrauen*. Nur wissen wir nicht so genau, warum hier der Plural unmöglich scheint, bei *Gefühl* und anderen Gefühlswörtern aber möglich. Man hat fast das Gefühl, dass auch grammatische, formale und phonematische Eigenschaften eine Rolle spielen.

366. "Ohne weiteres" und "genuin" sind Kautelen, die uns davor absichern sollen, dass Kontinuativa auch als Individuativa verwendet werden können, und Individuativa als Kontinuativa. So gibt es Verwendungen des individuativen *Huhn*, die artikellos, quantifiziert und kontinuativ sind:

(9)   Magst du Huhn/ etwas Huhn?
(10) Ich mag viel Huhn/ ein bisschen Huhn.

Und es gibt individuative Verwendungen von Substantiven, die wir für genuine Kontinuativa halten:

(11)   Sie hat viel Gefühl.
(12)   Sie hat viele Gefühle.

Die Kautelen können uns nur auf die sichere Seite bringen, wenn wir sie explizieren. Um ein Substantiv als genuines Kontinuativum auszuweisen, müssen wir die Regularitäten angeben, nach denen es zu seinen individuativen Verwendungen kommt. Die zentrale Regularität ist die Spezifizierung. Sie eröffnet die Möglichkeit, alle möglichen Artikelwörter zu verwenden und den Plural mit und ohne Artikel.

367. Zwar ist *Gefühl* genuin kontinuativ, aber häufig wird es mit definitem Artikel verwendet. In der NP werden hier alle Formen der Attribuierung genutzt. Neben attributiven Adjektiven alle Rechtsattribute.

(13)   das Gefühl der Abhängigkeit
(14)   das Gefühl der Einsamkeit, des Abgelehntseins, der Unzulänglichkeit, der Wut
(15)   das Gefühl der Leere und Sinnlosigkeit
(16)   das Gefühl des Behagens
(17)   das Gefühl des Unbehagens und der Irritation
(18)   das Gefühl von mehr Sicherheit und Geborgenheit
(19)   das Gefühl für Ehre und Wahrhaftigkeit
(20)   dieses ganz ursprüngliche Gefühl der persönlichen Verbundenheit
(21)   ein Gefühl der Dankbarkeit
(22)   jedes Gefühl der Eitelkeit und Selbstgerechtigkeit
(23)   Gefühle der Frömmigkeit
(24)   Gefühle des Ausgegrenztseins
(25)   das entsetzliche Gefühl, die Kontrolle zu verlieren
(26)   das Gefühl, dass man zu spät kommt

368. Kontinuativ oder individuativ sind eigentlich die Nominalphrasen. Die Substantive haben sozusagen von ihrem Potential her eine Tendenz. Die Realisierung ist aber erst in der Phrase gegeben, vielleicht auch erst im Satz. So bleibt die NP *kein Gefühl* in Bezug auf die kontinuative oder individuative Deutung vage. Nun ist auch der Plural ein gutes Kriterium, weil der Plural immer individuativ ist.

369. Mit Spezifizierungen kann man in reine Kontinuativa hinein portionieren, das heißt sozusagen individuierte Gegenstände herausgreifen. Die Portionierung wirkt sich je nach Kategorie des Kontinuativums, also je nach Stoff, unterschiedlich aus. Bei Flüssigkeiten geht es oft um Abfüllungen in Gefäße, bei festen Stoffen um geformte Portionen, bei beiden auch um verschiedene Arten: *die Wässerchen, die Hölzer.* Dies leisten bekanntlich auch Komposita: *Holzsorten.* Was aber passiert bei Abstrakta? Auch hier kann es um Arten gehen: *die Gefühle einer Frau.* Oft geht es um eine Art Phasierung. Die kommunikative Notwendigkeit der Phasierung erkennen wir gut an Komposita wie *Gefühlsausbruch, Wutanfall,* mit denen wir von Episoden und Ereignissen reden können.

370. Der Übergang vom Kontinuativum zum Individuativum wird erreicht durch Spezifizierung. In der NP werden dabei alle Formen der Attribuierung genutzt (allerdings sind nicht alle Attribute Spezifizierungen). Hier sind dann auch die verschiedenen Artikelwörter und der Plural mit und ohne Artikel möglich. Die NP mit femininen Genitivattributen sind vorwiegend besetzt durch Abstrakta, besonders beliebt sind solche auf *-heit* und *-keit*. Wie erklärt sich das?

(27) das Gefühl der Abhängigkeit
(28) das Gefühl der Dankbarkeit
(29) das Gefühl der eigenen Verantwortlichkeit
(30) das Gefühl der Einsamkeit, des Abgelehntseins, der Unzulänglichkeit, der Wut
(31) das Gefühl der Gefühllosigkeit
(32) das Gefühl der Leere und Sinnlosigkeit
(33) das Gefühl der Liebe, Treue und Dankbarkeit
(34) das Gefühl der nationalen Scham
(35) das Gefühl der Niedergeschlagenheit
(36) das schmerzende Gefühl der Ungewissheit
(37) das süße Gefühl der Freiheit
(38) das Gefühl der Trauer, Niedergeschlagenheit
(39) das Gefühl der Unzulänglichkeit
(40) das wachsende Gefühl der Peinlichkeit
(41) die Gefühle der tiefen Anerkennung gegenüber der glorreichen Sowjetarmee
(42) das innere Gefühl der Aussichtslosigkeit, Wurzellosigkeit
(43) das lähmende Gefühl der Unsicherheit und der Existenzangst

(44) das Gefühl eigner Persönlichkeit
(45) das unbewusste Gefühl organischer Lebenslast
(46) das Gefühl absoluter Zuverlässigkeit und Widerstandsfähigkeit
(47) das Gefühl feiger Sicherheit
(48) das Gefühl still triumphierender Unabhängigkeit

371. Maskuline Genitivattribute sind in erster Linie substantivierte Infinitive.

(49) das Gefühl des Alleingelassenwerdens
(50) das überlegene Gefühl des Alles-Wissens
(51) das Gefühl des Behagens
(52) das Gefühl des Unbehagens und der Irritation
(53) das schreckliche Gefühl des Zu-alt-Seins
(54) das Wohlgefühl des Vertrauens
(55) das Gefühl schmerzlichen Entbehrens

Wer Wertungen schätzt, wird feststellen, dass sowohl positive wie negative Gefühle vorkommen, wenngleich vielleicht negative Gefühle hier überwiegen.

372. Sog. Genitiversatzformen sind häufig. Die *von*-Attribute sind notwendig, wenn die Spezifizierungen artikellose Abstrakta sind, die den Genitiv nicht formal anzeigen können.

(56) das Gefühl von Gleichwertigkeit
(57) das Gefühl von mehr Sicherheit und Geborgenheit
(58) das Gefühl von Unendlichkeit des Raums
(59) das Gefühl von Zutraun und Hoffnung
(60) das höhere Gefühl von Tod, Vergänglichkeit des Irdischen, Dauer des Himmlischen
(61) das tiefste Gefühl von Wahrheit und Schönheit

373. Der präpositionale Anschluss mit *für* ist seltener, differenziert weniger die Art des Gefühls.

(62) das Gefühl für Ehre und Wahrhaftigkeit
(63) das Gefühl für soziale Verpflichtungen
(64) das Mitgefühl für alles Leidende
(65) ein Gefühl für die Einheit in der Vielfalt

374. Der definite Artikel spezifizierter NP braucht in der Regel kein textuelles Antezedens, er individualisiert auf der Basis des reziproken Wissens. Das gibt es ähnlich beim Demonstrativartikel, den man oft mit dem impliziten Zusatz versteht "das wir ja alle kennen".

(66) dieses ganz ursprüngliche Gefühl der persönlichen Verbundenheit
(67) dieses Gefühl der Atemlosigkeit
(68) dieses Gefühl der Ohnmacht
(69) dieses Gefühl der Zerrissenheit
(70) dieses Gefühl des ganz Neuen und völlig Fremdartigen
(71) dieses neue Gefühl der Friedfertigkeit

375. Für den indefiniten Artikel genügt die genitivische Spezifizierung. Allerdings wird dieses Verständnis begünstigt durch die kontextlose Präsentation. Dennoch ist bemerkenswert, dass wir die institutionelle Deutung so gut beherrschen. Allerdings stellt sich hier die Frage nach einem textuellen Antezedens normalerweise sowieso nicht.

(72) ein Gefühl der Brüderlichkeit, des Glücks
(73) ein Gefühl der Dankbarkeit
(74) ein Gefühl der Gefühllosigkeit, einer inneren Versteinerung
(75) ein Gefühl der Ohnmacht, der Hilflosigkeit
(76) ein Gefühl der Unruhe und Unsicherheit
(77) ein Gefühl des Schwebens
(78) ein Gefühl von Bedrücktheit
(79) ein Gefühl von Notwendigkeit
(80) ein Gefühl von Unzufriedenheit und Leere
(81) ein Gefühl sanfter Gehobenheit
(82) ein angenehmes Gefühl der Überlegenheit
(83) ein falsches Gefühl der Sicherheit
(84) ein frühes Gefühl der Verlassenheit, einer ängstigenden Ahnung
(85) ein gewisses Fadheitsgefühl beschämender Abstraktheit und Allgemeinheit
(86) ein immerwährendes Gefühl der Unzufriedenheit mit sich selbst
(87) ein kollektives Gefühl für die historische Verbrauchtheit der Kunstmittel
(88) ein objektives trügerisches Gefühl von Sicherheit
(89) ein stilles Gefühl des Erhabenen
(90) ein unendliches Gefühl des Lebens, des Todes, des Schicksals

(91) ein völlig unbegründetes Gefühl der Sicherheit
(92) jedes Gefühl der Eitelkeit und Selbstgerechtigkeit

376. Legion sind Infinitivphrasen als Spezifizierung. Sie sind propositional, aber nicht faktiv.

(93) das beklemmende Gefühl, nicht mehr regiert zu werden
(94) das entsetzliche Gefühl, die Kontrolle zu verlieren
(95) das erhebende Gefühl, dem anderen ordentlich die Meinung gegeigt zu haben
(96) das feste Gefühl, irgendwohin zu gehören
(97) das Gefühl, als Frau zu versagen
(98) das Gefühl, am Ende aller Zeiten zu leben
(99) das Gefühl, aneinander vorbeigeredet zu haben
(100) das Gefühl, berühmt zu sein
(101) das Gefühl, eine große Leistung vollbracht zu haben
(102) das Gefühl, von niemandem angesehen zu werden, ungeliebt zu sein
(103) das Gefühl, einen gewissen Schutz zu haben
(104) das Gefühl, einer Situation hilflos und sprachlos ausgeliefert zu sein
(105) das Gefühl, ernstgenommen zu werden
(106) das Gefühl, gerecht oder ungerecht behandelt worden zu sein
(107) das Gefühl, grundsätzlich ein Versager zu sein
(108) das Gefühl, hilflos einem unabdingbaren Schicksal preisgegeben zu sein
(109) das Gefühl, immer ja sagen zu müssen
(110) das Gefühl, in einer Art Klapsmühle zu sein
(111) das Gefühl, in einer Zeit des Übergangs zu leben
(112) das Gefühl, in schummrige Psychoabgründe zu blicken
(113) das Gefühl, ins Leere zu fallen
(114) das Gefühl, machtlos zu sein
(115) das Gefühl, manipuliert zu werden
(116) das Gefühl, moralisch gut zu sein
(117) das Gefühl, etwas falsch gemacht zu haben
(118) das Gefühl, etwas für den Freund getan zu haben
(119) das Gefühl, wohlwollend aufgenommen zu werden
(120) das Gefühl, zu fliegen, in der Luft zu hängen
(121) das Gefühl, zu sterben und wiedergeboren zu werden
(122) das Gefühl, zwischen allen Stühlen zu sitzen

(123) das Gefühl, zwischen Land und See zu sein
(124) das Gefühl, etwas schon einmal gesehen oder gehört zu haben
(125) das Gefühl, aus der Gesellschaft ausgeschlossen zu sein
(126) das Gefühl, ein Versager zu sein
(127) das richtige Gefühl, nicht mehr viel Zeit zu haben
(128) das schöne Gefühl, darüber reden zu können
(129) das Gefühl, stranguliert zu werden
(130) das Gefühl, überrumpelt worden zu sein
(131) das Gefühl, verraten worden zu sein
(132) das Gefühl, sich ständig rechtfertigen zu müssen
(133) das Gefühl, verrückt zu sein
(134) das Gefühl, versagt zu haben, am Pranger zu stehen
(135) das Gefühl, verstanden worden zu sein
(136) das tolle Gefühl, Außergewöhnliches zu schaffen
(137) das gute Gefühl, was Wichtiges für die Umwelt zu tun
(138) das Schwindelgefühl, aus der Zeit gefallen zu sein
(139) das seltene Gefühl, ein gleichwertiger Partner zu sein
(140) das unaussprechliche Glücksgefühl, da zu sein
(141) dieses Gefühl, besser mit Angst umgehen zu können

377. Im folgenden haben wir es mit overt propositionalen Spezifizierungen zu tun.

(142) das Gefühl, dass die eigenen Gedanken anderen zugänglich sind
(143) das Gefühl, dass es nicht immer ehrlich und aufrichtig zugeht
(144) das Gefühl, dass es schön ist eine Frau zu sein
(145) das Gefühl, dass sie gebraucht wird
(146) das Gefühl, dass plötzlich alles zusammenbricht
(147) das Gefühl, man komme zu spät

Solche Spezifizierungen erscheinen erst mal unerwartet, nehmen wir doch an, dass Gefühle mit klar propositionalen Ergänzungen nicht zusammengehen. Darum ist es in Wörterbuchartikeln auch üblich, hierin eine getrennte Verwendung von *Gefühl* zu sehen, die so viel heiße wie Vermutung. Wie aber kommt diese Verwendung zustande? Das missing link ist, dass Gefühle etwas Unsicheres, Unklares sind, dessen man sich oft nicht ganz gewiss ist. Da die propositionale Ergänzung sozusagen eine propositional attitude oder einen Sprechakt erheischt, ergibt sich die Bedeutung als Mischung hieraus und der Unsicherheit.

4.1 "So ein Gefühl" – Was soll das heißen?

378. Sehr selten sind Spezifizierungen wie die folgenden:

(148) Es war ein Gefühl wie Weltmeisterschaften oder Olympische Spiele, freute sich Franziska van Almsick.
(149) Ich hatte ein Gefühl, als ob ich schwebte.

Sie zeigen overt den Vergleichscharakter, während die anderen Spezifizierungen offener bleiben. Aber auch sie sind meist als implizite Vergleiche zu verstehen.

379. Die semantische Wirkung der Spezifizierung ist vage. Auf den ersten Blick würde man sagen, dass verschiedene Arten von Gefühlen unterschieden werden. Aber wie geschieht das? Häufig scheint es, dass der Inhalt des Gefühls angegeben wird, eben was man fühlt. Diese Attribute füllen sozusagen den Akkusativ-Slot des Verbs, im Gegensatz zu den subjektiven Genitiven. Noch häufiger geschieht das aber durch einen impliziten Vergleich. Viele der Spezifizierungen kann man nach der Paraphrase erklären: "ein Gefühl so wie man es hat/ spürt, wenn ..."
Die Syntax also ist der Königsweg, all die vielen Gefühle zu differenzieren und uns gegenseitig plausible Mitteilungen über sie zu machen.

380. Gefühle gibt es unüberschaubar viele, nur wenige scheinen uns so wichtig, dass sie die Lexematisierung erreicht haben. (Darum läuft, wer sich auf lexematisierte kapriziert, Gefahr Einiges zu übersehen.) Vergleich und Spezifizierung sind die Mittel, die Unüberschaubarkeit der Gefühlsarten und gleichzeitige lexikalische Armut zu umgehen. Sehen wir uns dazu den Stern ausgesuchter Adjektiv-Satelliten an:

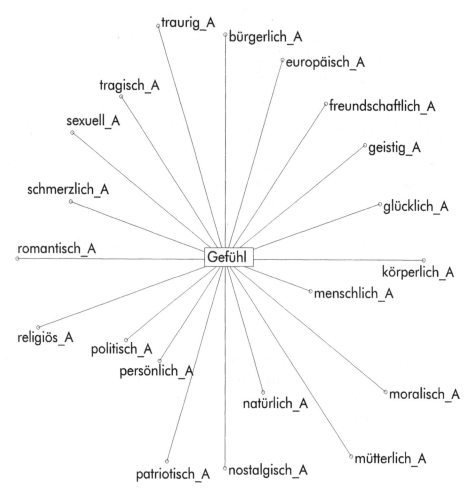

Abb. 49: Gefühl, r = 8 n, = 7700

Wir erkennen, dass diese Adjektive besonders den Inhalt des Gefühls betreffen. Aber die Grenze zu anderen Dimensionen des Gefühls bleibt unscharf. So zielen etwa *körperlich* und *natürlich* auch auf den Ursprung.

381. Gefühle sind keine Gegenstände und keine Ereignisse.

382. Es gibt die schöne Idee, dass in natürlichen Sprachen – sagen wir ruhig einmal im Deutschen – vier Ontologien hinterlegt sind, die gleichberechtigt

nebeneinander existieren und in verschiedenen Fällen zur Anwendung kommen (Zemach 1970). Die erste gilt für sog. Ereignisse; sie sind sowohl räumlich als auch zeitlich begrenzt. Sie wird präferiert in wissenschaftlichen Untersuchungen. Die zweite gilt für Dinge; sie sind räumlich begrenzt, aber zeitlich kontinuierlich. Dinge sind für uns jeweils an einem bestimmten Ort, aber sie werden nicht unbedingt andere Dinge, wenn sie sich verändern. Die dritte gilt für etwas wie "die Französische Revolution"; diese Entitäten sind kontinuierlich im Raum, aber begrenzt in der Zeit. Sie werden oft auch aufgefasst als Ereignisse. Die vierte gilt für Substanzen; sie sind weder in Zeit noch im Raum begrenzt.
Es wurde oft versucht, die vier Ontologien auf eine, besonders die erste, zu reduzieren. Wenn wir verstehen wollen, in welcher Weise sie in unserem Denken und unserer Sprache wirken, sind diese Versuche natürlich normativ und überflüssig.

383. Die Vermengung der Ontologien ist beim linguistischen und wissenschaftlichen Räsonnieren an der Tagesordnung. So ist offenbar üblich, Gefühle als Erlebnisse und damit als Ereignisse, also von der zweiten Art, anzusehen (Paul 1992 s.v. *Gefühl*) oder als spezielle Formen des Erlebens (Fiehler 1987:560). Dies vermengt aber das Gefühl mit dem Haben eines Gefühls. Das Haben des Gefühls oder die Empfindung sind Ereignisse, gehören zur ersten Ontologie. Man kann sagen, wer sie hat und wie lange. Den Ort der Liebe aber gibt es nicht.
Die Windschiefe wird auch deutlich bei der Betrachtung entsprechender Sätze:

(150) Ich empfinde Angst.
(151) Ich empfinde keine Angst.

Beide präsupponieren, dass Angst überhaupt existiert. Informell gesprochen sagt die Tatsache, dass ich keine Angst habe, nicht, dass es etwa Angst nicht gäbe. Die Existenz von Angst und die Existenz von Angst bei irgend jemanden sind zwei paar Stiefel.

384. Es liegt auf der Hand, dass für unsere Ziele die vierte Ontologie – und ihr Verhältnis zu anderen – entscheidend ist. Sie ist sozusagen zuständig für die Entitäten, von denen wir mit reinen Kontinuativa sprechen.
Was aber sind diese Entitäten? Ein Lexem als Bezeichnung dieser Kategorie ist in unserer normalen Sprache nicht vorgesehen. Oder anders gesagt: Auf die Frage nach dem genus proximum von *Gefühl* können wir ebensowenig eine einfache Antwort geben wie wir es bei *Zeit* können. Die ontologischen Implikationen

unserer Sprache sind nicht so leicht zu beschreiben. Denn sie zeigen sich bestenfalls. In der Regel wird es umso schwieriger darstellende Ausdrücke zu finden, je basaler die Fragen werden.

385. So ist natürlich hier auch die Rede von Gegenständen problematisch, weil wir dabei erst einmal an raumzeitlich individuierte Gegenstände, an Dinge oder Ereignisse also, denken. Wenn wir das ausdehnen – wohl unter der Voraussetzung, dass jedem Substantiv oder jedem subjektfähigen Ausdruck ein Gegenstand entsprechen müsse – verwenden wir das Wort vielleicht im Sinn von Entität. Aber da sehen wir, dass wir mit Konstruiertem umgehen, das wir uns sozusagen problembezogen zurechtlegen.

386. Eine Eigenschaft von Kontinuativen formuliert die sogenannte Teilungshypothese: Jedes Quantum von Wasser ist Wasser. Allerdings hat die Teilerei ein Ende, wie schon Quine bemerkte (Quine 1960:91). Denn Wassermoleküle sind vielleicht noch Wasser, aber ihre Teile nicht.
Für abstrakte Kontinuativa funktioniert die Teilungshypothese nicht. Denn was sollten Quanten sein von Misstrauen, Freiheit oder Liebe?
Die Konzeption von etwas als reinem Kontinuativum sieht gerade ab von der Teilbarkeit.

387. Die Auffassung von Kontinuativa als amorpher Masse geht einher mit globaler oder kumulativer Referenz. Mit kontinuativen NP nehmen wir Bezug auf das reine Kontinuativum, ohne irgendwelche Gegenstände oder Teile zu unterscheiden. Dies ist der archaische Zug, von dem Quine gesprochen hat (Quine 1960:121).
Globale Bezugnahme differenziert nicht. Individuierung und Unterscheidung einzelner Gegenstände sind sowohl ontogenetisch wie phylogenetisch jünger. Sobald wir individuieren, referieren wir auch teilend und individuativ. Wir erfassen Objekthaftigkeit und Identität.
Gefühl sehen wir nicht so. Nicht, dass wir, einmal mit divided reference ausgestattet, es hätten prinzipiell nicht ausbilden können; wir tun es einfach nicht. Warum wohl?

388. Homogenes oder globales Referieren präsupponiert nichts über Individuierbarkeit. So scheint es auch das Problem zu lösen, dass meine Gefühle meine sind und ich sie nicht mit deinen vergleichen kann. Die Annahme, es gebe die Scham oder die Angst sozusagen als etwas Amorphes, enthebt mich der Individuierung und der Identifizierung. Wir alle können einfach daran teilhaben.

389. Der archaische Charakter von Gefühlen kommt in vielerlei zum Vorschein. Eines sind entsprechende Lexeme, besonders Adjektive im Dunstkreis von *Gefühl*.

390. Gefühl hat mit unserem Instinkt zu tun. Es kommt oft von tief drinnen und ist der Rationalität nicht zugänglich. Es gehört eher zu unserer natürlichen Ausstattung. Wir empfinden die Gefühle darum ganz unmittelbar, direkt und beurteilen sie unter dem Aspekt der Eigentlichkeit. Oft genug bleiben die Gefühle undifferenziert, sie sind dann dumpf und dunkel.

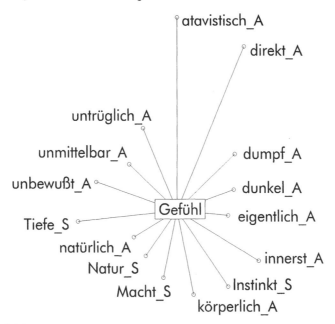

Abb. 50: Gefühl, r = 8 n, = 7700

391. Unser Gefühl halten wir oft für untrüglich, aber es sagt uns nichts Verlässliches über die Welt. Ein Gefühl entsteht durch die Welt und uns. Die Anteile beider können wir nicht bestimmen. Wenn ich Angst habe, mag der Grund ein Gemisch von inneren und äußeren Ursachen sein: Angst haben, weil man ängstlich ist, oder Angst haben, weil der Hund da steht. Darum kann ich aus der Angst nicht auf das Äußere schließen.

392. Für die Urtümlichkeit des Gefühls und der Gefühle steht auch, dass wir keine Gewalt über sie haben; wir können sie nicht machen. Sie werden von außen erregt und sie ergreifen uns oder sie entstehen in uns. Gedanken hingegen können wir uns machen. Wir haben Verstand und Gefühl unterschiedlich konzipiert.

(152) Darüber hinaus versucht Lukrez nun nicht nur eine verstandesmäßige, sondern auch noch die gefühlsmäßige Überzeugung zu erreichen.
(153) Diese Gründe gehören meist weniger dem Bereich des Verstandes und Wissens an, sie beziehen sich vielmehr auf das Gefühl und das Erleben.
(154) Mit Messen und überhaupt mit dem Verstand hat das ja absolut nichts zu tun, es ist eine reine Gefühlssache.
(155) Wo der Verstand versagt, hilft – nach altdeutscher Tradition – das Gefühl weiter.
(156) "Frau" steht oft für Ganzheitliches und Gefühlswelt ; "Mann" für Kopfwelt und Kälte.
(157) Schließlich geht sie mit mehr Gefühl als Verstand an ihre Arbeit.
(158) Die Erziehungsarbeit muß mit lebendigen jugendgemäßen Methoden gestaltet werden, die Verstand und Gefühl der Schüler ansprechen.
(159) Gefühllose Kopfgeburten verdrängen die Sinnlichkeit.
(160) Die Macht der Gefühle jedoch scheint stärker.
(161) Und dann plötzlich – nun ja – unsere Gefühle füreinander besiegten unseren Verstand.

Die Beispiele (152) bis (161) verstehen sich vor dem Background, dass Gefühl und Verstand/ Vernunft zwei getrennte Bereiche bilden. Wir sprechen ja vom Dualismus Gefühl-Verstand. Die beiden sind so verschieden, und sie liegen im Kampf oder Widerstreit miteinander. Wer siegt, ist nicht ausgemacht. Aber es scheint doch oft befriedigend, wenn das Gefühl siegt.

393. Die thematische Verwandtschaft erscheint in den Sternen so, dass Wurzeln wie viele Satelliten überlappend vorkommen.

4.1 "So ein Gefühl" – Was soll das heißen?

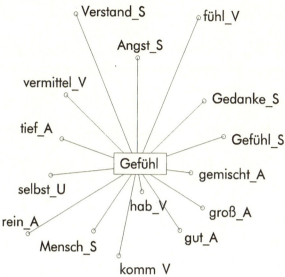

Abb. 51: Gefühl, r = 8, n = 7700

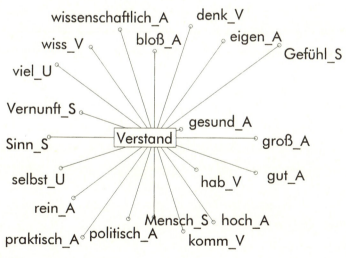

Abb. 52: Gefühl, r = 8 n, = 7700

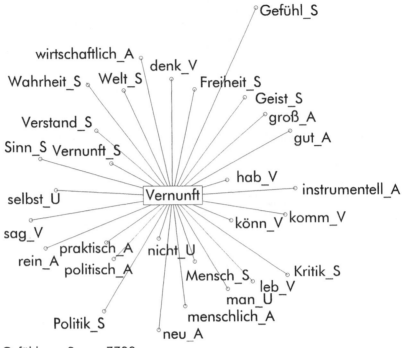

Abb. 53: Gefühl, r = 8, n = 7700

Gefühle sind unberechenbar, unklar und unsicher. Es sind eher Ahnungen im Bauch. Der Verstand ist berechenbar, klar und sicher. Es sind Gedanken im Kopf. Der Verstand kontrolliert und ist kontrolliert.

394. Die verschiedenen Gefühle haben unterschiedliches Aktionspotential. Trauer und Scham scheinen nicht so aktiv. Aber auch sie fungieren als Motiv für Handlungen, wenngleich eher für Unterlassungen. Aus Scham sagt man nichts oder verschweigt etwas. Man geht nicht aufs Sozialamt oder erscheint nicht zum Kontaktgespräch. Man spielt Anderen eine heile Familie vor oder möchte nicht als verliebt erscheinen. Man begeht Selbstmord und kann sogar zum Mörder werden. Aus Trauer weint man oder schweigt.
Gewalttaten stehen im Vordergrund bei Hass und Eifersucht. Aus Hass gegen Jesus soll ein Kind geschlachtet worden sein, aber aus Hass kann man auch weinen. Aus Eifersucht unterdrückt man seine Frau, schießt auf jemanden oder haut ihm den Schläger auf den Kopf. Aus Eifersucht mordet man, am plausibelsten der Doppelmord. Ein Reflex des Frames.

395. Und was tut man nicht alles aus Liebe! Aus Liebe verlobt man sich und heiratet, schläft mit einem Mann. Aus Liebe tut man Gutes, nimmt sich der Angelegenheiten Andrer an, sucht sich eine Arbeit. Aus Liebe kann man sich zum Idioten machen, man kann verzweifeln und sich das Leben nehmen. Aus Liebeskummer vergiftet man sich oder rast gegen eine Mauer.

396. Gefühle leiten uns, sie sind oft die Motive oder gar Ursachen unserer Handlungen. Sie werden nicht als die besten Ratgeber gesehen. Denn was wird schon herauskommen, "wenn die Gefühle Achterbahn fahren"?
Schon sind wir mitten im Chaos der Gefühle. Sie kämpfen nicht nur gegen den Verstand, sondern auch gegeneinander.

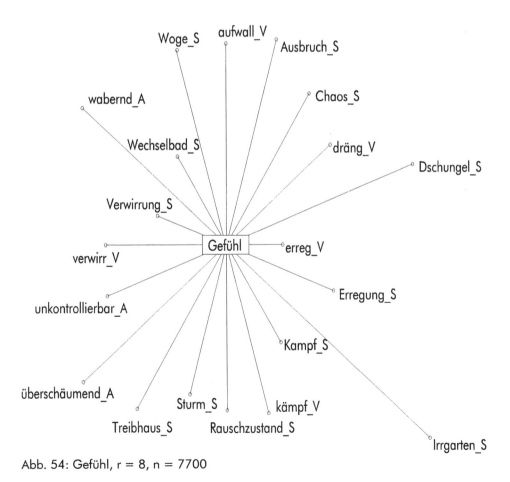

Abb. 54: Gefühl, r = 8, n = 7700

Dies sind zwar fernere Satelliten, sie sind aber auffällig und spezifisch für diese Wurzel. Sie leiten uns in die Metaphorik der Gefühle.

397. Wenngleich Gefühle pure abstrakte Kontinuativa sind, kann man Einiges dafür anführen, dass sie wie Substanzen behandelt werden. Wir sprechen ja von gemischten Gefühlen, von warmen Gefühlen usw. Diese Redeweisen werden aber häufig als metaphorisch angesehen. Ein metaphorisches Modell wäre etwa:

(162) Gefühl ist eine Flüssigkeit.

Die Frage ist aber, wenn ich nur derartige übertragene Redeweisen habe, wie komme ich dann dazu, sie als übertragen zu erkennen und zu rechtfertigen? Ich habe ja keine Basis. Es ist doch wohl nicht sinnvoll zu behaupten, wir könnten von Gefühlen nur metaphorisch sprechen. Oder doch?

398. Bei konkreten Kontinuativa spricht man zum Beispiel mit Quine davon, dass sie Gegenstände bezeichnen, die als verteilte oder verstreute Massen konzipiert sind (Quine 1960). Wasser etwa wird als große Masse gesehen, die auf der Welt verteilt in plastischen Portionen vorkommt, die individuiert werden können und auf unterschiedliche Weise mit Appellativa oder Propria benannt werden können, z.B. ein bestimmter Fluss. Die Portionen müssen aber nicht individuiert werden. Konkurrierend zur Rede von Massen haben wir die Rede von Substanzen oder Stoffen.

399. Auf der Basis von (162) ist schon plausibel, von Mischung zu sprechen (was ja wohl zurückgeht auf die alte Theorie der Mischung der Säfte).

4.1 "So ein Gefühl" – Was soll das heißen?

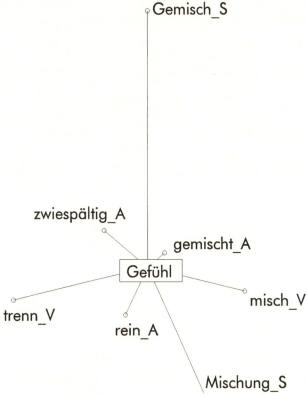

Abb. 55: Gefühl, r = 8, n = 7000

Das Modell trägt also nicht nur für die Phrase *gemischte Gefühle*, es ist produktiv:

(163) Sehr schwer seien die aus Gelächter und heimlicher Ehrfurcht ganz einmalig gemischten Gefühle eines guten Deutschen zu bestimmen.
(164) Woher das Gefühl eigentümlicher Beklommenheit, gemischt mit Ehrfurcht, Mitleid, einer melancholisch angehauchten Heiterkeit?
(165) In welchem Mischungsverhältnis diese Gefühle auftreten, hängt natürlich vom Standpunkt derer ab, die lesen.

400. Neben der Intensität von Gefühlen ist es üblich, auch Gefühle zu werten, was nicht immer klar geschieden ist von der Intensität. Denn viel Gefühl ist z.B. meistens gut. Einerseits sind die etablierten Gefühlslexeme oft schon mit Wertungen behaftet. So ist natürlich Liebe gut und Angst schlecht. Aber Wertungen gehen auch explizit einher mit dem Lexem *Gefühl*. Hierfür sind bestimmte Adjektive zuständig.

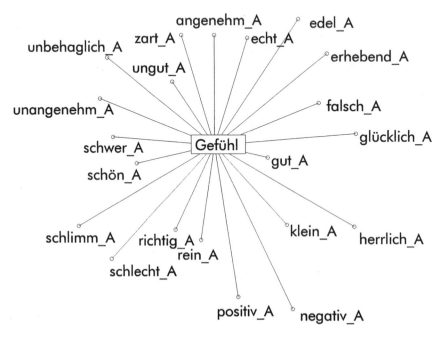

Abb. 56: Gefühl, r = 8, n = 7700

Der Stern zeigt verschiedene Möglichkeiten der Bewertung von Gefühlen mit Adjektiven. Mir scheint, dass mehr Adjektive für positive Wertungen da sind und dass die positiven Wertungen affiner sind. Das gilt auch für das basale Wertadjektiv *gut*, das affiner ist als sein Gegenpol *ungut*. Interessant ist hierbei allerdings, dass das übliche Antonym *schlecht* bei *Gefühl* weniger üblich ist, als das weitgehend Gefühlen reservierte *ungut*.

401. Gefühle sind persönlich. Das zeigen uns nahe ausgewählte Adjektive, aber auch die Personalpronomen. Alles, was mit der zweiten Person zu tun hat, liegt weiter weg.

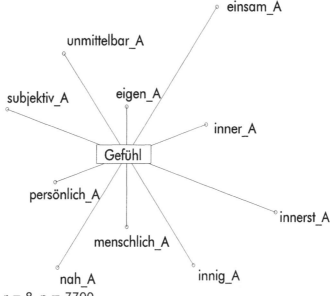

Abb. 57: Gefühl, r = 8, n = 7700

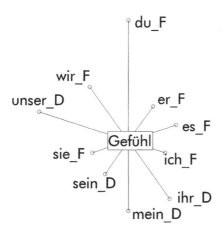

Abb. 58: Gefühl, r = 8, n = 7700

402. Prinzipiell ist es schwierig, Gefühle auszudrücken oder zur Sprache zu bringen. Das hängt mit ihrem archaischen Charakter zusammen und vielleicht auch damit, dass sie eben dem Verstand entgegengesetzt gesehen werden.

(166) Der führende Dilettant jedoch hat gleichfalls recht, wenn er meint, das reine Gefühl sei keiner Sprache fähig.
(167) Dieses Gefühl, ein vages, mir selber noch dunkles Ahnen, kläre ich ab und bringe es auf exakte Begriffe.
(168) "Es ist unmöglich", erzählte Dr. Reck, "die Gefühle darzustellen, die dieser Anblick auslöste."
(169) Seine Arbeit (das Schaffen) ist die Fixierung persönlicher Erlebnisse und Gefühle in Sprache.

403. Wenngleich Gefühle als unausdrückbar und unbeschreiblich gelten, sind wir sozial und kommunikativ doch darauf angewiesen, sie zur Sprache zu bringen. Und die Unausdrückbarkeit selbst ist ein stehendes Thema. Darum gibt es im Dunstkreis von *Gefühl* auch Vieles, was mit Sprache und Ausdruck zu tun hat.

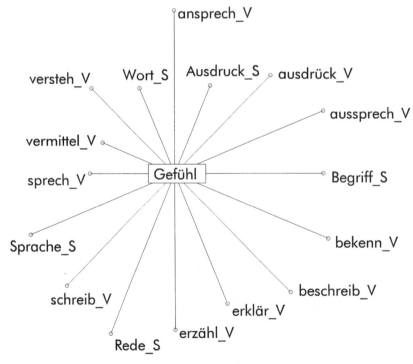

Abb. 59: Gefühl r = 8, n = 7700

4.2 Wortbildungsaktivitäten

Auf den Begriff gebracht?

404. Die Wortbildungslehre war lange Zeit eher taxonomisch orientiert auf die Strukturierung formaler Muster. Semantische Kriterien wurden nur ordnend oder verdeckt oder verkannt (Kopulativkomposita verstanden als eine Art formale Kategorie!) appliziert.
Die semantische Betrachtung lebte auf in der transformationellen Wortbildung. Hier war eine Grundidee, dass zwischen den Elementen von Komposita semantische Relationen bestünden und dass es einen festen Satz solcher Relationen gebe. Jedem Kompositum wurde eine solche Relation zugeschrieben.

405. Die feste Zuschreibung ignorierte die schon länger kursierende Auffassung, dass diese Relation nur sehr allgemein sei, in etwa dass beide Elemente etwas miteinander zu tun haben, und die Tatsache, dass weder nur eine der angebotenen Relationen jeweils trifft, noch die Relationen die Bedeutung angemessen erfassen. Die Komposita mit *Gefühl* als Basis sind alle so schön offen. Sie können nicht im naiven Sinn einer semantischen Relation zugeordnet werden. Die reine Juxtaposition der Elemente wird über das gemeinsame Wissen gedeutet, der Sinn sozusagen hinzugeneriert.

406. Bei der Erzeugung des Sinns werden verschiedene Komponenten des semantischen Wissens aktiviert und genutzt:
– Bedeutung und semantische Kategorie der Elemente,
– stehendes Wissen,
– episodisches Wissen und Laufwissen.
Auf jeden Fall ist die Füllung der allgemeinen Vermutung "X hat mit Y etwas zu tun" detailliert und offen.

407. Die Verwendung von Lexemen in der Wortbildung steht in engem Zusammenhang mit ihrer Bedeutung. Die Zahl der Bildungen zeigt erst einmal ihre Aktivität, die hinwiederum Ausfluss der Frequenz ist und zugleich die Frequenz begründet. Natürlich zeigt die Frequenz eines Lexems auch seine kommunikative Relevanz.
Die Bildung eines Wortes erhebt den Anspruch des Habituellen, des Stehenden und Wichtigen. Sie will festschreiben. Was wir lexematisieren, heben wir ins

Allgemeinere. Darum können Wortbildungen aufschlussreich sein für uns, die wir Konstruktion und Verfasstheit einer Kultur untersuchen.

Entscheidend ist hier, dass die Wortbildungen uns wichtige Aspekte der Bedeutung erschließen. So bringt bereits das Editieren der Wortliste, die die gewünschten Belegwörter ausfiltert, eine erste Erkenntnis zu den Bedeutungsaspekten.

408. In Wortbildungen haben wir die nächsten und signifikanten Nachbarn einer Wurzel. Für die Ermittlung des Gebrauchs und der Bedeutung sind sie prädestiniert. Natürlich fällt dabei ein Licht auf beide Teile des Kompositums: auf Basis und Annex.

Wir befassen uns erst einmal mit unserem Lieblingswort *Gefühl* und beschränken uns auf Wortbildungen mit diesem N als Basis.

409. Zuerst zu NN-Komposita mit *Gefühl* als Basis. Hier finden wir eine Gruppe recht frequenter und etablierter Komposita mit unseren Gefühlswörtern als Annex: *Angstgefühl* (n = 33), *Schamgefühl* (n = 29), *Hassgefühl* (n = 16), *Neidgefühl* (n = 14), *Schmerzgefühl* (n = 4), *Liebesgefühl* (n = 4).

Die herrschende Lehre würde hier von Determinativkomposita sprechen und damit eine semantische Charakterisierung vornehmen, dass nämlich mit diesen Komposita besondere Arten von Gefühlen bezeichnet würden. Eine solche Charakterisierung ist eher ärmlich und oft sogar falsch. *Angst* bezeichnet ja schon ein Gefühl, so wäre *Angstgefühl* tautologisch und darum vielleicht explikativ zu verstehen. Aber das macht hier wenig Sinn, weil wir wohl annehmen dürfen, dass beide Lexeme wohlbekannt sind. Wozu also brauchen wir so ein Kompositum?

410. Wortbildungen haben ihren individuellen Gebrauch. Die großen semantischen Regularitäten der Wortbildungslehre sind nicht nur einengend und grob zugleich, sie dienen auch nicht dem Zweck, die Bedeutungen genauer zu charakterisieren; sie sollen eher ordnen.

In den Verwendungen von *Angstgefühl* ist zweierlei auffällig: Das Wort wird meistens in diagnostischen Zusammenhängen gebraucht und fast nur im Plural, in literarischen Zusammenhängen hoch selten.

411. Trotz geringer Belegzahl wagen wir doch einige Aussagen. *Angstgefühl* dient erst einmal dazu (wie auch Komposita mit kontinuativem Annex in anderen Fällen), aus dem kontinuativen *Angst* eher ein Individuativum zu machen. Denn *Gefühl* bietet die Möglichkeit dieses Gebrauchs viel stärker. Es meint dann eher einzelne Angstzustände und Angsterlebnisse. Die substantivische Umgebung stützt diese Deutung.

Außerdem wird der Zählcharakter deutlich in den nahen Pluralflexiven und der Affinität zu *erst* und *zwölfmal*.

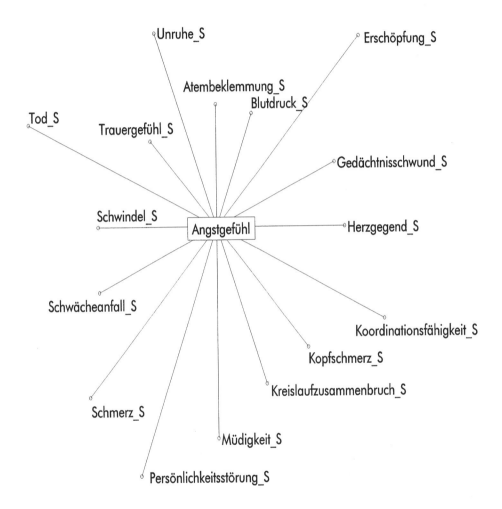

Abb. 60: Angstgefühl, r = 10, n = 33

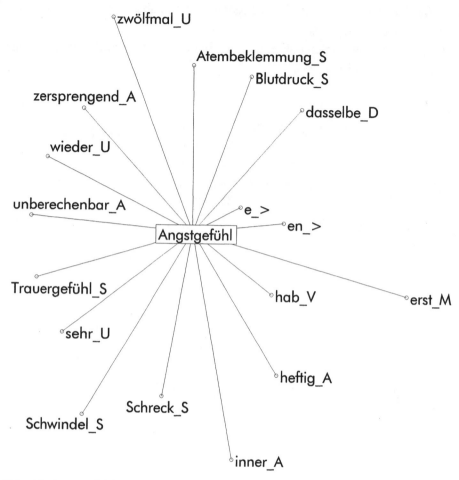

Abb. 61: Angstgefühl, r = 10, n = 22

412. Der diagnostische und pluralische Gebrauch ist eher abschwächend. Es muss also nicht gleich Angst sein, sondern etwas Ähnliches, das mit entsprechenden Symptomen einhergeht, dessen Objekt, Inhalt und Anlass dem Diagnostizierenden erst einmal unklar bleiben; daher auch *Angstgefühl* immer ohne Füllung eines Zweierslots, eher *unberechenbar*. Es ist auch ein Problem von Innen und Außen. So handelt es sich bei *Angstgefühl* fast um ein Vergleichskompositum: ein Gefühl oder Gefühle wie Angst. Nur, wo liegt die Grenze zur wahren Angst? Das Kompositum in seiner semantischen Vagheit ist das angemessene sprachliche Mittel hierfür. Wie könnte man daran zweifeln.

413. Auch die übrigen Komposita der ersten Gruppe haben ihren je eigenen Gebrauch. Bei *Schamgefühl* etwa überwiegt bei weitem der pluralische Gebrauch. Das pluralisierbare Substantiv ist hier noch nötiger, weil das Simplex *Scham* gar keinen Plural hat. Es geht also auch hier wieder wesentlich darum, über ein Individuativum zu verfügen, wie etwa die Verbindung *viele Schamgefühle* zeigt. Wohlgemerkt: Es geht in diesen Verwendungen nicht darum, Sorten von Scham zu bezeichnen, es geht um Episoden, individualisierbare Einzelgegenstände also. Im singularischen Gebrauch haben wir zuerst wieder die Aufweichung: *ein gewisses Schamgefühl, eine Art Schamgefühl, ein schwer zu beschreibendes Schamgefühl*. Und dann eine Verwendungsweise, die mehr auf die Fähigkeit, sich zu schämen, abzielt. Dies wird als Teil der moralischen Erziehung verstanden, man kann das Schamgefühl entwickeln und verfeinern.
Schließlich wird *Schamgefühl* vielleicht auch nur als stilistische Variante zu *Scham* verwendet, wenigstens nehmen wir das an, wenn wir nichts Genaueres herausbekommen können.

414. Nach traditioneller Methode versucht man Komposita über gleich strukturierte Paraphrasen zu ordnen und zu erklären. So gibt es eine Gruppe mit *Glücksgefühl* (n = 49), *Hungergefühl* (n = 18), *Schuldgefühl* (n = 135), *Pflichtgefühl* (n = 38), die man als Spezifizierung mit einer genitivischen Paraphrase erklären würde: ein Gefühl des Glücks, ein Gefühl der Schuld. Aber das erklärt nicht viel:

(i) Die genitivische Paraphrase ist hier so offen wie das Kompositum. Nur darum passt sie.
(ii) Es ist unklar, wieso die genitivische Paraphrase läuft. Warum nicht bei *Sprachgefühl*? So bleibt diese Grenzziehung äußerlich und willkürlich.
(iii) Das Paraphrasieren geht nicht hin und her. So gibt es viele genitivische Verbindungen, die nicht so gut als Komposita gehen, etwa *ein Gefühl der Beunruhigung*. Wo also liegt der Unterschied?

415. Die genitivische Paraphrase läuft gar nicht bei *Zeitgefühl* und *Sprachgefühl*. Hier wäre eine präpositionale Umschreibung passender: Gefühl für Zeit, Gefühl für Sprache/ eine bestimmte Sprache. Wo aber holen wir die Präposition her? Und passt sie wirklich? Was also ist Sprachgefühl? Wahrscheinlich gar kein Gefühl. Auch hier sagen uns die Daten etwas Andres als unser Sprachgefühl.

Das Sprachgefühl ist vor allem etwas, was Profis besitzen: Linguisten, Übersetzer und Literaten. Nur ein bisschen haben wir es alle:

(170) Was heute noch als Fehler auffällt und gegen das Sprachgefühl verstößt, wird nach Inkrafttreten der Rechtschreibreform Wirklichkeit werden.

416. Also kann etwas gegen das Sprachgefühl verstoßen; das Sprachgefühl kann befragt werden, bei manchen versagt es nie.
Für Linguisten ist das geschickt als Instanz der Beurteilung. Wenigstens scheint folgender Beleg von einem Linguisten zu stammen:

(171) Untersuchungen der Muttersprache (als langue) haben sich in erster Linie auf das Sprachgefühl des Untersuchenden zu gründen, dieses ist bis zu einem gewissen Grade auch Korpus und Informant.

Das Sprachgefühl ist vor allem zuständig für feine Differenzierungen, also nicht eine Sache der großen Masse, obwohl der bisweilen vorkommende Plural darauf hindeutet, dass auch jeder sein eigenes hat. Und letztlich hat es sogar die Sprache selbst.

417. Was man so mit dem Sprachgefühl anfangen kann, sagt Thomas Mann unserem Linguisten.

(172) Nachdem aber die Bierbank ihr Urteil über mich gefällt und selbst die Ofenbank ihr Sprüchlein hinzugefügt hatte, nämlich durch den Mund eines Blättchens namens "die Muttersprache", das nachwies, ich könne nicht deutsch und schon der Titel meiner Rede sei ein sinnloser Verstoß gegen das gesunde Sprachgefühl gewesen, – hielt ein gewisser Rudolf Ibel (ich weiß nichts Näheres) seine Stunde für gekommen und fand, es seien bequeme Lorbeeren zu ernten, indem man den politisch schon übel Zugerichteten nun auch auf höherer Ebene, als geistige Existenz überhaupt, zur Strecke bringe.

418. *Körpergefühl* ein weiteres bemerkenswertes Kompositum. Wir wissen ja, dass Gefühl viel mit dem Körper zu tun hat, aber wie passt diese Zusammenstellung zusammen? Versuchen wir es wieder traditionell mit Paraphrasen: das Gefühl des Körpers, im Körper, für den Körper läuft nicht befriedigend. Wir müssen wohl die Basis aufbrechen: Wie man seinen Körper fühlt oder ich meinen Körper fühle. Auch nicht recht. Wie mein Körper sich fühlt oder wie mein Körper sich anfühlt, klingt schon besser, allerdings von innen, nicht von außen. Dies stellt aus, dass es um nur einen Körper geht und um den je eigenen (das aber nicht ganz). Hierzu passt auch gut die übliche singularische Verwendung.

(173) Gleichzeitig wird bis in die Körpergefühle hinein deutlich, wo es hakt.
(174) Meist bemerken sie die eigenen Verspannungen nicht, weil ihnen – so Zenz – das Körpergefühl verloren gegangen sei.
(175) Schon nach zwei Wochen intensiver Paar-Therapie (richtig streicheln lernen, Körpergefühl entwickeln), behaupten Masters und Johnson, waren achtzig Prozent ihrer Patienten geheilt.
(176) Abgesehen von den persönlichen Problemen gestörtes Körpergefühl, Partnerschaftskonflikte und Schwierigkeiten im Beruf bringen die stetig wachsenden Fettpölsterchen auch massive medizinische Risiken.

Was könnte aber als Entscheidungskriterium zwischen den beiden Alternativen dienen? Einerseits die Doppelung: das Ich und sein Körper (Ich-Körper-Dualismus), andererseits: der Körper als eigenständiges Gebilde/ Wesen/ Organ.
Eine ganze Weltauffassung in zwei Tröpfchen Paraphrase.

419. Zwei eng verwandte Komposita scheinen *Selbstgefühl* (n = 97) und *Selbstwertgefühl* (n = 102), letzteres auf oberster Ebene klar ein NN-Kompositum, aber mit innerer Struktur. Hingegen ist *Selbstgefühl* ein Kompositum der Art, wo die syntaktische Kategorie des Annexes nicht festzulegen ist: Sollte es mit der Substantivierung *das Selbst* gebildet sein? Dafür wird man schwerlich argumentieren können. Oder handelt es sich um das Chamäleon *selbst*, das einerseits so etwas wie Gradpartikel, dann aber auch Adverb ist? Die Wortbildungslehre wollen wir hier nicht in die Reihe bringen.

420. Beide Komposita haben ihren eigenständigen Gebrauch. Die Verwandtschaft der beiden können wir erst einmal distributiv bestimmen. Die Grafik zeigt die Differenzen der Affinitäten von *Selbstgefühl* und *Selbstwertgefühl*. Die längeren Balken zeigen höhere Affinitätswerte und je höher, umso weniger affin. Oben, nach rechts ladend, sehen wir die Satelliten, die für *Selbstgefühl* signifikant höhere Werte haben, also solche Satelliten, die für *Selbstwertgefühl* wichtiger sind. Unten finden Sie die Satelliten, die für Selbstgefühl charakteristisch sind.

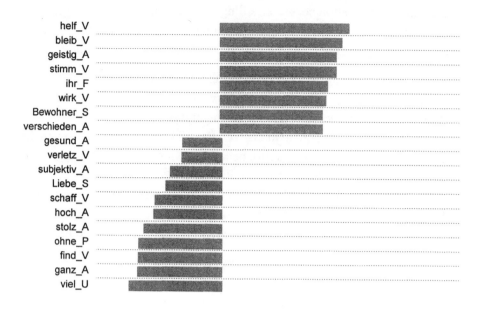

Abb. 62: Unterschied zwischen Selbstgefühl und Selbstwertgefühl

421. Wir lesen das ungefähr so: Bei Selbstgefühl kommt es besonders darauf an, dass man es hat, besitzt oder findet. Und vielleicht möglichst viel. Es ist verwandt mit dem Stolz und verletzbar. Seine Unterdrückung ist ein Thema. Am besten ist für den Einzelnen ein gesundes Selbstgefühl.
Selbstwertgefühl scheint mehr mit Geistigem zu tun zu haben. Es ist eher kollektiv als subjektiv, kann eine ganze Nation betreffen. Es sollte stimmen und wirken. Es hilft und man kann anderen helfen es aufzubauen.

422. Öfter wird es nötig sein, ein Kompositum nicht über ein N als Basis zu verstehen, sondern über ein V; dennoch bleibt es natürlich ein N-Kompositum. So ist *Mitgefühl* (n = 156) keine besondere Art des Gefühls. Es steht in engem Zusammenhang mit dem Verb *mitfühlen*. Dieses ist aus dem Simplex mit präpositionalem Anschluss *mitfühlen mit* ... entstanden und – wie in anderen Fällen – über Stilllegung des präpositionalen Slots und einer Art Präfigierung des *mit* zu einer neuen Bedeutung gekommen. Auf einer späteren Stufe bekam es eine präpositionale Valenzerhöhung: *mitfühlen mit* .... Unser Kompositum hat diese Valenzstruktur geerbt.

423. *Mitgefühl* ist so frequent und eigenständig, dass es schwer als Kompositum seriös zu erklären ist. Wir gönnen ihm einen eigenen Stern:

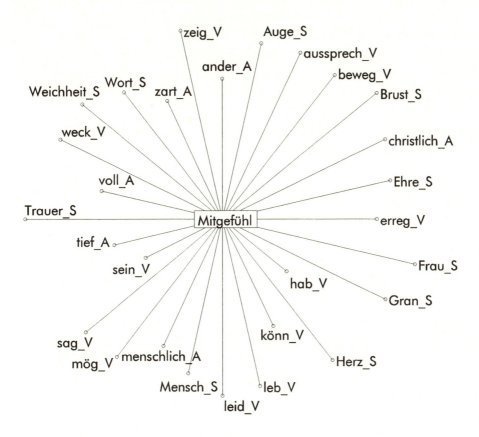

Abb. 63: Mitgefühl, r = 8, n = 200

Mitgefühl ist richtet sich immer auf Andere. Es entsteht im Herzen, in der Brust; es ist ein christlicher Wert und gilt als besonders menschlich. Oft genügt ein Gran, um mitzuleiden und uns zu Handlungen zu bewegen.

424. Schließlich das Lexem *Gefühl* selbst, das wir natürlich nicht mehr ständig motiviert verstehen, das uns aber seine Beziehung zu *fühlen* noch deutlich genug zeigt. *Gefühl* ist eine alte Verbalableitung mit dem Präfix *ge-* und dem Suffix *-e*, das allerdings als Schwa nach *l* getilgt wurde. Die beiden Affixe werden auch als

Kombinationseinheit gesehen. Sie dient der Bildung von Nomina actionis, heißt es, was natürlich für *Gefühl* nicht gerade passend erscheint. Bei nominaler Basis spricht man aber von Kollektiva, und dies zielt auf eine andere semantische Eigenschaft. Eine Art kollektive Paraphrase könnte auch hier passen: *Gefühl ist alles, was man fühlt.* Davon sind wir aber noch weit entfernt. Jedoch dürften beide Komponenten, actio und kollektiv, in Gefühl aufgegangen sein zum puren Kontinuativum. Aber der Weg dahin war weit, wir können ihn hier nicht verfolgen.

425. Wortbildungen zu einer Wurzel ergeben ihren nächsten Kotext. Sie sind distributiv begünstigt. Darum ist ihnen auch so viel über die Bedeutung zu entnehmen. Im Folgenden dokumentieren wir die Wortbildungsaktivitäten der Wurzeln *Angst, Furcht* und *Schreck*, wie wir sie den Wortlisten entnehmen können. Wir bewahren dabei die Pluralformen, wenn sie typisch erscheinen.

ANGST

Adjektive

angst-		
-abwehrend	-erregend	-süß
-auslösend	-erzeugend	-vertreibend
-bedingt	-frei	-verzerrt
-bereit	-geladen	-voll
-besessen	-lösend	-zerfressen
-betont	-schlotternd	-zerrend
-erfüllt	-starr	

Substantive

Angst-		
-Abgründe	-freiheit	-psychose
-abwehr	-gefühl	-reaktion
-auge	-gegner	-röhren
-äußerung	-Gewalt-Spirale	-schrei
-beißer	-hase	-schweiß
-bereitschaft	-kampagne	-traum
-bewältigung	-käufe	-trauma
-bilder	-komplex	-triebe
-blick	-landschaft	-verhalten
-Eiweiß	-lücke	-verstärker
-entscheidung	-Lust-Gefühle	-vision
-erfahrung	-nächte	-vorstellung
-erinnerung	-neurotiker	-welle
-erzeugung	-parole	-zone
-film	-partie	-zustand
-Forscher	-Partie	

-angst		
Achtmonats-	Inferioritäts-	Schwellen-
Bomben-	Katastrophen-	Seuchen-
Buden-	Konkurrenz-	Sprech-
Computer-	Krebs-	Türken-
Erstickungs-	Erwartungsangstzustände	Über-
Flug-	Kriegs-	Umwelt-
Formaldehyd-	Kurven-	Verlust-
Gewitter-	Platz-	Vernichtungs-
Heiden-	Premieren-	Welt-
Impotenz-	Raketen-	

FURCHT

Adjektive

furcht-		
-erregend -einflößend -erfüllt	-besetzt -gequält -sam	-machend

ehrfurchts-		
-gebietend	-voll	-starr

Substantive

Furcht-		
-empfinden -einflößung	-gedanke -gefühl	-zugeständnis

-furcht		
Ansteckungs- Asylanten- Atom- Festlegungs- Fremden- Gewissens- Götter- Herzens- Humanisten-	Jugend- Kinder- Kometen- Kommunisten- Körper- Kriegs- Künstler- Märchen- Nacht-	Revolutions- Schlangen- Sommer- Terroristen- Überfremdungs- Veränderungs- Verbrechens-

-befürchtung		
Ansteckungs-	Bürger-Befürchtung	Krankheits-

Ehrfurchts-		
-bezeigung -klischee	-schrecken -verhältnis	-gefühl

SCHRECK

Adjektive

schrecken-	kauf-	zurück-
-erregend	-abschreckend	-schreckend
schreckens-		
-bleich	-reich	-starr
abschreckungs-	über-	
-kritisch	-schrecklich	

Substantive

Schreck-		
-bild	-gespenst	-schußpistole
-figur	-passage	-sekunde
-gefühl	-schraube	-vorstellung

Schreckens-		
-aktion	-haus	-propheten
-argument	-herrschaft	-regime
-ausruf	-idee	-regiment
-bild	-kammern	-ruf
-botschaft	-kind	-stätte
-eindruck	-kürzel	-stunden
-epoche	-landschaft	-szenarien
-figur	-meldung	-tat
-gefühle	-nachricht	-tier
-gemälde	-panorama	-vision
-gestalt	-post	-vokabeln

Abschreckungs-		
-bild	-maßnahme	-system
-charakter	-mechanismus	-terminologie
-dogmatik	-mittel	-theorie
-doktrin	-möglichkeit	-triade
-effekt	-politik	-waffen
-fähigkeit	-prinzip	-wirkung
-kraft	-problem	-ziel
-macht	-strategie	
-manöver	-streitmacht	

-schreck	-schrecken
Jugend-	Todes-
Kinder-	Traum-
Rentner-	

Verben

-schrecken		
hoch-	weg-	zusammen-
rückwärts-	zurück-	

4.3 Stereotypen: Die Macht der Liebe

Liebe – dieses klebrige Wort
Herbert Grönemeyer

426. Die Auffassung, dass Bedeutungen als Stereotype zu sehen sind, liegt der Stereotypensemantik wie auch der Prototypensemantik zugrunde. Sowas finden wir schon früher: "Ce n'est pas par la description physique des choses signifiées que l'on arrive à caractériser utilement l'usage sémantique adopté dans une communauté linguistique...; c'est tout au contraire par les évaluations adoptées par cette communauté, les appréciations collectives, l'opinion sociale" (Hjelmslev 1954:175).
Normalsprachlich hat das Wort *Stereotyp* wie *Vorurteil* einen negativen Beigeschmack, es wird meistens verwendet für das, was andere glauben, was man aber selbst für falsch hält. Das Wort hat also einerseits einen imperialen Wahrheitsanspruch eingebaut, andererseits ist es für semantische Zwecke zu eng. Denn auch, was wir selbst glauben – ob wahr oder falsch –, kann zur Bedeutung gehören. Eine andere Frage entsteht dadurch, dass wir Deutschen natürlich keine homogene Glaubensgemeinschaft sind, ebensowenig wie wir eine homogene Sprachgemeinschaft bilden. Stereotype müssen darum auf bestimmte Gruppen bezogen werden.

427. Wir definieren also ein Stereotyp ST in der Gruppe G als eine Menge von Aussagesätzen A(x), die die meisten Gruppenmitglieder glauben. Etwas formaler:

(177) $ST(A(x), G) = \{A(x) \mid \text{die meisten } g_i \in G \text{ glauben } A(x)\}$

428. Wie gewinnt man Stereotypen? Naheliegend wäre wohl, die Glaubenssätze der Gruppenmitglieder zu elizitieren, das heißt etwa durch eine Umfrage zu ermitteln. Das ist mühsam und es würde voraussetzen, man könne schon die einschlägigen bestimmen oder gar die Sprecher könnten dies. Der bequemere Weg scheint, die Stereotype sozusagen als Hintergrundsätze aus Texten zu gewinnen. Man kann dies erst einmal durch intelligente Lektüre erreichen und sich von Sternen leiten lassen. Man könnte auch Stereotype destillieren aus Verwendungen, die sozusagen explizit auf Stereotype Bezug nehmen. Dies ist etwa der Fall bei konzessiven Sätzen, in denen ja explizit eine vermutete Vorerwartung oder ein als verbreitet unterstellter Glaube negiert wird. Dafür können wir Methoden entwickeln.

4.3 Stereotypen: Die Macht der Liebe

429. Beginnen wir mit einem ersten Beispiel:

(178) Trude Herr liebte Köln zwar abgöttisch, stand aber immer auf dem Absprung.

Wer dies sagt, scheint mir von Folgendem auszugehen:

(179) Wenn Trude Herr Köln abgöttisch liebte, dann würde ich/ würdest du erwarten, dass sie nicht immer auf dem Absprung stand.

Auf dieser Annahme können wir generalisieren. Ein erster Schritt wäre die Generalisierung von der kommunikativen Dyade auf eine Sprecher-Gruppe:

(180) Wenn Trude Herr Köln abgöttisch liebte, dann würde man erwarten, dass sie nicht immer auf dem Absprung stand.

Ein zweiter Schritt könnte die Generalisierung der referierenden Nominalphrasen und des Tempus zum Atemporalen und Habituellen sein:

(181) Wenn jemand eine Stadt abgöttisch liebt, dann würde man erwarten, dass er/ sie nicht immer auf dem Absprung steht.

Beide Generalisierungsschritte wären empirisch abzusichern. Die Frage ist: Können wir noch weiter gehen in der Generalisierung?

430. Einer näheren Betrachtung wert ist der Modifikator *würde erwarten...* Alternative Formulierungen wären: *dann ist/ wäre es normal ...* oder *dann ist es häufig so ...* und andere. Auf die Abwägung dieser Alternativen soll es uns hier nicht ankommen. Wichtig ist aber, dass derartige Stereotypen von uns nicht geglaubt werden müssen, wir halten uns raus, stellen nur dar. Sogar der Sprecher muss sie nicht glauben; er unterstellt sie nur, etwa um vom Partner verstanden zu werden, seine Zustimmung zu finden. Gerade darin besteht ihr sozialkonstitutiver Wert. Darum ist etwa in folgendem Beispiel die Unterstellung nicht einfach ein Glaubenssatz der Sprecherin oder des Sprechers:

(182) Ich habe erkannt, dass ich dich immer noch liebe. Aber selbst wenn du der einzige Mann auf der Welt wärst, ich kann nicht mit dir zusammenleben.
(183) Wenn man jemanden liebt, ist es normal/ ist zu erwarten, dass man mit ihm zusammenlebt oder zusammenleben möchte.

431. Man könnte die allgemeine Prozedur darstellen, wie man die Stereotypen aus solchen Sätzen herausholt. Statt dessen möchte ich hier noch Einiges über die Liebe herausfiltern. Als Anzeiger der Konzessivität sind gewählt: *aber, sondern, obwohl, obgleich, wenngleich, trotzdem, trotz.*
Hier zuerst die Beispiele:

(184) Mein Mann liebt mich. Aber er hat auch eine Geliebte.
(185) Tomas liebt Teresa. Aber obwohl er sie so sehr liebt, dass er ihretwegen das angenehme Züricher Exil verlässt und zurückkehrt ins kommunistisch beherrschte Prag, ist er dennoch außerstande, ihr treu zu sein.
(186) Ich liebe unser Kind doch, in seiner Verworfenheit und Unschuld, über alles, obgleich es, das arme, unsere Strafe ist.
(187) Trotz aller Liebe zur Bühne sehen die beiden Künstler den Theaterbetrieb kritisch.
(188) Schulz bedankte sich nicht nur für ihr persönliches Präsent, sondern allgemein für die Liebe, die der älteren Generation trotz der hektischen Zeit noch zuteil wird.
(189) Ich fange den Brief also ohne Selbstvertrauen an und nur in der Hoffnung, dass Du Vater mich trotz allem noch lieb hast und besser lesen wirst, als ich schreibe.
(190) Friederich – ich habe trotz allem nie aufgehört, dich zu lieben.

432. Und hier die Stereotypen in Formulierungsvarianten:

(191) Wenn ein Mann eine Frau liebt, hat er gewöhnlich keine Geliebte.
(192) Wenn jemand (ein Mann?) so sehr liebt, dass er Schweres auf sich nimmt, könnte man erwarten, dass er treu ist.
(193) Sein Kind liebt man, auch wenn es eine Strafe ist.
(194) Wer die Bühne liebt, steht dem Theaterbetrieb normalerweise nicht kritisch gegenüber.
(195) Wenn die Zeit so hektisch ist, wäre es normal, der älteren Generation weniger/ keine Liebe zuteil werden zu lassen.
(196) Ein Kind kann selbstverständlich erwarten, dass sein Vater es noch lieb hat, auch wenn es allerhand angestellt hat.
(197) Man liebt auch noch, wenn einem viel angetan wurde.

4.3 Stereotypen: Die Macht der Liebe

Die Formel *trotz allem* ist typisch in Liebeszusammenhängen, wenngleich sie ja immer kontextuell oder situationell auf Unterschiedliches referiert. Die Liebe überwindet Manches.

Wären weitere Verallgemeinerungen der Liebesstereotypen erlaubt?

433. Wir kennen noch einen zweiten Weg zu Stereotypen. Auch die metaphorischen Modelle können als Stereotypen aufgefasst werden. Sie sind formuliert als einzelne Aussagesätze. Für die Liebe gibt es eine große Zahl metaphorischer Modelle. Ein wichtiges lautet:

(198) Liebe ist Flüssigkeit.

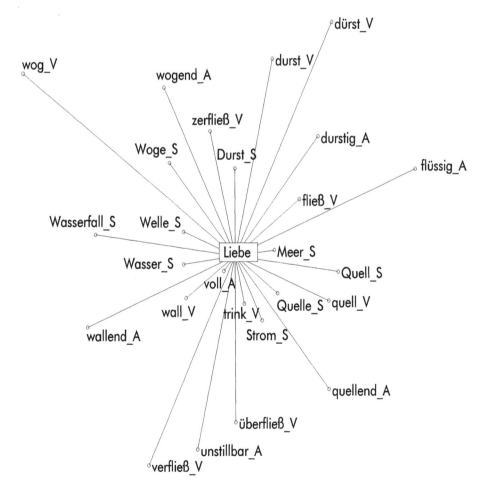

Abb. 64: Liebe, r = 8, n = 27900

Die entsprechenden Lexeme sind zwar nicht hochfrequent und es sind auch nicht die nächsten Satelliten, sie bilden aber ein Feld, das unter diesem Modell zusammenfassbar ist und ihre Konnexion überhaupt erklärt.

434. Das Modell (198) hat damit zu tun, dass wir abstrakte Kontinuativa metaphorisch als Substanzen fassen. Wir haben keine Kategorie, keine Bezeichnung für diese Art von Gegenständen. Und darum scheint hier nur metaphorische Rede möglich.
Liebe ist ein reines Kontinuativum. Im Gegensatz zu konkreten Kontinuativa sieht man nicht, wie man Liebe aufteilen oder portionieren könnte; dies scheint ein Problem aller abstrakten Kontinuativa, wie auch Zeit, alles Gute, die man eben schwer individuieren kann.

435. Liebe ist konzipiert als reines abstraktes Kontinuativum; sie ist grenzenlos und zeitlos; wir verwenden keine divided reference. Sie ist ein unteilbares Ganzes, an dem wir alle teilhaben können, ohne dass wir Teile von ihr haben. Und wenn wir an ihr teilhaben, dann nicht an einem Teil, sondern an der ganzen Liebe. Würden Sie sich nicht dagegen verwahren, dass Sie nicht mehr an der Liebe teilhaben könnten, weil schon so viele andere lieben? (Gäbe es Ausverkauf oder Liebesknappheit?)
Darum kann Liebe grenzenlos und überall sein, und zwar nicht nur ein Teil von ihr, sondern die ganze Liebe.
Als pures Kontinuativum ist sie auch kontinuierlich in der Zeit. Die Liebe ist ewig.

436. Eine ganz andere Frage ist: Wovon reden wir, wenn wir von der Liebe sprechen, mit sogenanntem institutionellem Artikel? Wir müssen damit nicht von einer individuierten Liebesepisode oder metonymisch von einer Person, einem Liebespartner sprechen, und schon gar nicht vom Begriff der Liebe. Denn der ist nicht süß. Wir meinen damit jene eine Liebe in ihrer Gesamtheit, das reine Kontinuativum. Wir betonen damit – fast wie bei einem Proprium – die Unikalität und die Allgemeinheit. Ähnlich *das Wasser, die Zeit, das Böse*.

(199) Die Liebe, was ist sie nicht alles, wie Vielartiges deckt ihr Name, und wie ist sie doch immer die Eine!

4.3 Stereotypen: Die Macht der Liebe

437. Ist das Modell (198) korrekt formuliert? Ist es wirklich ein Stereotyp? Glauben wir das wirklich? Eine alternative Formulierung wäre:

(200) Liebe ist wie eine Flüssigkeit.

Sie scheint die Sache besser zu treffen. Aber sie rekonstruiert das Metaphorische als Vergleich und schießt damit über das Ziel hinaus. Der Sinn der Metapher ist ja, dass eben nicht verglichen wird. Dennoch müssen wir Fälle wie (198) unterscheiden von Stereotypen wie (201):

(201) Liebe ist Leid.

Dies ist kein metaphorisches Modell, sondern real, wenngleich es sich in der Distribution ähnlich zeigt.

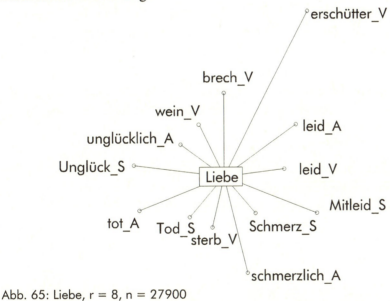

Abb. 65: Liebe, r = 8, n = 27900

438. Eine andere Frage ist, wie weit die jeweilige Metapher schon verblasst ist und was das zu besagen hat. So wird man aus der Verwendung von *Quelle* nicht mehr unbedingt schließen können, das jeweilige X sei als Flüssigkeit gesehen. Zu wenig ist das Bild dahinter noch sichtbar. Aber es geht hin und her: Die Redeweise könnte von einem konkreten Bild "Quelle der Liebe" ausgehen, das Bild könnte aber erst nach der metaphorischen Redeweise gemalt werden.

439. Der Aufschwung der kognitiven Metapherntheorie hat auch ermutigt, verschüttete Metaphern wieder auszugraben. Analog der alten Theorie, die temporale Verwendungen von Präpositionen als Übertragung lokaler Verwendungen versteht und gezeigt hat, dass Zeit als Raum konzipiert wird, hat Radden die Verwendung von Präpositionen bei Gefühlswörtern untersucht. Er sieht die regierenden Präpositionen wie *in* und *aus*, sc. englisch *in* und *out...of*, als Manifestationen der Container-Metapher "Intense emotions are containers" (Radden 1998:275). Also wäre *in Liebe* so zu verstehen, als befinde man sich in einem Container, der mit Liebe gefüllt sei. Und *aus Liebe* sage etwa, dass man aus einem solchen Container heraus handele. Dies verkennt, dass Liebe keine Substanz, sondern ein reines Kontinuativum ist, und demzufolge, dass die Liebe, in der wir uns sehen, nicht außen begrenzt ist, sondern etwas Amorphes, Unbegrenztes, eher wie ein Nebel, dessen Grenzen wir nicht sehen. Insofern ist die Container-Metapher hier nicht das angemessene Modell. Insofern steht dieses Modell nicht in direktem Zusammenhang mit dem Modell (198).

440. Eruierung und Formulierung metaphorischer Modelle werfen Fragen auf. Einige wollen wir an folgendem Modell der Liebe erörtern.

(202) Zwei werden eins.

Dieses Modell hat einen direkten Bezug zum Liebes-Frame, der ja zwei Slots hat. Beim Einser-Slot eine Personenrolle, beim Zweier-Slot eine offen, erweiterte Rolle, die aber im prototypischen Fall auch durch eine Person besetzt ist. Ein selektiver Stern zu diesem Modell enthält Folgendes:

4.3 Stereotypen: Die Macht der Liebe

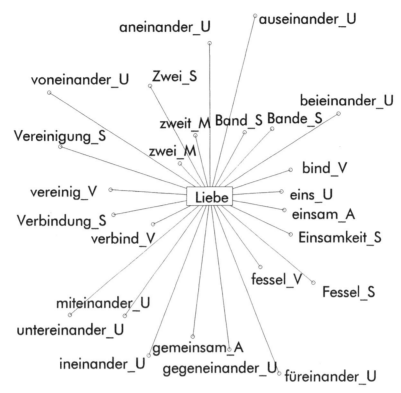

Abb. 66: Liebe, r = 8, n = 27900

441. Die Satelliten zeigen Verbindungen zu verschiedenen Submodellen des Modells (202).

(203) Liebe ist eine Verbindung von X und Y.
(204) X ist Besitz von Y.

Und hier gibt es noch weitere Submodelle. Im Grunde aber geht der Weg andersherum: Einzelne Wendungen wie *die Bande der Liebe, Fesseln, die uns aneinander binden* führen uns durch Verallgemeinerung zu den Submodellen und weiter nach oben zu Modellen.

442. Wie formuliert man die Modelle? In welcher Sprache und welchem Register? Eine erste Forderung müsste sein, sie so aufzubauen, abzugrenzen und zu formulieren, dass man möglichst viele Redeweisen unterbringt.

Die innere Struktur eines Modellbereichs sollte vor allem durch Inferenzen bestimmt sein. So wären Submodelle nichts Anderes als Implikate.
Aber immer bedenken: Es gibt keine Konsistenz der Modelle, weder intern noch extern. Es gibt Widersprüche zwischen verschiedenen Modellen.

(205) Liebe ist Naturgewalt.

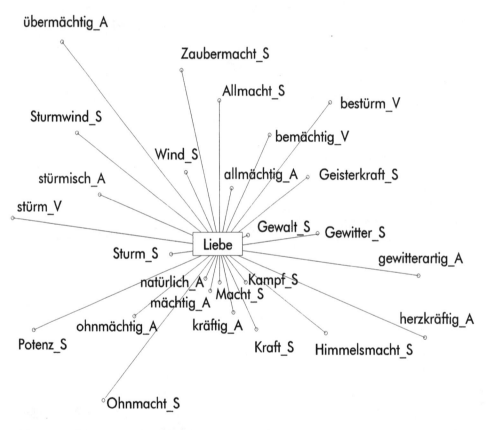

Abb. 67: Liebe, r = 8, n = 27900

4.3 Stereotypen: Die Macht der Liebe

443. Hier noch ein Aufriss von vier weiteren Modellen.

(206) Liebe ist innen.

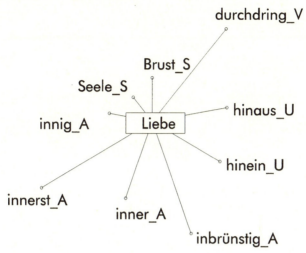

Abb. 68: Liebe, r = 8, n = 27900

(207) Liebe ist Rausch und Fieber.

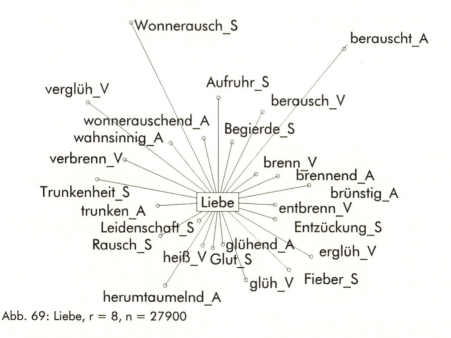

Abb. 69: Liebe, r = 8, n = 27900

(208) Liebe ist Wärme.

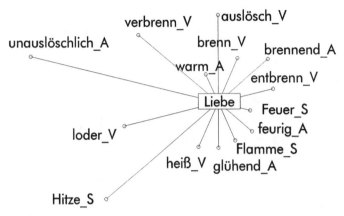

Abb. 70: Liebe, r = 8, n = 27900

An allen hängen weitere Redeweisen. So ist die Liebe umso größer, je weiter sie innen ist, je tiefer sie ist.

444. Eine dritte Quelle für Stereotypen können auch allgemeine Sentenzen sein, wie sie in Texten öfter vorkommen. Solche Sentenzen sagen etwas allgemein, habituell und eher atemporal über die Liebe. Wenn-Sätze und verkappte Konditionalgefüge sind gute Kandidaten. Hierzu gehören auch Sprichwörter, Redensarten und geflügelte Worte. Auch konzessive Sätze enthalten stille Präsuppositionen. Wieweit die Sentenzen allerdings verbreitet geglaubt werden und wie weit sie unsere Auffassung der Liebe prägen ist, eine andere Frage.
Hierzu eine kleine Beispielsammlung:

(209) Liebe ist ein großes Wort.
(210) Liebe vermag alles.
(211) Wortlos ist die Liebe.
(212) Die Liebe ist das Gültige; sie gibt den Ausschlag.
(213) Die Liebe, die Glück ist, aber auch Schrecken, Trauer, Enttäuschung, Verletzung, Verzweiflung, Rätsel.
(214) Liebe muss leiden.
(215) Wer liebt, leidet.
(216) Niemand kann von Liebe sagen ohne Liebesschmerz.
(217) So viel Muscheln der Strand, so viel beut Schmerzen die Liebe.
(218) Jedes Überschießen des Glaubens und der Liebe führt in das Leiden.

(219) Denn wer die Liebe kennt, kennt auch das Leid. Wer sie aber nicht kennt, der kennt höchstens "die Schönheit".
(220) Willst du geliebt werden, so liebe.
(221) Liebe strebt zur Vereinigung.
(222) Ich kann nicht mehr sagen, meine Liebe oder deine Liebe, beide sind sie gleich und vollkommen eines.
(223) Zwei Seelen und ein Gedanke, zwei Herzen und ein Schlag.
(224) Denn ich sehe, dass du nun mir vor allen gehörst, und dass ihr untrennbar verschlungen seid, Tod und Liebe.
(225) Wer liebt, ist nicht einem anderen verfallen.
(226) Liebe rechnet nicht.
(227) Kann unsere Liebe je enden?
(228) Das ist die wahre Liebe, die immer und immer sich gleich bleibt, wenn man ihr alles gewährt, wenn man ihr alles versagt.
(229) Wo die Liebe hinweggenommen, bleibt nichts als Gerechtigkeit.
(230) Müßiggang ist aller Liebe Anfang.
(231) Die Psychoanalyse will wissen, dass die Liebe sich aus lauter Perversitäten zusammensetze. Darum bleibt sie doch die Liebe, das göttlichste Phänomen der Welt.
(232) Natürlich sind Sinnlichkeit und Liebe auf keine Weise zu trennen.
(233) Liebe macht uns frei; sie steigert unsere Leistungsfähigkeit.
(234) Am Tag ist die Eule blind, bei Nacht die Krähe. Wen aber die Liebe verblendet, der ist blind bei Tag und Nacht.
(235) Alle Wesen, die tagsüber mit der Liebe nicht fertig wurden, nutzen die Nacht.
(236) Kinder brauchen keine Verbote und Belehrungen. Sie brauchen die Liebe und Zuneigung und Freundlichkeit der gesamten Gesellschaft.
(237) Der Glaube an Gott ist der Glaube an die Liebe, an das Leben und an die Kunst.
(238) Liebe ist nicht Ende, sondern Erfüllung der Freiheit.
(239) Als Tabu gilt noch immer die Liebe zu einem Tier.
(240) Was sich liebt, das neckt sich.
(241) Alte Liebe rostet nicht.
(242) Da ist in meinem Herzen die Liebe aufgegangen.
(243) Im edlen Herzen nur wohnt wahre Liebe.
(244) Bei Männern, welche Liebe fühlen, fehlt auch ein gutes Herze nicht.

(245) Liebe, die von Herzen liebt,
ist am reichsten, wenn sie gibt;
Liebe, die von Opfern spricht,
ist schon rechte Liebe nicht.

4.4 Das Diachronieproblem: Ewige Liebe?

Pour la langue,
les idées ne représentent rien de préexistant.
Ferdinand de Saussure

445. Die wahren Daten sind die großen Taten. Dies ist eine – vielleicht etwas vulgäre – Auffassung der allgemeinen Geschichtsschreibung. Häufig wird sie übertragen auf die Sprachgeschichte. Da war es dann Goethe, der uns *Mitleid* lehrte, oder Thomas Mann, der – ganz erstaunlich – den englisch-amerikanischen Ausdruck *to make love* als *Liebe machen* lehnübersetzt haben soll, oder die Mystiker, die der deutschen Sprache ganz neue Ausdrucksmöglichkeiten eröffneten, oder Freud, der eine epochemachende Betrachtungsweise einführte, oder gar der dänische Dichter Baggesen, der 1800 das deutsche Wort *Umwelt* geprägt haben soll.
Der neue Paul listet uns diese Helden des Deutschen dankenswerterweise im Sachregister auf, zusammen mit den Wörtern, die sie dem Deutschen geschenkt haben: Campe, Goethe, Kant, Klopstock, Lessing, Luther, Nietzsche, Paracelsus. Damit hätte man die Schöpfer von vielleicht 0,0001 Promille des deutschen Wortschatzes festgestellt. So glaubt man.

446. Solche Darstellungen sind zumindest windschief. Belege gestatten keinen Schluss auf die Entstehung (Paul 1895:59). Man muss sich erst einmal fragen, ob denn der Heros tatsächlich jener war, der die neue Verwendung zuerst machte. Ist es vielleicht nur einseitige Quellendiät des Sprachgeschichtsschreibers, die ihn diese Belege auswerten lässt? Es fehlt vielleicht "eine genügende Ausnutzung der Quellen" (Paul 1895:54). Oder ist es die Überlieferungslage, die vielleicht jenen Heros begünstigte, so dass gerade seine Äußerungen uns geblieben sind? Und wäre der Heros tatsächlich der Entschöpfer gewesen: Ist es dann nicht eher so, dass er eben darum der Heros ist, weil er zum fruchtbar vergifteten Brunnen wurde, von dem so Vieles seinen Ausgang nahm? Anders gesagt: Besteht das Heroentum nicht gerade darin, in dieser Weise rezipiert zu werden? Und ist es nicht nur die Kehrseite des Glaubens, dass so Vieles von jenen Geistern seinen Ausgang nahm?

447. Nehmen wir mal an, dass die selektionale Betrachtung auch im Geistigen greift und dass wir eben hinterher erkennen und erklären, wer die Selektion so bravourös passierte. Dann sehen wir auch unseren eigenen Anteil an der Sprachgeschichte und den unserer schlichten Vorfahren. Wir sind es nämlich, die die sprachlichen Entschöpfungen erst nachschöpfen, aufnehmen, verstehen, passieren lassen. Das Verstehen und das Aufnehmen sind für ihre Existenz vielleicht wichtiger als der Schöpferwille.

Innovationen werden gefunden oder gemacht, aber sie werden auch von Einzelnen akzeptiert und damit erst verbreitet. Und dazu braucht es uns, die simplen Sprecherschreiber. So wie eine Schwalbe keinen Sommer, macht kein Heros einen Wandel.

448. Fragen wie, warum die Schwalben sich einvernehmlich sammeln, warum und wieso zum gleichen Zeitpunkt, kommen der heroischen Geschichtsschreibung nicht in den Blick. Mit so vielen und so vielen Daten hat sie nichts im Sinn.

449. "Manche neuen, erfolgreichen Wortbildungen sind Schöpfungen von Einzelpersonen ..." (von Polenz 1991:41). Woher wissen wir das? Selbstverständlich und trivialerweise hat immer ein Einzelner ein neues Wort als Erster verwendet. Gemeint ist hier aber doch, wir wüssten manchmal, wer. Wer hat das Wort *Körpergefühl* oder *Besserwessi* gebildet? Können wir das ermitteln? Im Zitat ist vielleicht gemeint, wir könnten eine Person ausmachen, mit der die Verbreitung einer Neubildung verbunden wird, einen Multiplikator also. Aber wissen wir, ob nicht vielleicht der politische Redenschreiber oder die Frau eines Psychologen das Wort gebildet hat? Und wissen wir, wo er oder sie es aufgeschnappt hat? Die Frage ist, ob wir als Sprachgeschichtsschreiber dem überhaupt nachgehen sollen. Was wir aber sicher nicht tun sollten, ist, den Propagator zum Kreator zu erklären. Das wäre Beihilfe zur – üblichen – historischen Kumulation auf wenige Figuren. Und was wir erst recht nicht tun sollten, ist, uns in den Mittelpunkt zu stellen und unsere Schlüsse aus selektiver Lektüre zur Realität zu erheben.

450. Eine andere übliche Betrachtungsweise ist, dass alles einfach so passiert; nicht unbedingt, dass die Sprache es selber mache, sondern eine Art Naturwüchsigkeit existiere. Betrachtet werden vor allem (fiktive) Zustände, die als Ergebnisse eines Wandels aufgefasst werden. Die Zustände sind Linguisten-Konstrukte. Der Wandel selbst bleibt außen vor. Dies schon, weil eine dynamische Darstellung der Sprache nicht entwickelt ist. Gradualität, Varietät, Übergänge gehören kaum zum Darstellungsbereich oder zur Kunst der modernen Linguistik. Die agenslose Auffassung der Sprachgeschichte findet sich vor allem im Bereich der Phonologie. Dies wird vielleicht als defizitärer Darstellungsmodus empfunden, weil man da schwer Handelnde und Schöpfer ausmachen kann. Anders als auf dem Gebiet der Wortbildung und Semantik.

451. Einigkeit besteht ja wohl unter Linguisten, dass die eigentlichen Daten die sprachlichen Akte der Sprecher sind. Einzelne Handlungen, historische Ereignisse also. Auf diesem Untergrund sind sprachhistorische Aussagen wie *mîn > mein* kühn. Dieser Wandel ist im Rahmen des Lautwandels î > ei zu sehen. Und die schlichte Aussage besagt wohl: Wo früher (im 10. Jh.) die Sprecher î gesagt haben, sagen später (im 14. Jh.?) die Sprecher ei. In der Ausbuchstabierung sehen wir allerlei:

(i)   Es sind nicht die gleichen Sprecher, von denen die Rede ist.
(ii) Es sind nur analoge Umgebungen, die in der Darstellung schematisch gleichgesetzt werden.
(iii) Es sind Identitäten vorausgesetzt: die Umgebungen, die Wörter u.a.

Die theoretischen Probleme, die sich daraus ergeben, wurden z.T. schon von de Saussure diskutiert. Sie können wohl in der Praxis nur schwerlich ernst genommen werden. So das Problem der großen Zahl: Wie viele Akte, î- bzw. ei-Äußerungen oder Zwischendinge, wären die Basis für die unschuldige î > ei-Behauptung? Vielleicht 10^8 Akte oder 10^{12}? Jedenfalls eine immense Zahl. Und da stellt sich doch die Frage, welcher Sprachhistoriker sich mit wie vielen solcher Akte befasst hat.

452. Aussagen über phonetische Tatsachen sind die problematischsten nicht. Die Daten liegen vor in schriftlichen Fixierungen; die muss man nur dekodieren. Hier tun sozusagen die Sprecherschreiber die halbe Arbeit des Linguisten: Sie fassen die Vielfalt der Nuancen, die Varianten der Realisierungen schon in Grapheme, bringen sie sozusagen auf den Begriff (ob auf den richtigen, ist eine andere Frage, die den detektivischen Spürsinn der Linguisten herausfordert).
Ganz anders in der Semantik. Da gibt es kein zweites oder sekundäres Medium. Alles ist in den Wörtern. Auch ihre Bedeutung. Die Sprecherschreiber haben nur für sich selbst als Hörerleser gearbeitet. Der Semantiker steht vor dem Text wie der Ochs vorm Ölberg.

453. Ein mittelhochdeutsches Heldenepos oder Gottfrieds Tristan. Mittelhochdeutsch – wie können wir das verstehen, wie lernen? Über die damalige Welt

haben wir keinen Zugang, sie gibt es nicht mehr. Unser Sprungbrett ist die heutige Welt. Aber Springen ist so einfach nicht. Wir wissen nicht, wo wir landen. Wie machen wir das also?
Vielleicht so: Wir finden im mittelhochdeutschen Text Wörter, die heutigen gleichen. Und wir gehen erst mal davon aus, dass es die gleichen sind und das Gleiche bedeuten. Wir lesen und sehen, dass nicht alles immer so ganz passt; es wächst der Verdacht, dass sie ein bisschen was Anderes heißen. Aber wie merken wir das? Und wie entdecken wir, was sie heißen?

454. Eines scheint klar: Wir wenden unsere normalen Sprachfähigkeiten an, und wir lernen nur aus Texten. Wie jene Welt war, was Realität war, erfahren wir so nur aus Texten.

455. Mein Latein. Die Idee, hie Sprache, hie Welt, ist naiv. Mein Latein habe ich ohne jene Welt gelernt. Die Wörter des Lateinischen wurden mir in Zusammenhang gebracht mit deutschen Wörtern, Kenntnis ihrer Bedeutung hat sich etabliert, soweit das funktionierte und soweit es zu plausiblem Textverständnis führte. Ganz so ist es übrigens mit den meisten meiner deutschen Wörter auch.

456. Diese Situation gilt es methodisch zu reflektieren. Eine Idee, mit dieser schlechten Lage umzugehen, ist die Idee des fortwährenden Prozesses. Man gewinnt derartige Konstrukte aus Texten und verwendet sie zur Deutung anderer Texte. Solange alles passt und wir mit den Großdeutungen zufrieden sind, müssen wir sie nicht revidieren. Falls ein Text sich aber sperrt und mit anderen Hypothesen besser zu deuten ist, revidieren wir die Voraussetzungen. Das wäre sozusagen ein plastischer hermeneutischer Prozess. Aber wo liegt der Anfang? Die gemeinsame Praxis gibt es auch hier nicht. Feedback bleibt aus.
Als Ersatz fungiert die Gemeinschaft der Deutenden.

457. In einem anderen Sinn haben wir – als Anfang, wie gesagt – aber ein Zipfelchen in der Hand: Wir sprechen ja Deutsch und die untersuchten Texte sind in Deutsch. Wir können auf der Basis unserer jetzigen Kompetenz feinere und größere Unterschiede lernen. Denn das Deutsche ist ein historisches Gebilde, an dem damals gestrickt wurde und an dem wir heute noch stricken. Zwar mag es in der Verwendung der Wörter und der Grammatik große Unterschiede geben, es gibt auch Gemeinsamkeiten.

458. Frühere Zeiten verstehen ist so etwas wie fremde Kulturen verstehen. Aber es gibt Unterschiede. Bei fremden Kulturen haben wir prinzipiell die Möglichkeit, zu lernen in normalen Gegebenheiten. Insbesondere können wir feedback bekommen, wenn wir wollen. Bei mittelalterlichen Zuständen haben wir nur Überlieferung, wir bekommen kein feedback.

Theoretische Konstrukte wie die Bedingungen der Produktion, das Leben im Mittelalter, die "epistemischen Bedingungen, welche das Sinnvoll-Machen einer Zeichenfolge ... erst ermöglichen" (Busse 1988:266) sind keine Basis. Wir konstruieren sie doch aus der Überlieferung, und die Überlieferung sind Texte. Wir haben überhaupt nur Texte.

Man komme mir nicht mit anderen Quellen wie bildlichen Darstellungen etwa, wie Walther nachdenklich die Wange in seine Hand schmiegt. Wenn das keine Deutung ist!

459. Die Bedeutung ist der Gebrauch. Der Gebrauch ist unüberschaubar. Also muss man ihn kondensieren. So könnte er überschaubar werden. Der praktische Nutzen besteht darin, dass jemand das Kondensat wieder verlängern oder verdünnen könnte.

Das geht mit semantischen Definitionen. Scheint es. Sie geben den klugen Benutzern Ansatzpunkte, von denen aus sie weiterdenken und arbeiten können. Aber in einer semantischen Empirie geht es nicht darum, selber weiterzudenken (wenngleich dies die Strategie vieler Linguisten ist): Die Daten sollten sprechen. Oder viel besser: zum Sprechen gebracht werden.

460. Der Kontext spielt nach allgemeiner Ansicht die entscheidende Rolle für das Verstehen wie für die Entwicklung einer Sprache. Der Kontext weise den Übergang von der Syntagmatik zur Paradigmatik. Der Kontext – so kann man annehmen – ist parole, die Bedeutung ist langue. Aber kann man zwischen langue und parole einen infinitesimalen Übergang ansetzen? Welche Beziehung besteht zwischen langue und parole? Kommen wir von einer einheitlichen Bedeutung schrittweise hinab zu einer immer feineren Ausfaltung der Polysemien, und steht an deren Ende die einzelne Verwendung und ihre Deutung? Wohl kaum. Und der Sprecher, kommt er von den einzelnen Verwendungen in kleinen Schritten zur Bedeutung? Oder sollte es zwischen langue und parole einen qualitativen Sprung geben?

Die Bedeutung ist ein Verwendungspotential, die einzelne Deutung oder der Sinn gehört zur einzelnen Verwendung. Wie aber grenzt man eine Verwendungsweise von einer andern ab? Wo liegt die Grenze? Wo passiert der Übergang von der Syntagmatik zur Paradigmatik?

461. Eine gängige Grundannahme war, es gebe eine Definition der Bedeutung, etwa mit zwei oder wenigen Merkmalen. Der Linguist, der tatsächliche Verwendungen untersucht, der tatsächliche semantische Entwicklungen erforscht, kann natürlich damit nicht auskommen. Vor all den Varianten und Übergängen muss er Zuflucht nehmen zur Polysemie. Aber so wird er natürlich mit den Übergängen gerade nicht fertig. Das Heilmittel selbst ist paradox: Übergänge darstellen, indem man Grenzen zieht, wo keine sind. Wenn man Sprachwandel und Sprachleben unvoreingenommen betrachtet, wenn man bedenkt, wie Bedeutungen entstehen, sich wandeln, von Sprechern gelernt werden, müsste man es für ein Wunder halten, wenn die Bedeutung eines Wortes durch eine einheitliche Definition, durch eine schlichte Definition überhaupt wiedergegeben werden könnte. Die psycholinguistischen Untersuchungen der Sprachproduktion, der Sprachrezeption, der Spracherlernung legen jedenfalls nahe, dass eine Bedeutung eher ein ganzes Spinnennetz ist.

462. Einem Lexikologen sind die "differenzierten fließenden Übergänge ... nicht ganz geheuer" (Baldinger 1987:179). Die Lexikologen aber sind die Praktiker der Bedeutung. Sie prägen nicht nur das vulgäre Verständnis von Bedeutung. Warum eigentlich werden alte Erkenntnisse nicht ernst genommen? Jacob Grimm: "Ich hoffe, es wird dem deutschen Wörterbuch gelingen, durch eine Reihe ausgewählter Belege darzutun, welcher Sinn in dem Wort eingeschlossen ist, wie er immer verschieden hervorbricht, anders gerichtet, anders beleuchtet, aber nie völlig erschöpft wird: der volle Gehalt lässt sich durch keine Definition erklären" (Grimm 1847/ 1953:811). Bleibt die Frage, ob wir uns mit Exemplifikation begnügen und auf den Lernwillen der Hörerleser bauen wollen.

463. Egal, ob jemand spricht von der Liebe, vom Begriff "Liebe", von Liebesmodellen gar oder von *Liebe*, die Unterscheidung verschiedener Arten von Liebe bewegen sich alle im Rahmen der Liebe. Man könnte in gewissem Sinn beliebig viele unterscheiden. Unterscheidungen kann man sehen, sich zurechtlegen usw. Aber sie existieren nicht per Bedeutung. Jedenfalls sind auch die Begründungen nicht begründet.

464. Als Gegenschlag gegen das karge Merkmalesisch hat seinerzeit Labov die Bedeutung von englisch *cup* untersucht. Oder hat er eigentlich Tassen untersucht? In ähnlicher Absicht hat Gipper den merkmalesischen Stuhluntersuchungen eine bunte Palette von Stuhlkandidaten gegenübergestellt und ermittelt, wie viele Sprecher in jedem Fall bereit waren, von Stuhl zu sprechen. Das Ergebnis war natürlich so sauber nicht wie die schönen Fächer der Semanalytiker.

465. Bedeutungswandel durch Sachwandel. Analog die Trennung von Sprachgeschichte und Sachgeschichte, von Sprachgeschichte und Ideengeschichte. Bekanntlich ist die Trennung nicht ganz einfach. Denn unsere Kenntnis der Dinge wird sich auf die Bedeutung unserer Wörter niederschlagen. Wüssten wir nicht, dass Tiger gestreift sind, hätte das Wort für uns eine andere Bedeutung. Die entscheidende Frage ist, welches Wissen normalerweise dazugehört, welches wir brauchen, um die gewöhnliche Rede zu verstehen. Das sollte doch die Bedeutung sein.
Was normalerweise gewusst und geglaubt wird, steht allerdings in Texten. Schlagend scheint diese Argumentation bei Gedankendingen und Institutionen. Sie sind ja nur, was wir von ihnen wissen oder glauben. Allerdings unterscheiden, ob wir von Wörtern reden oder von dem, was sie bedeuten, wollen wir auch weiterhin. In welchem Zusammenhang die Liebe auftaucht (Kapl-Blume 1988:218), ist nicht gerade eine linguistische Frage.

466. Erst die graduelle Auffassung der Bedeutung ist in der Lage, den sanften Wandel zu verstehen. Neue Komponenten kommen nicht abrupt ins Spiel. Sie sind immer schon angelegt, werden nur wichtiger, rücken näher ins Zentrum, was wir als Zentrum ansehen. Die graduelle Auffassung der Bedeutung kann auch kleine Nuancen erfassen. Sie kann im Zoom auch den mikroskopischen Wandel sehen. Mikroskopie lehrt uns "que l'évolution est beaucoup plus complexe qu'on aurait pu le soupçonner" (Baldinger 1989:11). Doch wer auf viele Belege schaut, bekommt leicht die Flatter.
Konstanz ist eine Frage der Betrachtzeit. Mikroskopischer Wandel und makroskopischer sind eine Frage der Betrachtungsweise, und so sind auch Sprachgeschichte und Sachgeschichte nur unterschiedliche Betrachtungsweisen.

467. Dem historischen Semantiker bleiben als Daten nur Belege, elizitieren kann er kaum. So scheint das brennendste Problem: Wie kommt man von Belegen zur Bedeutung? Als Probanden haben historische Semantiker meist sich selbst. Sie lassen die Daten durch ihr Sprachgefühl sprechen, allerdings durch methodisch domestizierte Kompetenz. Nur, wo sind die Methoden niedergelegt? Wo untersucht? Wo validiert?

Eine Bedeutung kann in Belegen bestenfalls exemplifiziert sein. Sie ist ein Kondensat aus vielen Verwendungen, aus vielen Belegen. Deshalb bräuchten wir eine Beleglehre, die beispielsweise folgende Fragen klärt:

– Wie erfiltert der Linguist die Bedeutung aus einem Beleg?
– Wie viel Belege braucht er, um die Bedeutung zu eruieren?
– Welche Belegeigenschaften gehen in seine Beschreibung ein?
– Wie viel Belege rechtfertigen die Annahme einer Bedeutung?
– Wie hoch muss der Anteil entsprechender Belege im Belegkorpus sein?

Und wenn wir die Extraktion beherrschen, bleibt noch die Frage, wie die Bedeutung darzustellen ist.

468. Nehmen wir einmal an, unser Traum sei wahr geworden: Wir hätten ein distributionelles Verfahren, das aus großen Belegkorpora die Bedeutung extrahiert. Die Extraktion liefere ein Kondensat der Umgebungen, der Distribution also. Das Kondensat bestünde darin, dass zu einer Wurzel affine Wörter gegeben werden. Die Distanz dieser Satelliten zur Wurzel gebe die semantische Affinität wieder.

Ein solches Kondensat liefert uns LEMMA. Es sehe für *lieb* in Grass' Blechtrommel etwa so aus:

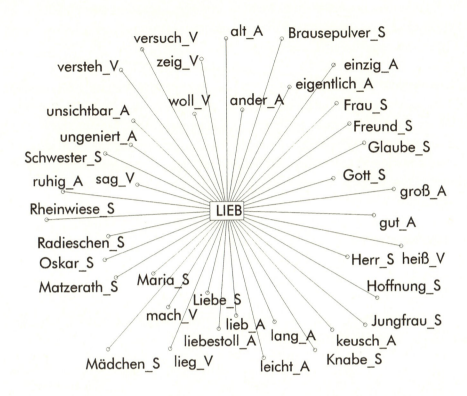

Abb. 71: LIEB in Blechtrommel, r = 8, n = 300

469. Das distributive Bild ist deutungsfähig und interpretationsbedürftig. Die Wurzel *lieb* spielt ihre Rolle vor allem in *Liebe* und *lieben*, die ihr sehr nahe stehen und als ihre wichtigsten Manifestationen angesehen werden können. Viele Satelliten sind plausibel, etwa *liebestoll*, *ungeniert*; wir deuten sie als Charakteristika der Liebe. Andere sind verblüffend: Was haben Radieschen mit *Liebe* zu tun? Was Brausepulver? Andererseits *Glaube – Liebe – Hoffnung*! Und außerdem *Gott*, das eine Komponente andeutet, die in den meisten Wörterbucherklärungen vorkommt. Hier ganz ohne Syntax, Objekt oder Subjekt zu *lieb*. Das entspricht einem üblichen Verständnis. Denn *Gott* ist sowohl Subjekt als auch Objekt der Liebe, wie es in der Ambivalenz von *Gottesliebe* zu Tage tritt.

470. Es scheinen bei Grass zwei konträre Komponenten der Liebe eine Rolle zu spielen: einerseits die Dimension der Leidenschaft und der sexuellen Liebe, andrerseits die spirituelle Liebe.

471. Was aber haben *Matzerath*, *Oskar* und *Maria* mit *lieb* zu tun? Was mit der Bedeutung von *lieb*? Ist das nicht grass-spezifisch und weniger für die deutsche Sprache relevant? Wir sind uns hier ganz sicher. Wir (= die klugen Semantiker) wissen, dass diese Beziehung sich nicht als Sinnrelation niedergeschlagen hat. Wir Kenner können an diesen Stichwörtern den Grass-Plot identifizieren, und wir wissen, dass der nicht einen neuen Idealtypus der Liebe geschaffen hat. Wir wissen viel.
Andrerseits: Was hat das alles überhaupt mit der Bedeutung von *lieb* zu tun? Ist der Übergang von der Deutung zur Bedeutung nur eine Frage der Häufigkeit? Gibt es eine direkte Bedeutungsinfektion durch Textnachbarn? Der Weg vom bloßen Kontakt zur Infektion ist nicht exploriert.

472. Und noch einmal: Was haben Radieschen mit *lieb* zu tun? Auch hier vermuten wir Idiosynkratisches. Dies ist die Stelle, die durchschlägt:

> Und aus lauter Liebe nannten sie einander Radieschen, liebten Radieschen, bissen sich, ein Radieschen biss dem anderen das Radieschen aus Liebe ab. Und erzählten sich Beispiele wunderbarer himmlischer, aber auch irdischer Liebe zwischen Radieschen und flüsterten kurz vorm Zubeißen frisch, hungrig und scharf: Radieschen, sag, liebst du mich? Ich liebe mich auch.
> Aber nachdem sie sich aus Liebe die Radieschen abgebissen hatten und der Glaube an den Gasmann zur Staatsreligion erklärt worden war, blieb nach Glaube und vorweggenommener Liebe nur noch der dritte Ladenhüter des Korintherbriefes: die Hoffnung.

In unserem Korpus ist die Infektion durch diese Passage möglich. Denn 300 Belege sind nicht viel. Da schlagen nicht nur Vorlieben durch, sondern tatsächlich das Gesagte. Nur hat das Gesagte eben viel mit der Bedeutung zu tun. Je öfter mit einem Wort das Gleiche gesagt wird, umso mehr wird es zur Bedeutung. Anders kann man sich die Genese von Bedeutungen doch kaum vorstellen. Würden Radieschen immer wieder mit Liebe in Zusammenhang gebracht, würde die Liebe schärfer. Für das Deutsche haben die paar Grass-Belege allerdings wirklich nicht viel zu sagen.

4.4 Das Diachronieproblem: Ewige Liebe?

473. Goethes *Liebe*-Stern sieht anders aus.

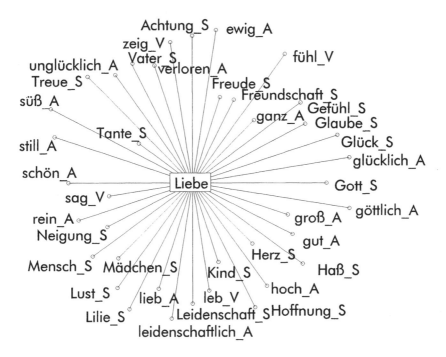

Abb. 72: Liebe Goethe, r = 8, n = 600

Er stellt uns neue Fragen. Erst einmal bekommt das Herz sein Recht, und die Neigung. Und dann das Goethesche "ach" als kommunikativer Anzeiger der Existenz eines Gefühls (Interjektionen sind nicht kausal verursachter Ausdruck oder Symptome). Wir verstehen gut die Nähe von *Neigung, Gefühl*. Von Geschlechtlichkeit ist wenig zu spüren. Wir dürfen die Satelliten nicht falsch deuten: *Leidenschaft* und *leidenschaftlich* sind goethisch, nicht sexuell aktiv. Die Satelliten sprechen nicht ohne weiteres unsere Sprache. Sie gehören der Zeit an. Eine scheinobjektive Metasprache gibt es hier nicht. "Auch bringt der Versuch, nhd. Synonyme zu Bedeutungserklärungen einzusetzen, nur zusätzliche Verunklärung ein" (Bergenholtz/ Faets 1988:70).

Die Sterne sind nicht stumm, sie sprechen zu uns. Aber wir wissen nicht recht, was sie sagen.

474. Dreihundert Belege bei Grass, könnte das in irgendeinem Sinn repräsentativ sein für unsere Zeit? Nach der Zahl natürlich nicht; aber auch prinzipiell nicht. Denn die Basis, für die repräsentative Aussagen gelten sollten, ist uns nicht gegeben. Wir kennen sie nicht, und strenggenommen gibt es sie vielleicht nicht, weil die Bedeutung doch ein Potential ist. Trotzdem finden wir gängige Bedeutungszüge bei Grass und auch bei Goethe, jeweils vermengt oder gewürzt mit individuellen Zügen. Wenigstens verstehen wir es so. Wo die Grenzen liegen, wissen wir aber nicht.

475. Dreitausend Belege bei Goethe. Ist das schon eher zeitspezifisch? Aber wann wird es zeitspezifisch? Naheliegend ist auch hier, ein repräsentatives Korpus zugrunde zulegen, das für den untersuchten Zeitraum angemessen ist. Nur dies ist grundsätzlich unmöglich, sieh oben. Also bleiben Annäherungen. So viel X, so viel Y: So viel Grass, so viel Goethe; so viel Tageszeitung, so viel Wissenschaft. Aber wie viel Grass? Wie viel Wissenschaft, welche Wissenschaft, welche Linguistik? Viele empirisch orientierten Semantiker glauben mittlerweile, man müsse sich auf einzelne Korpora beschränken. Übergreifende Aussagen seien unmöglich. Mir scheint das aber zum einen eine graduelle Frage. Zum andern sollten wir bedenken, dass wir nicht klüger sind als unsere Ergebnisse. Wir wissen eben nicht vorher, wie die Ergebnisse aussehen sollten. Wir müssen aus ihnen lernen.

476. Eine ganz andere Frage ist, ob denn je ein Sprachhistoriker 3000 Belege für ein Lexem ausgewertet hat. Und auch, wie er dies methodisch abgesichert getan haben könnte.
Ist es nicht eher so: Ein Sprachhistoriker schaut sich einige typische Belege an. (Woher weiß er, was typisch ist?) Ein Sprachhistoriker schließt nach seiner Kompetenz, inwiefern das Stichwort in diesen Belegen anders zu deuten ist als heutzutage, und wie es anders zu deuten ist. Letztlich ist er darauf angewiesen, die Sprache jener Zeit zu lernen, und damit kann er die Ausdrücke dann verstehen und uns erklären.

477. "Einen großen Vorteil hat das Sprachgefühl zunächst dadurch, dass darin unmittelbar die usuelle Bedeutung ... gegeben ist, während in den Sprachdenkmälern eine occasionelle Verwendung vorliegt, aus welcher das Usuelle auszuscheiden nicht immer leicht, mitunter unmöglich ist" (Paul 1895:61). Eine methodische Kontrolle könnte nur darin bestehen, dass wir gemeinsam auf die Belege zurückgehen. Auch die Kontrolleure müssen lernen. Die Ergebnisse beurteilen kann letztlich nur der, der die dazugehörige Sprache kann. Ich denke, da könnten uns die distributiven Bilder schon helfen.

478. Kapl-Blume (1988) hat den Begriff "Liebe" in Lexika des 18. und 19. Jahrhunderts untersucht. Dabei kann man schön beobachten, wie sukzessiv der beschränkte Blickwinkel stillschweigend ausgedehnt wird. Die Informationen der Lexikonartikel werden immer mehr als Wandel des Liebesbegriffs in jener Zeit dargestellt. Aber im Lexikon stehen normativ, ideologisch orientierte Darstellungen Einzelner; Lexika stellen – zumindest in solchen Bereichen – Ideale dar. Sie sollten in ihrer Beschränktheit gewertet werden. Aus der Tatsache, dass seit Adelung "Gott seine Vormachtstellung" verliert (Kapl-Blume 1988:220) und die "Liebe Gottes zu den Menschen" im Brockhaus 1845 nicht mehr vorkommt (Kapl-Blume 1988:221), kann man weder etwas für die Entwicklung der Liebe noch des Wortes *Liebe* schließen. Jedenfalls spielt *Gott* bei Thomas Mann eine große Rolle im Zusammenhang der Liebe.
Ähnlich verblüffend ist die Feststellung, neu sei die "Verschmelzungsthese" (Kapl-Blume 1988:228), nach der der Liebende sich im Geliebten wiederfinden will. Ein abend- und morgenländischer Topos neu? Das kann bestenfalls gelten für dieses Genre und nur für gerade die untersuchten Opera und ist damit trivial.

479. Auch neuere Untersuchungen, die auf öffentliche und normierte Kommunikation früherer Zeiten abzielen, suggerieren uns oft zu viel. So hat man den Eindruck, dass die Beschränkung auf bestimmte Varietäten und Register dazu führt, dass eben diese methodische Beschränktheit als Wandel gedeutet wird.
Bei den historischen Untersuchungen der Liebe ist dergleichen an der Tagesordnung. So kann man lesen, dass grob gesprochen die Liebeskonzepte zu verschiedenen Zeiten radikal unterschieden und an verschiedenen dominanten philosophischen Lehrgebäuden orientiert seien. Descartes etwa, der große Neuerer, in dessen Zeitalter wir uns heute befänden, was die Gefühle angeht.

480. Hier stehen wir vor einem Paradox: Wir sind der theoretischen Überzeugung, dass anderswo und anderswann die Liebe anders konzipiert sein könnte, aber wir sprechen doch von der Liebe und wir wissen, dass sie universal und zeitlos ist.
Im Hochmittelalter sehen wir ganz vergrößert die sog. Hohe Minne. Sie wird als intentionales soziales Konstrukt gesehen und angereichert mit allerlei geistes-

geschichtlichen Überzeugungen und philospophischen, religiösen Ideen und Idealen. Die Hohe Minne sei das charakteristische Liebesideal jener Zeit.

481. Aber da ist auch Gottfrieds Tristan, ein Text, in dem die Liebe zentral ist. Er wird per Gattung getrennt von jenem Konstrukt. Mit andren Quellen zu anderen Modellen. Luftige Gattungsunterscheidungen als Bedeutungsdifferenzierung?
In jener Zeit und besonders im Tristan haben wir die schöne Situation, dass es zwei Konkurrenten gibt: *minne* und *liebe,* von denen wir annehmen, dass sie beide in Zusammenhängen verwendet wurden, in denen wir heute von Liebe sprechen würden. (Die Formulierungsschlenker zeigen schon, wie schwierig eine neutrale Aussage ist, die nicht den Horizont der Zeit, wie den einer Kultur, als Fixpunkt setzt.)
Wie sind die beiden differenziert? Heißt *liebe* wirklich eher Freude? Bleibt *minne* etwa stärker an jenes Konstrukt gebunden? Bei Gottfried wird man höchstens dezisionistisch sagen können, er habe nicht mitgearbeitet an jenem Konstrukt. Auf jeden Fall entwickelt er eine Minnelehre, führt sie aus und führt sie vor.

482. Ein spektakulärer Bedeutungsunterschied zwischen *liebe* und *minne* wurde im Tristan nicht eruiert. Mir scheint sogar, dass in Interpretationen immer von *minne* gesprochen wird, auch da, wo Gottfried durchaus von *liebe* spricht. Vielleicht sind beide Quasisynonyme und wir haben es mit einem interpretatorischen Konstrukt zu tun.

483. Mit der distributiven Analyse finden wir Gemeinsamkeiten und Unterschiede. Einige der zentralen Satelliten erscheinen auch bei unsrer heutigen Liebe. Allerdings mag es da unterschiedliche Gründe geben. So galten wohl die Augen in der Minnelehre als die Einfallstore für die minne. Doch wie wir sehen, vielleicht gleichermaßen für die liebe. Die dunklen Balken zeigen höhere Affinitätswerte des Satelliten für *minne*; sie sind also weniger signifikant.
Wir sehen, dass *tot* und *triuwe* für beide etwa gleich laden, große Unterschiede bei *craft* und *sinne* und besonders bei den Wurzeln selbst. Hier bestätigt sich aber das Prinzip, dass jedes Wort sich selbst am nächsten ist.

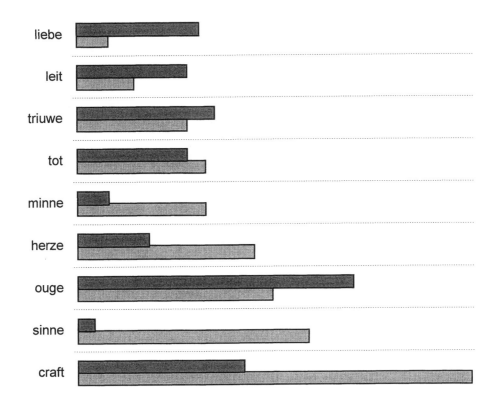

Abb. 73: Ausgewählte, signifikante Satelliten von liebe und minne (dunkel) im Vergleich

484. Wir interessieren uns insbesondere für die größten Unterschiede der beiden. Darum zeigen wir noch ein paar mehr Satelliten differenziell. Bei den nächsten Satelliten finden wir die folgenden Verteilungen. Hoch nach links ladende sind affiner zu *liebe*, hoch nach rechts ladende zu *minne*.

Da ist erstaunlich, das *zwivel* und *leit* so viel näher bei der liebe sind als bei der minne. Hingegen *herze* so viel näher bei der minne. Und *sinne* hat sicher seinen guten Platz bei *minne* des Reimes wegen, obwohl es natürlich auch passen muss.

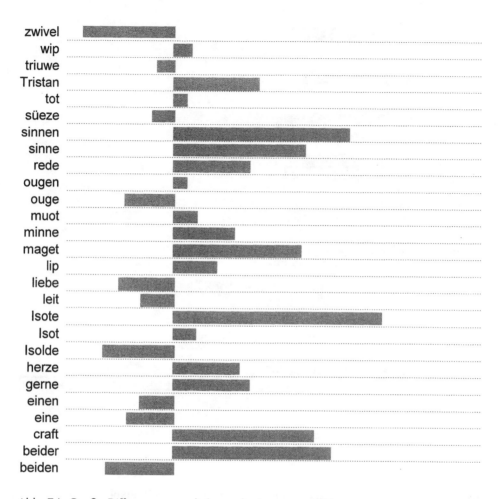

Abb. 74: Große Differenzen von liebe und minne, n ≈ 200

Bemerkenswert ist, dass für *Isolde* solche Differenzen vorliegen. Da im Tristan drei Isolden vorkommen, wäre dies eine interessante Interpretationsaufgabe.

485. Die Frage bleibt, was ist der allgemeine Trend, was nur quellenspezifisch. Die Anzahl von Belegen, die eine Bedeutungstendenz begründen soll, ist natürlich nicht fix oder vorgegeben. Sprachhistoriker sind aber oft kühn, zu kühn. Baldinger wurde darauf hingewiesen, dass seine Schlüsse auf einem verschwindend kleinen Sample der publizierten Quellen beruhe. "Ich war ernsthaft beunru-

4.4 Das Diachronieproblem: Ewige Liebe?

higt ... und las in den folgenden Jahren Tausende von weiteren Urkunden. Dabei fand ich auch wie erwartet zahlreiche neue Belege, aber – und dies ist für die wissenschaftliche Arbeit außerordentlich tröstlich und beruhigend – keine neuen Resultate" (Baldinger 1989:27). Beruhigend?

486. So gab es in der Literatur die These, *minne* sei im Spätmittelalter immer tiefer gesunken, bevor es ganz untergegangen ist; *minne* habe geradezu die käufliche und deviante Liebe bezeichnet, "tierische, vichische, uneerbere und unzimliche minn". Die These stützt sich auf ganze zwei Belege und die sind Äußerungen über den Gebrauch von *minne*. Wie glatt eine sprachgeographische Erklärung dieser Äußerungen läuft, zeigt uns Besch, der auch noch plausibel macht, dass *Liebe* "den Siegeszug" mit der Lutherbibel antrat, dass *minne* damit unterging und dass die Äußerungen schon Reflexe der sprachgeographischen Situation sind (Besch 1967:195).

487. Die Sachlage bringt uns auf ein Problem der Bedeutungbestimmung aus Belegen. Wir müsse einerseits dem textuellen Umfeld entnehmen, welche Bedeutung ein Lexem hat oder welche Nuancen es gibt, aber wir müssen andererseits den Beitrag des Lexems *minn* isolieren oder bestimmen. Das heißt, wir müssen sozusagen die Anteile des Umfelds abziehen. Das ist das Kunststück.

488. Wenn wir etwa mehreren Kontexten entnehmen, dass die minn in diesen Zusammenhängen uneerbere oder käuflich genannt wird, dürfen wir daraus nicht schließen, dass Käuflichkeit zur Bedeutung von *minn* gehöre. Dann wäre ja *koufliche minne* redundant oder tautologisch. Wir dürfen aber schließen, dass minne käuflich sein kann. Und das ist natürlich ein Bedeutungszug. Sie kann aber dann noch vieles Andere sein, sogar göttlich. Ein starker Wandel läge nur vor, wenn man dies hätte vorher nicht sagen können. Ein feiner Wandel, ein Vorbote kann aber durchaus vorliegen. Denn die Häufigkeit eines Vorkommens begründet durchaus eine Tendenz.

489. Quellendiät ergibt sich nicht nur aus der Überlieferungslage, sondern auch aus Überzeugungen. So bevorzugt schon Grimm, jene Werke, in denen sich die Sprache "lebendig offenbart" und geht nicht in jene Winkel, "wo das Gewürm der Literatur hockt" (Grimm 1847/ 1953:811).

490. Auch Thomas Mann atmet nicht den Geist von Grass, beileibe nicht. Wenngleich sie fast Zeitgenossen sind. Da ähnelt Mann schon eher Goethe. Nicht umsonst steht *Goethe* im Kondensat, und viele liebe Bekannte: *Freund, Geist, Glaube, Kunst, Treue.* Aber hier auch *Tod.* Ein ganz anderer Aspekt der Liebe. Was einem da alles einfällt.

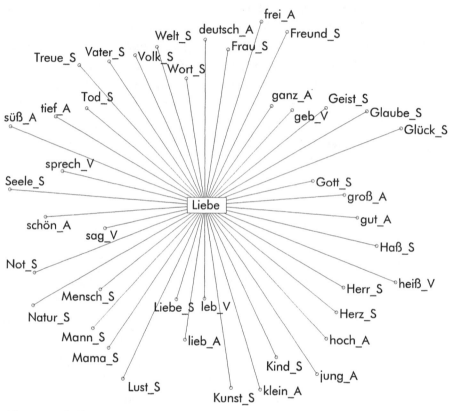

Abb. 75: Liebe bei Thomas Mann, r = 8 , n = 3400

Und dann natürlich *Wort*. Die Liebe zum Wort? Ja, aber nicht nur. Denn auch *Liebe ist nur ein Wort*. Und dann *Worte der Liebe* und *liebe Worte*. Das Amalgam in der Idee der Literatur als Weg zur Liebe und der erklärenden Macht der Sprache. Der Liebesverbalismus gipfelt in "Worte als Äquivalent der Liebe und Orgasmus des Gehirns".

Hier fügt sich auch *Geist* ein. Einmal der Gegensatz von Geist und Liebe, Geschlecht und Geist; dann stärker die Überhöhung der Liebe durch den Geist. Des Geistes Werk sichert der Liebe eine höhere Vereinigung.

4.4 Das Diachronieproblem: Ewige Liebe? 229

Insgesamt charakterisiert das Umfeld die Liebe als recht abstrakt und eher begrifflich. *machen* finden wir nicht. Das wär ja sowieso ein Einzelbeleg, der nach unsrer Überzeugung kaum auf die Bedeutung von *Liebe* bei Mann durchschlagen sollte.

491. Wenn wir moderne deutsche Sprache untersuchen, kommen – anders als bei den Dichterfürsten – *Mann* und *Frau* beide als nahe Satelliten zu *lieb* vor, und wir können wohl auch davon ausgehen, dass wir verstehen, was mit *Liebhaber* gemeint ist. Es spricht nichts dagegen, beide Aspekte mitschwingen zu lassen: den Liebhaber der Frauen bis hin zu dem, der den Gatten meuchelt. Und auf der anderen Seite der eher übertragene Gebrauch in *Liebhaber der Künste und der Dichtung* bis zur Liebhaberei als bloßem Hobby.

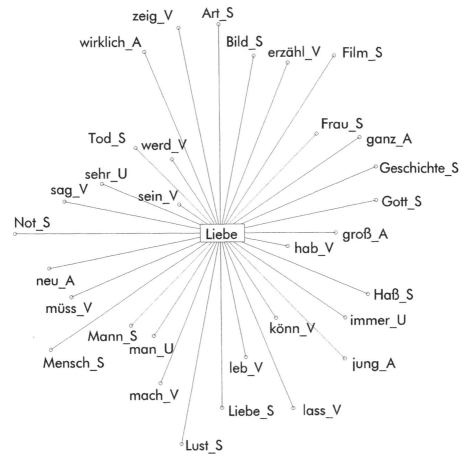

Abb. 76: Liebe Zeitung 1987, r = 8, n = 700

Insgesamt steht hier der Mensch im Mittelpunkt, die Nächstenliebe erscheint als wichtiger Aspekt der Liebe. Der ganze Stern bestätigt jene nicht, die glauben, in unserer Zeit stehe der sexuelle Aspekt im Vordergrund.

Übrigens ist uns *groß* schon öfter untergekommen. Es eröffnet sozusagen eine metaphorische Dimension, in der es üblich ist Liebe zu beurteilen: Die Liebe kann groß sein oder nicht. Die große Liebe ist das Thema, der schöne Traum der Berichte und Stories.

492. Wir kommen wieder auf den Boden der Tatsachen.

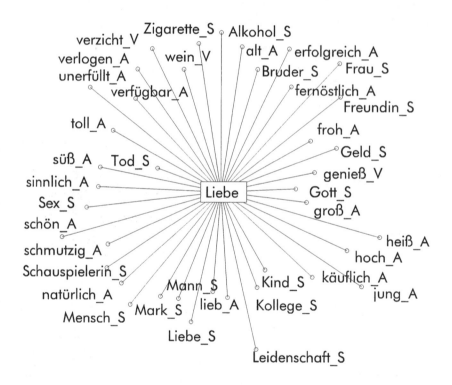

Abb. 77: Liebe im STERN, r = 8, n = 200

Einmal ist die Familie versammelt. Die Liebe hält Mann und Frau zusammen, und sie erstreckt sich auch auf die Kinder, vielleicht nur, weil die auch lieb sein können. Sollen wir besonders vermerken, dass hier nicht *Mann*, sondern überwiegend *Männer* in den Belegen erscheint? Sollte die Beziehung der Geschlechter

4.4 Das Diachronieproblem: Ewige Liebe?

pluralisiert sein: eine Frau – mehrere Männer? Vorsicht bei der Deutung. Aber das könnten viele im Zug der Zeit sehen. Vor allem, dass auch Kollegen bei der Liebe mitspielen.

Ganz der Erwartung entspricht der Satellit *Sex* mit seinem Umfeld *sinnlich*, *fernöstlich* und was noch alles. Jedenfalls dürfen wir hier *Leidenschaft* im modernen Sinn verstehen. Ganz modern sicher auch *erfolgreich*, *Alkohol* und *Zigarette*. Erstaunlich demgegenüber, dass auch hier *Tod* auftaucht. Diesen tragisch-romantischen Zug hätten wir im "Stern" vielleicht nicht erwartet.

493. Die letzten beiden Sterne waren für jene gedacht, die nicht der Meinung sind, der sprachliche Markt laufe in der Literatur. Die erste Freude, die uns überkommt, ist, dass endlich *Frau* die Bühne betritt. Aber keine falsche Freude. Es bleibt die Frage, in welchem Sinn die Bedeutung etwas über die soziale Realität besagt, in welchem Sinn sie diese formt. Ist es nicht so, dass *lieb* hier eine etwas andere Bedeutung hat und ein Phänomen bezeichnet, bei dem die Frauen eine Rolle spielen oder eine andere Rolle als bei dem Goetheschen Phänomen? Beim heutigen Liebesphänomen spielten die Frauen damals eine ähnliche Rolle.

Nur gehen die Fragen weiter. Das heutige Phänomen gab es vielleicht damals nicht. Wie sollten wir über es etwas wissen, wenn wir keine Texte, keine Wörter finden? Das damalige Phänomen gibt es vielleicht heute nicht. Nicht umsonst ist das Wort als kommunikativer roter Leitfaden identisch geblieben. Es hat sich nur gewandelt. Und mit seiner Wandlung hat sich die soziale Realität gewandelt. Die Annahme, die heutige Liebe habe es immer schon gegeben, ist schlicht dogmatisch, falsch und geschichtlicher Imperialismus.

494. Die Sterne führen uns vor Augen, dass die Betrachtung sprachimmanent bleiben muss, und weitgehend auch zeitimmanent. Einen objektiven Standpunkt außerhalb jedenfalls gibt es nicht. Eine übergreifende Semantiksprache ebensowenig. Darum bewegt sich auch am Rand des Unsinns, wer den Liebesbegriff untersuchen will. Zu welcher Sprache gehört hier das Wort *Liebe*?

Die Frage, welches Wort um 1800 die Bedeutung des heutigen *Liebe* hatte, ist Unsinn. Ein Unsinn wie die Frage, was Macbeth zwischen dem zweiten und dem dritten Akt gemacht hat.

Der Königsweg ist der Vergleich. Interessant ist beispielsweise die Frage, warum bei Goethe das Verb der Wurzel *lieb* so viel näher steht als das Substantiv. Steht bei Goethe – im Gegensatz zu den anderen – der aktive Aspekt mehr im Vordergrund? Oder zieht eine großtheoretische Erklärung wie, das Substantiv bringe das Phänomen auf den Begriff, es folge historisch dem Verb und um 1800 werde Vieles auf den Begriff gebracht. Oder gibt es eine andere Erklärung?

495. Die Tendenz semantischer Methodik ist die Beschränkung. Durch Beschränkung werden viele Probleme gelöst. Ein verdrängtes Problem ist die historische Datenarmut. Ein zweites ist der Mangel an Methode, der uns nicht merken lässt, dass wir nicht wissen, wie man Bedeutungen bestimmt. Ein drittes sind schließlich dogmatische Überzeugungen: Die Bedeutung ist etwas Festes, Angebbares. Aber wäre dann der Wandel nicht unmöglich? Die Bedeutung ist einfach und klar geschnitten. Aber wie sollte sie das sein? Doch wohl nur, wenn man den Gebrauch sehr weit einkocht. Einkochen aber bedeutet Vitamin- und Aromaverlust, es erzeugt etwas ganz Anderes. Marmelade ist kein Obstsalat.

496. Wenn die unsichtbare Hand in der bisherigen Sprachgeschichtsschreibung nicht sichtbar wurde, so nicht, weil sie wirklich nicht zu sehen wäre. Es liegt vielmehr daran, dass wir nicht richtig kucken.
Worum es geht, ist, die wahren Daten zu betrachten und den Mythos vom Sprachwandel durch intentionale Taten aufzulösen, zum Verschwinden zu bringen oder zu destruieren. Darum sollten wir uns vor dürren Konstrukten hüten und uns weniger mit unseren bescheidenen Erfahrungen zufrieden geben.

4.5 Semantische Szene "Beton"

> ...little explicit connection is drawn between
> conceptual frames and linguistic expression
> Charles Fillmore

497. Der Terminus "Szene" ist nicht wohldefiniert, er wurde in Fillmorescher Art in die Linguistik eingeführt (Fillmore 1977) und nicht in gleicher Weise rezipiert und akzeptiert. So ist er nicht scharf abgegrenzt gegen Formate wie Skripts, gegen Plots und Frames. Während *Skript* meist prozessual und für ein prozedurales Modell komplexer Handlungsmuster verwendet wird, wird *Szene* undifferenzierter verstanden als mentales Modell zu einer bestimmten Wurzel.

498. Die Szene "Beton" wurde gewonnen aus deutender Lektüre von ca. 600 Belegen. Eine distributive Analyse und ein Stern waren Ausgangspunkt und Unterstützung. Die Gliederung in verschiedene Stereotypen ist ein interpretatorisches Artefakt. Die Szene ist im eingefühlten Stil geschrieben.

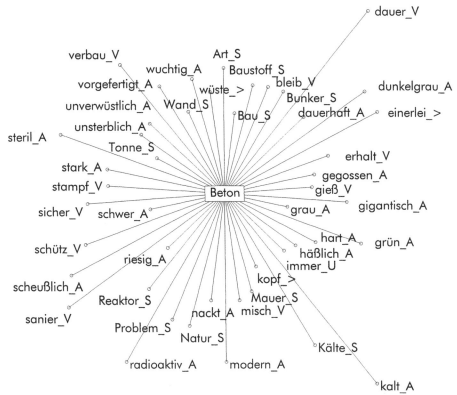

Abb. 78: Beton, r = 8, n = 800

499. Stereotyp 1: *Beton ist hart, grau und steril.*
Beispielzitat:

> Werner Jünglings "Aussicht" etwa, ein Blick auf die Heidelberger Altstadt und den Heiligenberg gegenüber, gebrochen durch die grauen Betonwände eines Parkhauses.
> Wir werden zubetoniert: Solche und ähnliche beunruhigende Visionen sind ein immer wiederkehrendes Thema.

Mit Beton kann man Brücken, Mauern, Staudämme, graue Parkhäuser und Atomreaktoren bauen. Man kann Kanäle betonieren und Flussbette zubetonieren. Mit Beton wurden imponierende Ingenieurleistungen vollbracht, die längsten Spannbetonbrücken und die längsten betongesicherten Tunnel durch die Alpen. Beton war vor kurzem noch die Visitenkarte kühner Architektur. Aber der Ruf des Beton-Poeten Le Corbusier ist lädiert. Beton ist zum Symbol rücksichtsloser Architektur geworden. Betonstraßen, Betonstreifen, Betonumrandungen durchschneiden fröhliches Grün. Gänseblümchen werden zubetoniert. Beton trennt die Menschen (auch die Berliner Mauer war aus Beton). Beton ist die wesentliche Zutat der städtischen Ödnis. Beton spielt seine Rolle in der Krise der Moderne, zu ihrem negativen Bild gehört: "Umweltverwüstung, Beton, Kälte, Ausbeutung, rechteckige Wohnblöcke, Entfremdung und strukturelle Gewalt."
Die Betonwelt in der Stadt ist voller Betonmonster. In dieser betonierten Welt finden Kinder keinen Platz. Sogar die togoischen Bauern kehren aus den Musterbetonhäusern unserer Entwicklungshilfe zurück in ihre Lehmhäuser. Backstein muss Beton weichen. Betonschneisen werden unter Umgehung des Umweltschutzes in die Wälder geschlagen. Der Alpenraum wird zerstört; für die Urlauber müssen schnelle Straßen durch die Täler betoniert werden. Kulturland verschwindet unter Beton. Die Flächenverluste sind enorm. Der Bund Naturschutz stellt fest, dass bereits 11 % unseres Bodens zubetoniert sind.
Überall: Zu viel Beton, zu wenig Natur. Kann man überhaupt noch etwas tun gegen die Unkultur aus Beton? Ist nicht alles nur ein verzweifeltes Anrennen? Darf man hoffen, dass die Natur die Betonwelt zurückerobert? Immerhin setzt sich die Werbung für Grundstücke und Ferienwohnungen ab von den hiesigen und dortigen Betonwüsten. Aber die Betonburgen des Tourismus verdrängt sie dabei nur.

Immerhin erobert sich die Natur auch mal was zurück, so die verfallenen Bunker des Westwalls, deren reiche Fauna und Flora von der forschenden Jugend untersucht wurde.

Auf Beton kann man Sport treiben, tanzen – und fallen. Wer auf Beton fällt, auf Betoneinfassungen und Betonringe, wird sich eine Gehirnerschütterung holen, kann sich die Kniescheibe zersplittern. Auch können – bei Erdbeben – schwere Betondecken auf Menschen fallen und sie töten.

Beton kann man, ja muss man bemalen, mit Farbe, mit Ornamenten, mit Grafitti. Sein eintöniges, monotones Grau muss aufpoliert werden, hell und licht sollte er werden. Man kann sich aber auch zum Beton bekennen, ihn gar wie Gutbrod lieben. Es ist eine Entscheidungsfrage.

500. Stereotyp 2: *Beton ist flüssig, man kann ihn mischen, gießen, stampfen.* Beispielzitat:

> In einer Baulücke, die 1944 Bomben gerissen hatten, haben sie sich ihre Wohnstätte gebaut: zwölf Holzhäuser übereinander in einem aus Fertigteilen zusammengesetzten Betonregal. Nein, daraus ist keine Apfelsinen-Architektur geworden, sondern ein anspruchsvoller Bau, ein würdiges Erbstück der klassischen Moderne.

Es gibt die verschiedensten Arten von Beton: Flüssigbeton, Frischbeton, Leichtbeton, Waschbeton, Füllbeton, Stahlbeton, Porenbeton, Sperrbeton, Spezialbeton. Beton ist vielfältig verwendbar. Man kann ihn verarbeiten zu Platten, Leitungen, Rohren, Balken, Trägern und Steinen, zu Betonmänteln und Trassen für den futuristischen Transrapid, zu Zäunen, Blumenkästen und Blumenkübeln, auch zu Rosen aus Beton. Tibetische Klöster kann man haarklein nachbauen in Beton. Auch in der Kunst findet Beton Verwendung; Kunstwerke, die wie selbstverständlich aus üblichem Baumaterial, aus Betonsteinen und Leitungsrohren gefertigt sind. Sogar fragile Kunstwerke wie Metall-Beton-Plastiken kann man schaffen (Lenk). Beton stabilisiert Schiffe. Selbst in der Weinproduktion spielt er als Betonit seine Rolle.

501. Stereotyp 3: *Beton ist dauerhaft, unverwüstlich, unsterblich gar.*
Beispielzitat:

> Handschuhe und Gefäße, Brennstoffumkleidung und Geräte und was sonst noch aus Krankenhäusern, Labors und nuklearen Einrichtungen beseitigt werden muss, soll in Stahltonnen eingepackt und in betonierten Gräbern untergebracht werden, die mit einer Betondecke abgedeckt werden.

Wir bauen aus Beton Bunker, Panzerabwehrhöcker, Berstschutz für Atomreaktoren. Bunker bieten uns Schutz, dienen aber auch als Befehlszentralen für den Atomkrieg. Mit Beton baut man Gefängnishöfe und Gefängnismauern, man baut Hochsicherheitstrakts wie die Stammheimer Betonfestung. Auch Gräber werden betoniert.
Beton schützt – gegen Luftangriffe und Panzerangriffe, gegen radioaktive Strahlen; ein Sicherheitsmantel lässt die harten Gammastrahlen nicht durch. Beton bewahrt vor Raketenhitze und vor kosmischer Strahlung. Havarierte Atomreaktoren und dioxin-verseuchte Baugruben kann man einsargen und zubetonieren. (Der Betonpanzer von Tschernobyl). In der Nukleartechnologie mit ihren betongrauen Tempeln ist Beton immer dabei, sei es Kalkar, Wackersdorf oder Tschernobyl. Die Betontürme der Atomkraftwerke werden zu Symbolen der Angst. Auch für die Entsorgung ist Beton zentral. Kilometerlange Betonrohre transportieren braune Brühe mit scharfen Dämpfen in den Rhein und ins Meer draußen. Betonierte Sicherheitswannen fangen entweichende Salzsäure auf. Betonplatten halten das Sickerwasser von Mülldeponien auf. Beton kann auch zerbröseln, feine Risse bekommen. Betonrohre zerfallen und entlassen das transportierte Gift in die Umwelt.
Betonsanierung wird zum Problem. Sie verschlingt Unsummen. Beton muss gesprengt werden; verseuchte Betonmauern müssen abtransportiert und gelagert werden.

502. Stereotyp 4: *Beton ist nicht nur in der Welt draußen. Er überträgt sich in die Köpfe.*
Beispielzitat:

> In der Tat, den bürokratischen Betonköpfen im Osten und den politischen Falken im Westen käme es gerade Recht, wenn Gorbatschows wohltönende Abrüstungsoffensive mangels Masse alsbald versickern würde.

In Politik und Kultur muss man gegen die Betonköpfe vorgehen. Vor allem in sozialistischen Parteien sitzen die Betonköpfe an entscheidenden Stellen und stellen sich gegen Modernisierung und Liberalisierung. Und nicht viel anders ist es mit unsern Bürokraten. Ganze Betonfraktionen und Betonriegen sind damit beschäftigt, Programme in Beton zu gießen oder den Fortschritt einzubetonieren. Einbetoniert wird der soziale Fortschritt wie die eigene unangenehme Vergangenheit. Es zählt nur der Beton des Status quo. Betonköpfe gießen den eigenen Standpunkt in Beton, bleiben starr und unbeweglich in Verhandlungen. Sogar Sprache wie Beton gibt es: Es ist – wie die Brüder des ermordeten Gero von Braunmühl schrieben – die Sprache der RAF.

5. Literatur

Altenberg, B. (1991): Amplifier Collocations in Spoken English, in: Johansson, S./ Stenström, A.-B. (Hgg.): English Computer Corpora. Selected Papers and Research Guide (= Topics in English Linguistics 3). Berlin/ New York, 127-147

Alston, W. P. (1964): Philosophy of Language. Englewood Cliffs, N. J.

Apresjan, J. (1966): Analyse distributionnelle des significations et champs sémantiques structurés, in: Langages 1. Paris (réimprimé Amsterdam 1977), 44-74

Apresjan, J. (1972): Ideen und Methoden der modernen strukturellen Linguistik. 2. unveränderte Aufl. München

Austin, J. L. (1961): Philosophical Papers. Oxford

von Baeyer-Katte, W. (1968): Furcht und Angst, in: Kernig, C. D. (Hg.): Sowjetsystem und Demokratische Gesellschaft. Eine vergleichende Enzyklopädie, Bd. 2. Freiburg/ Basel/ Wien, 796-820

von Baeyer, W./ von Baeyer-Katte, W. (1973): Angst. Frankfurt/ M.

Baldinger, K. (1987): Semantik und Lexikologie. Zum Problem der lexikographischen Erfassung des Bedeutungswandels (am Beispiel von fr. *appétit*), in: Neumann, W./ Techtmeier, B. (Hgg.): Bedeutungen und Ideen von Sprachen und Texten, Werner Bahner gewidmet. Berlin. 325-343

Baldinger, K. (1989): Sprachwissenschaft als persönliches Erleben (zwischen den Methoden von gestern und morgen), in: Deutscher Romanistenverband: Mitteilungen, Nr. 3, 20-32

Bally, Ch. (1940): L'arbitraire du signe. Valeur et signification, in: FM 8, 193-206

Bazell, Ch. E. (1966): Linguistic Typology, in: Strevens, P. D. (Hg.): Five Inaugural Lectures. Oxford

Bense, E./ Eisenberg; P./ Haberland, H. (Hgg.) (1976): Beschreibungsmethoden des amerikanischen Strukturalismus. Linguistische Reihe, Bd. 16. München

Benveniste, E. (1954): Problèmes sémantiques de la reconstruction, in: Word 10/ 2-3. New York, 251-264

Benveniste, E. (1974): Probleme der allgemeinen Sprachwissenschaft. München

Bergenholtz, H. (1980): Das Wortfeld "Angst": Eine lexikographische Untersuchung mit Vorschlägen für ein großes interdisziplinäres Wörterbuch der deutschen Sprache. Stuttgart

Bergenholtz, H./ Faets, A.-T. (1988): angest, Angst, vorhte, Furcht: Vorschläge für ein historisches Wörterbuch des Gefühlwortschatzes, in: Jäger, L. (Hg.): Zur historischen Semantik des deutschen Gefühlswortschatzes. Aspekte, Probleme und Beispiele seiner lexikographischen Erfassung. Aachen, 56-94

Besch, W. (1967): Sprachlandschaften und Sprachausgleich im 15. Jahrhundert. München

Bloomfield, L. (1935): Language. London (reprinted London 1970)

Braun, H. -J. (1988): Angst und Existenz: Zu Sören Kierkegaards Reflexionen, in: Braun, H. -J./ Schwarz, A. (Hg.): Angst. Zürcher Hochschulforum, 13. Zürich, 3-15

Busse, D. (1988): Kommunikatives Handeln als sprachtheoretisches Grundmodell der historischen Semantik, in: Jäger, L. (Hg.): Zur historischen Semantik des deutschen Gefühlswortschatzes. Aspekte, Probleme und Beispiele seiner lexikographischen Erfassung. Aachen, 247-272

Church, K. W./ Hanks, P. (1990): Word Association Norms, Mutual Information, and Lexicography, in: Computational Linguistics, Vol. 16, Nr. 1., 22-29

Church, K. W./ Gale, W./ Hanks, P./ Hindle, D. (1991): Using Statistics in Lexical Analysis, in: Zernik, U. (Hg.): Lexical Aquisition. Exploiting On-Line Resources to Build a Lexicon. Hillsdale, New Jersey, Hove/ London, 115-164

Clore, G. L./ Ortony, A. (1991): What More Is There to Emotion Concepts than Prototypes? In: Journal of Personality and Social Psychology, Vol. 60, Nr. 1, 48-50

Davitz, J. R. (1969): The Language of Emotion, New York/ London

Deese, John: The Structure of Associations in Language and Thought. Baltimore 1965

Dubois, J. (1964): Distribution, ensemble et marque dans le lexique, in: Quemada, B. (Hg.): Cahiers de lexicologie, Vol. 4. Paris, 5-16

Dubois, J. (1969): Énoncé et énonciation, in: Langages 13, 100-110

Duden (1978): Das große Wörterbuch der deutschen Sprache, Bd. 4. Mannheim

Entwisle, D. R. (1966): Word Associations of Young Children. Baltimore, Maryland

Fehr, B./ Russell, J. A. (1984): Concept of Emotion Viewed From a Prototype Perspective, in: Journal of Experimental Psychology: General, Vol. 113, Nr. 3. Washington, 464-486.

Fiehler, R. (1987): Zur Thematisierung von Erleben und Emotionen in der Interaktion. Zeitschrift für Germanistik, 8. Jg. H. 5, 559-572

Fillenbaum, S./ Rapoport, A. (1971): Structures in the Subjective Lexicon. New York/ London

Fillmore, Ch.-J. (1976): Frame Semantics and the Nature of Language, in: Harnad, St. R./ Steklis, H.-D./ Lancaster, J./ Fox, R.: Origins and Evolution of Language and Speech. New York, N. Y., 20-31

Fillmore, Ch.-J. (1977): Scenes-and-Frames Semantics, in: Zampolli, A. (Hg.): Linguistic Structure Processing. Amsterdam

Firth, J. R. (1957): Papers in Linguistics 1934-1951. London/ New York/ Toronto (reprinted 1969)

Firth, J. R. (1968): Selected Papers of J. R. Firth 1952-59. London

Fodor, J. A./ Garrett M. F./ Walker E. C. T./ Parkes C. H. (1980): Against Definitions, in: Cognition, Vol. 8, 263-367

Frege, G. (1884): Grundgesetze der Arithmetik. Jena

Freud, S. (1969): Vorlesungen zur Einführung in die Psychoanalyse, 25. Vorlesung: Die Angst, in: Freud Studienausgabe, 31. Frankfurt/ M., 380-397
Fritz, G. (1998): Historische Semantik. Stuttgart/ Weimar
Fröhlich, W. D. (1965): Angst und Furcht, in: Thomae, H. (Hg.): Handbuch der Psychologie, 2.: Allgemeine Psychologie, II. Motivation. Göttingen, 513-568
Gardiner, A. (1951): The Theory of Speech and Language. 2. Aufl. Oxford
Geach, P. T. (1962): Reference and Generality. Ithaca/ London
Geeraerts, D. (1983): Prototype Theory and Diachronic Semantics. A Case Study. Indogermanische Forschungen 88. Berlin/ New York, 1-32
Germain, C. (1981): La sémantique fonctionnelle. Paris
Giuliano, V. E (1963): Analog Networks for Word Association, in: IEEE Transactions on Military Electronics, Vol. MIL-7, Nr. 1., 221-234
Givón, T. (1979): On Understanding Grammar. New York
Grimm, (1847/ 1953): Bericht über das deutsche Wörterbuch, in: Deutscher Geist. Ein Lesebuch aus zwei Jahrhunderten, Berlin/ Frankfurt/ M., 806-816
Hanks, P. (1987): Definitions and Explanations, in: Sinclair, J. M. (Hg.) Looking Up. An Account of the COBUILD Project in Lexical Computing and the Development of the Collins COBUILD English Language Dictionary. London, 116-136
Harris, Z. S. (1952): Discourse Analysis, in: Language. Journal of the Linguistic Society of America, Vol. 28. Baltimore, 1-30
Harris, Z. S. (1954): Distributional Structure, in: Word. Journal of the Linguistic Circle of New York, Vol. 10. New York, 146-162
Harris, Z. S. (1969): Structural Linguistics. 8. Aufl. Chicago/ London
Harris, Z. S. (1970): Distributional Structure, in: Harris, Z. S.: Papers in Structural and Transformational Linguistics. Formal Linguistic Series, Vol. 1. Dordrecht, 775-794
Harris, Z. S. (1976): Textanalyse (1952), in: Bense, E./ Eisenberg, P./ Haberland, H. (Hgg.): Beschreibungsmethoden des amerikanischen Strukturalismus. Linguistische Reihe, Bd. 16. München, 261-298
Haß, U. (1991): Textkorpora und Belege: Methodologie und Methoden, in: Harras, G./ Haß, U./ Strauß, G.: Wortbedeutungen und ihre Darstellung im Wörterbuch. Berlin, 212-292
Heidegger, M. (1960): Was ist Metaphysik? 8. Aufl. Frankfurt/ M.
Heringer, H. J. (1981): Die Unentscheidbarkeit der Ambiguität, in: Geckeler, H./ Schlieben-Lange, B./ Trabant, J./ Weydt, H. (Hgg.): Logos semantikos, Vol. III. Berlin/ New York, 93-126
Heringer, H. J./ Ohlenroth, M. (1990): BRUTTA. Ein Paradox-Makro zur distributiven Analyse von Texten. Augsburg
Heringer, H. J./ Ohlenroth, M. (1993): LEMMA. Ein lemmatisierendes Paradox-Makro zur distributiven Analyse von Texten. Augsburg

Heringer, H. J./ Müller, K./ Widdig, R. (1997): Semantischer Inspektor. Ein Programm zur distributiven Analyse von Texten. Augsburg/ Freiburg

Herrmanns, F. (1995): Sprachgeschichte als Mentalitätsgeschichte, in: Gardt, A./ Mattheier, K. J./ Reichmann, O.: Sprachgeschichte des Neuhochdeutschen. Tübingen, 69-101

Hjelmslev, L. (1954): La stratification du langage, in: Word. Journal of the Linguistic Circle of New York, Vol. 10. New York, 163-188.

Hjelmslev, L. (1958): Dans quelle mesure les significations des mots peuvent-elles etre considérées comme formant une structure? In: Proceedings of the Eighth International Congress of Linguists (reprinted: Nendeln/ Liechtenstein 1972). Oslo, 736-654

Hjelmslev, L. (1970): The Content Form of Language as a Social Factor (1953), in: Essais linguistiques. 2. Aufl. Copenhague, 89-95

Izard, C. E. (1977): Human Emotions. New York. Dt. Izard, C. E. (1981): Die Emotionen des Menschen. Weinheim/ Basel

Jacobs, P. (1991): Making Sense of Lexical Acquisition, in: Zernik, U. (Hg.): Lexical Acquisition. Exploiting On-Line Resources to Build a Lexicon. Hillsdale, New Jersey, Hove/ London, 29-44

Jäger, L. (1983): Notizen zu einer Theorie des Zeichenwandels, in: SuL 52, 59-68

Jäger, L./ Plum, S. (1988): Historisches Wörterbuch des deutschen Gefühlswortschatzes, in: Jäger, L. (Hg.): Zur historischen Semantik des deutschen Gefühlswortschatzes. Aspekte, Probleme und Beispiele seiner lexikographischen Erfassung. Aachen, 5-55

Johansson, S. (1991): Times Change, and So Do Corpora, in: Aijmer, K./ Altenberg, B. (Hgg.): English Corpus Linguistics. Studies in Honour of Jan Svartvik. London/ New York, 305-314

Kapl-Blume, E. (1988): Liebe im Lexikon. Zum Bedeutungswandel des Begriffes "Liebe" in ausgewählten Lexika des 18. und 19. Jahrhunderts. Ein Forschungsbericht, in:Jäger, L. (Hg.): Zur historischen Semantik des deutschen Gefühlswortschatzes. Aspekte, Probleme und Beispiele seiner lexikographischen Erfassung. Aachen, 215-246

Kenny, A. (1963): Action, Emotion and Will. London/ New York

Kierkegaard, S. (1984): Der Begriff Angst (übersetzt, mit Einleitung und Kommentar, hg. v. H. Rochol). Hamburg

Kipke, U./ Wille, R. (1987): Formale Begriffsanalyse erläutert an einem Wortfeld, in: LDV-Forum 5, 31-36

Kjellmer, G. (1991): A Mint of Pphrases, in: Aijmer, K./ Altenberg, B. (Hgg.): English Corpus Linguistics. Studies in Honour of Jan Svartvik. London/ New York, 111-127

Krovetz, R. (1991): Lexical Acquisition and Information Retrieval, in: Zernik, U. (Hg.): Lexical Acquisition. Exploiting On-Line Resources to Build a Lexicon. Hillsdale, New Jersey, Hove/ London, 45-64

Langendoen, D. T. (1968): The London School of Linguistics. Cambridge/ Mass.

Lehr, A. (1996): Kollokationen und maschinenlesbare Korpora. Ein operationales Analysemodell zum Aufbau lexikalischer Netze (= RGL 168). Tübingen

Lyons, J. (1963): Structural Semantics. Oxford

Lyons, J. (1968): Introduction to Theoretical Linguistics. Cambridge

Martin, J. R. (1987): The Meaning of Features in Systemic Linguistics, in: Halliday, M. A. K./ Fawcett, R. P. (Hgg.): New Developments in Systemic Linguistics, Vol. 1: Theory and Description (= Open Linguistic Series). London/ New York, 14-40

Marx, W. (1978): Statistische Information und assoziative Bedeutung verschiedener Wortarten, in: Zeitschrift für Experimetelle und Angewandte Psychologie 25, 431-440

Marx, W. (1980): Semantische Komponenten des Begriffs Angst, in: Michaelis, W.: Bericht über den 32. Kongress der Deutschen Gesellschaft für Psychologie in Zürich 1980, 1. Göttingen/ Toronto/ Zürich, 243-246

Meillet, A. (1965): Linguistique historique et linguistique générale. Paris

Merten, K. (1983): Inhaltsanalyse: Einführung in Theorie, Methode und Praxis. Opladen

Naert, P. (1961): Limites de la méthode distributionnelle, in: Studia linguistica, Bd. 15. Lund/ Copenhague, 52-56

Nida, E. A. (1975): Exploring Semantic Structures. München

Palmer, F. R. (1981): Semantics. 2. Aufl. Cambridge

Paul, H. (1895): Ueber die Aufgaben der wissenschaftlichen Lexikographie mit besonderer Rücksicht auf das deutsche Wörterbuch. München, 53-91

Paul, H. (1992): Deutsches Wörterbuch. 9. Aufl. bearb. von Henne, H./ Objartel, G. Tübingen

Plutchik, R. (1994): The Psychology and Biology of Emotion. New York, N. Y.

Polenz, P. von (1991): Deutsche Sprachgeschichte vom Spätmittelalter bis zur Gegenwart, Bd. 1: Einführung, Grundbegriffe, Deutsch in der frühbürgerlichen Zeit. Berlin/ New York

Postmann, L./ Keppel, G. (1970): Norms of Word Association. New York/ London

Pottier, B. (1964): Vers une sémantique moderne, in: Travaux de linguistique et de littérature, Vol. 2, 2, 107-137

Quine, W. V. O. (1960): Word and Object. Cambridge, Massachusetts

Quine, W. V. O. (1963): From a Logical Point of View. New York

Quine, W. V. O. (1970): Philosophy of Logic. Englewood Cliffs, N. J

Radden, G. (1998): The Conceptualisation of Emotional Causality by Means of Prepositional Phrases, in: Athanasiadou, A./ Tabakowska, E. (Hgg.): Speaking of Emotions, Berlin/ New York, 273-294

Raible, W. (1981): Von der Allgegenwart des Gegensinns, in: Zeitschrift für Romanische Philologie, 97. Tübingen, 1-40

Rapp, R. (1997): Die Berechnung von Assoziationen. Hildesheim

Renouf, A./ Sinclair, J. M. (1991): Collocational frameworks in English, in: Aijmer, K./ Altenberg, B. (Hgg.): English Corpus Linguistics. Studies in Honour of Jan Svartvik. London/ New York, 128-143

Rieger, B. (1985): Semantische Dispositionen, in: Rieger, B. (Hg.): Dynamik in der Bedeutungskonstitution. Hamburg, 163-228

Ruch, W. (1995): Will the Real Relationship between Facial Expression and Affective Experience Please Stand Up: The Case of Exhilaration, in: Cognition and Emotion, Vol. 9, Nr. 1, 33-58

Russell, W. A. (1970): The Complete German Language Norms for Responses to 100 Words from the Kent-Rosanoff Word Association Test, in: Postman, L./ Keppel, G. (Hgg.): Norms of Word Association. New York/ London, 53-94

Russell, J. A. (1991): In Defense of Prototype Approach to Emotion Concepts, in: Journal of Personality and Social Psychology, Vol. 60, Nr. 1, 37-47

Saussure, F. de (1984): Cours de linguistique générale. Édition critique préparée par Tullio de Mauro. Paris

Scherer, K. R./ Wallbott, H. G. (1994): Evidence for Universality and Cultural Variation of Differential Emotion Response Patterning, in: Personality and Social Psychology, Vol. 66, Nr. 2, 310-328

Schmidt-Atzert, L. (1980): Die verbale Kommunikation von Emotionen. Eine Bedingungsanalyse unter besonderer Berücksichtigung physiologischer Prozesse. Gießen

Schifko, (1975): Bedeutungstheorie. Stuttgart

Sinclair, J. M. (1986): First Throw Away Your Evidence, in: Leitner, G. (Hg.): The English Reference Grammar. Language and Linguistics, Writers and Readers (= Linguistische Arbeiten 172). Tübingen, 56-64

Sinclair, J.M. (1987): Collocation: A progress report, in: Steele, R./ Threadgold, T. (Hgg.): Language Topics. Essays in Honour of Michael Halliday, Vol. 2. Amsterdam, 319-331

Sinclair, J. M. (1991): Corpus, Concordance, Collocation. Oxford/ New York/ Toronto.

Sinclair, J. M. (1992): Trust the Text, in: Davies, M./ Ravelli, L. (Hgg.): Advances in Systemic Linguistics. Recent Theory and Practice. London/ New York, 5-19

Smadja, F. A. (1989): Lexical Co-Occurrence: The Missing Link, in: Journal of the Association for Literary and Linguistic Computing, Vol. 4, Nr. 3. Oxford, 163-168

Smadja, F. A. (1991): Retrieving Collocational Knowledge from Textual Corpora. An application: Language Generation. New York/ N. Y.

Stachowiak, F. -J. (1979): Zur semantischen Struktur des subjektiven Lexikons. München

Strawson, P. F. (1971): Meaning and Truth, in: Logico-Linguistic Papers. London, 170-189

Szalay, L. B./ Deese, J. (1978): Subjective Meaning and Culture. Hillsdale, N. J.

Taylor, J. R. (1989): Linguistic Categorization. Oxford

Taylor, J. R. (1992): How Many Meanings Does a Word Have? Duisburg

Thumb, A./ Marbe, K. (1901): Experimentelle Untersuchungen über die psychologischen Grundlagen der sprachlichen Analogiebildung. Leipzig

Trier, J. (1973): Über Wort- und Begriffsfelder, in: Lee, A. van der/ Reichmann, O. (Hgg.): Aufsätze und Vorträge zur Wortfeldtheorie. The Hague/ Paris, 40-65.

Ullmann, S. (1962): Semantics: An Introduction to the Science of Meaning. Oxford

Velardi, P. (1991): Acquiring a Semantic Lexicon for Natural Language Processing, in: Zernik, U. (Hg.): Lexical Acquisition. Exploiting On-Line-Resources to Build a Lexicon. Hillsdale, New Jersey, Hove/ London, 341-367

Velde, R. G. van de (1979): Probleme der linguistischen Theoriebildung einer empirischen Textwissenschaft, in: Bergenholtz, H./ Schaeder, B. (Hgg.): Empirische Textwissenschaft: Aufbau und Auswertung von Text-Corpora. Königstein/ Ts, 10-27

Wahrig, G. (1986): Deutsches Wörterbuch. Wiesbaden/ Stuttgart

Wandruszka, M. (1981): Angst und Mut. 2. Aufl. Stuttgart

Werner, H./ Kaplan, E. (1950): Development of Word Meaning through Verbal Context: an Experimental Study, in: The Journal of Psychology, Vol. 29, 251-257

Wettler, M. N. (1972): The Formation of a Semantic Network by Induction, in: Psychologische Forschung, Vol. 35. Berlin/ Heidelberg/ New York, 291-316

Wierzbicka, A. (1980): Lingua Mentalis. Sydney/ New York/ London/ Toronto/ San Francisco

Wierzbicka, A. (1985): Lexicography and Conceptual Analysis. Ann Arbor

Wittgenstein, L. (1967): Philosophische Untersuchungen. Frankfurt/ M.

Wittgenstein, L. (1969): Schriften Bd. 1. Frankfurt/ M.

Wittgenstein, L. (1970): Das blaue Buch, Schriften Bd. 5. Frankfurt/ M., 15-116

Wotjak, G. (1971): Untersuchungen zur Struktur der Bedeutung. Berlin

Ziff, P. (1960): Semantic Analysis. Ithaca/ New York

Statt eines Nachworts zwei Zitate:

Zum erstenmal in Europa befasste sich jetzt ein Computer mit dem Geheimnisvollsten und Schönsten, was es auf dieser Welt gibt: mit der Liebe.

Nun, so ganz traue ich dem Computer nach all diesen Erfahrungen in Sachen Liebe nicht. Immerhin: Er bringt Menschen zusammen, die sich sonst nie getroffen hätten.

6. Register

A

Abspaltungen .... 77ff.
Abstrakta .... 99, 164f.
Abstraktion 34, 46, 53
Adjektiv 62, 63, 111f., 121ff.,
          134ff., 161, 163, 169f.,
          173, 179f., 193ff.
Adverb 63
affin 67, 75, 98, 100, 189
Affinität 60f., 67, 70, 73, 77, 98,
          107ff., 112, 125, 185, 218
Analyse .. 18f., 35f., 43ff., 54, 59, 68,
          83, 105ff., 110, 112,
          153ff., 161, 224, 233
Angst 87ff., 102ff., 109ff.,
          114ff., 171ff., 192ff.
Angstgefühl .... 120, 184ff.
ängstlich 120, 133
Angststern 121f., 125
Annex 80, 184
Anschluss 80, 141, 146, 165, 190
Antonym 17, 90, 93, 98, 100,
          137, 139, 180
Antonymie 16, 90, 93
Argument 24, 52, 98, 110
Artefakt 16, 29, 61, 65, 67, 233
Assoziation .... 25, 28f.
assoziativ .... 28ff.
Ausdruck .. 13f., 20, 22, 57, 100, 124,
          131f., 155, 182, 221
Ausschnitt 50, 58, 60, 62, 110
Äußerung .. 11, 35, 42, 48ff., 131, 193

B

Bedeutung . 9ff., 47f., 51, 85ff., 93ff.,
          108, 143, 151ff., 183f.,
          198, 213ff., 220
Bedeutung, assoziative ..... 23f., 27f.
Bedeutung, subjektive 22
Bedeutung und Distribution .. 32ff.,
          55ff., 67, 75, 83
Bedeutungsangabe . 13f., 121, 157f.
Bedeutungsdarstellung ...... 106ff.
Bedeutungsstruktur 57, 158
Bedingungen 23f., 35, 215
Begriff . 18, 87, 91, 104f., 154, 202,
          213, 216, 223, 232
Beleg .. 40f., 51, 57ff., 62, 64f., 70,
          106, 108, 113, 121f., 188,
          211, 216ff., 220, 222, 227
Belegkorpus . 51, 58ff., 67, 70, 140,
          150, 218
Beschreibung 11, 14, 17, 19, 33, 35,
          36, 39, 56, 120, 218
Beton .... 233ff.
Bezeichnung 12, 19, 171, 202
Beziehung, semantische .. 25ff., 86,
          106f., 129, 191, 220
Bezug 12, 21, 172
Brocken 30, 75
Brutta .... 58, 61ff.

C

collocation 33, 37

D

Darstellung 9, 13, 38f., 56, 97,
          102, 107f., 114, 128,
          150, 154, 162, 212f.
Daten 9, 28, 39, 42f., 45, 96,
          107, 128, 187, 211ff.,
          215, 217f., 232
Dauer 99f., 125, 132f., 160
Definition . 13, 18, 33, 39, 127, 138,
          150ff., 155, 161, 215f.
Deutung . 26, 37, 41, 97, 98, 105ff.,

Diachronie 211
Dimension 37, 98, 100f., 136,
　　　　　　　　　　137, 170, 230
Display 58, 60, 62
Distanz 26, 55ff., 65ff., 73, 75
distribution 32ff., 86
Distributionalismus 32ff., 38
distributiv .. 86, 102, 105, 107, 109ff.,
　　　　　　126, 150, 158, 161, 189,
　　　　　　　　　　192, 213, 223f.
Domäne 70

E
Ehrfurcht 117, 123, 179
Eifersucht ...... 17, 82, 127ff., 132ff.
Eigennamen 18, 63, 99, 140
emotion 120, 151ff., 156, 204
Empfindung 156f., 171
empirisch ... 15, 29, 36, 40ff., 46, 54,
　　　　　　　57, 62, 66, 87, 95f., 106f.,
　　　　　　　112, 120, 153, 199, 222
Entitäten 32, 171
Entsetzen 104, 120, 123
episodisch 133
Ergebnisse 9, 19, 27, 59f., 65, 70,
　　　　　　　　75, 95, 105f., 125f.,
　　　　　　　　　　150, 152, 222f.
Erklärung . 10f., 15ff., 57, 87, 94, 120,
　　　　　　130, 133, 151, 158f., 160, 169,
　　　　　　187, 191, 212, 222, 227, 232
Erleben 103, 115, 132, 155, 171
erschrecken 118ff., 125
Extension .... 100f.

F
Familie 118, 128, 130
Fenster 50ff., 54, 70, 110
Filter 59, 67, 76
Form von Bedeutungsbeschreibungen
　　　　　　　　　　13ff., 17, 97

Format 9, 16, 38, 102f., 107f.,
　　　　　　　　　　150, 158, 233
Formel 54, 60, 62, 73
Formular 127, 139
Frame 127, 128, 130, 146,
　　　　　　　　　　149, 159, 204
Fremdperspektive .... 131f.
Frequenz .. 27, 53, 60, 62, 66, 70ff.,
　　　　　　　124, 138, 154, 161, 183
Freude 27, 91ff., 99f., 136
Füllung 140ff., 183, 186
Funktionswörter 53, 59, 62, 75,
　　　　　　　　　　　77, 97
Furcht ... 87, 89f., 104f., 112, 116f.,
　　　　　　　　　　120ff., 130, 195
Furchtstern .... 122, 124f.

G
Gebrauch . 10ff., 21, 39f., 48f., 121,
　　　　　　127, 133, 136, 138, 141, 152,
　　　　　　184ff., 215, 227, 229, 232
Gebrauchstheorie .. 10, 14, 93f., 138
Gedächtnis .... 25ff.
Gefühl 19, 61, 64f., 77f., 131ff.,
　　　　　　153ff., 161ff., 186ff., 191ff.
Gefühlswörter .. 65, 85, 127f., 140,
　　　　　　　　　　152f., 155, 162
Gegenstand 11, 39, 41, 138, 172
Generalisierung 199
Geschichte 21, 39, 113, 117,
　　　　　　　　　　150, 155, 211f.
Glück 102, 152, 208
graduell 20, 45, 75, 87, 93, 217, 222
grammatisch ... 14, 27f., 50ff., 76f.,
　　　　　　　80, 98, 110, 121ff., 130f.,
　　　　　　　　　　138, 141f., 162

H
Handeln .. 42ff., 115, 119, 125, 132

Häufigkeit 58, 60, 62, 67, 73, 220, 227
historisch 94, 103, 232
Hyponymie 13, 16, 29

I
Individualdaten .... 42ff.
individuativ 163, 172
Individuativum 99, 162, 164, 184, 187
Individuum 31, 42, 118
Information 20, 34, 39, 54, 76
Intensität 136, 179
Interaktion 20f., 42, 131
Interpretation .. 35, 41, 43, 95, 105ff., 121, 224

K
Kategorie 84, 98f., 138, 150, 164, 171, 183, 189, 202
Kategorie, lexikalische ... 18, 29, 62f., 98f.
Kette .. 14, 26f., 49ff., 56f., 85, 86, 97
kollektiv 190, 192
Kollokation 37, 110ff., 122, 146
Kompetenz . 11, 22, 41, 47f., 57, 105f., 120, 214, 218, 222
Kompositum .... 183ff.
Kondensat .. 15, 26, 35, 38, 58, 67ff., 75, 83, 86ff., 95, 97, 113, 140, 215, 228
Kondensierung 38, 98
Konnexion, semantische 85, 107, 110, 202
konstituieren, sich 10, 16, 32, 49
Konstrukt .... 108, 223f.
Kontext 29, 35, 37ff., 94f., 113, 140, 146, 166, 215
kontinuativ .... 77, 162f.

Kontinuativum 99, 141, 162ff., 171f., 178, 192, 202, 204
Kontrast 39, 44, 57, 158
Körpergefühl 188f., 212
Korpus ... 41f., 44, 47ff., 56f., 62, 68, 97, 120f., 124, 144, 188, 220, 222
Kosmos, sprachlicher 44f., 83
Kotext 50, 70, 192
Kriterium .. 48, 132, 155, 157, 162f.
Kultur .. 25, 39, 108, 113, 140, 152, 155f., 184, 215, 224

L
langue .. 9, 25, 32, 49, 188, 211, 215
Leid 203
Lemma 19, 62
Lemmatisierung .... 62f.
Lexikon 18f., 223
Liebe ...... 71ff., 83, 145ff., 158ff., 171, 177, 198ff., 216, 219ff.
linear .... 25, 48ff.
Lust 193

M
Makro 58f., 62
Matrix 65
MDS .... 64ff.
meaning . 12, 33f., 36f., 47, 86, 153
Metaphorik 31, 133, 178
metaphorisch 133f., 136, 178, 202f.
Metasprache 16, 18, 35, 221
Methode .. 10, 40, 44f., 63, 86, 95f., 105ff., 150, 218, 232
minne .... 223ff.
Misstrauen .... 141ff., 148f.
misstrauisch .... 139, 141ff., 146ff.
Mitgefühl .... 190f.
Mitleid 90, 117

Modell, metaphorisches 133f.,
 178f., 201ff.
Modul 59, 64f., 141

N
Nachbar 49, 55ff., 67, 184
Nachbereich .... 55, 60, 80ff.
Namen .... 12, 18, 32f.
Neid .... 17, 77ff., 128ff.
neidisch .... 144ff.
Netzwerk 30, 84f., 97
normativ 39, 151, 171, 223

O
Objekt 16, 104f., 127f., 130, 186
Objekt, grammatisches 122ff., 219
Objektwort 65
objektiv 40, 102, 106, 120,
 150, 221
Ontogenese 12, 20f., 47, 56, 97
Ontologien .... 170f.

P
P-Charakter .... 99f.
Panik .... 120f.
panisch .... 111f., 120f.
Paradigmatik ...... 27, 29, 57, 215f.
paradigmatisch 29, 55
Polysemie 14, 17, 94f., 216
Potential 15f., 24, 163, 222
Prädikation 37, 52, 98f., 101
prädiziert .... 46, 100f.
Präposition 62f., 90, 111, 125,
 128, 187
präpositional 128
Proposition .... 12f.
propositional .... 30f., 167f.
Prototypentheorie 19, 138, 154
prototypisch .... 138, 151f.

Q
qualitativ 44
Quellen .. 44, 68, 208, 211, 224, 226

R
Radius 50f., 58f., 62, 70, 83
Rahmen 101, 112
regulär 18, 20, 24, 94
Regularität 20, 24, 133, 163
Relation .. 13ff., 29, 50ff., 86, 98f.,
 101, 110ff., 139, 183
repräsentativ 47, 51, 138, 222
Rolle, semantische ..... 108, 127ff.

S
Sachwissen 18f., 23, 39
Satellit 84, 122, 124f., 160, 231
Satzbatterie .... 138ff.
Scham .... 132, 156f.
Schamgefühl 187
Schematisierung ... 22, 31, 39, 47ff.
Scheu 121
Schmerz 81, 135
Schreck ... 104, 118ff., 124f., 195ff.
Schrecken .... 117ff., 124f.
schrecklich .... 119f.
Schreckstern 125
Selbstgefühl .... 189f.
selegiert 107, 153
Selektion ... 85, 108, 129, 141, 211
Semanalyse .... 30f.
Semantik ... 16ff., 39ff., 100, 107f.
Semantik, distributive ... 10, 31ff.,
 46ff., 56f., 107f., 114
Sinn 20f., 24f., 41f., 61,
 101, 105, 214ff.
Sinn und Bedeutung 37f., 94
Sinnrelationen .... 16f.
Situs .... 135f.
Skript 113f., 233

Slot 84, 111f., 127ff., 142, 159, 169, 186, 204
Sorge .... 121f.
Spezifizierung . 163f., 166f., 169, 187
Sprache ... 9ff., 16ff., 22, 26, 30f., 35, 39ff., 46f., 97, 102, 104, 114, 127, 130, 171f., 211f., 214f., 231
Sprachgefühl .... 187f.
Sprachgeschichte 150, 211f., 217
Sprecher 10f., 22ff., 28, 39, 42, 47ff., 97, 103, 107, 138, 154, 161, 198f., 212f., 215, 217
Stereotyp .... 102, 111, 198ff., 203, 208, 233ff.
Sterndarstellung ... 28, 60ff., 69, 84f., 102, 107f., 110, 230f.
Struktur, grammatische ... 14, 25, 27, 30, 51ff., 97f.
Struktur des Wissens .... 26, 28ff.
Struktur, semantische 31, 41, 52f., 55, 57ff., 98, 127, 138f., 190
Struktur von Kondensaten 75
Subjekt 108, 111, 121, 125, 128f., 219
subjektiv 22, 24, 27, 35, 40, 43, 65, 96f., 106
Substantiv .... 11, 18, 63, 75f., 99, 111f., 121ff., 162f., 172, 187, 231f.
Substanzen 171, 178, 202
Suchstring 58ff., 62
symmetrisch .... 50f.
Synonym .. 12, 14, 87, 120, 151, 221
Synonymie 12, 14, 16, 87, 93
Syntagmatik .... 27, 29, 52, 57, 215f.
Syntax 30, 97, 169, 219
Szene 128f., 233

T
Text ...... 9f., 17, 20f., 34f., 44, 48, 54ff., 58, 62, 110, 118, 213ff.

Textbasen .... 67ff., 107f.
Textsorten 44
Textstrom 10, 107
Textwörter 45
tief .... 131ff., 142f.
token 42, 49, 53, 58, 60, 62
Trauer 81, 91ff., 131ff., 156
type 42, 49, 53
typisch 107, 113, 125, 138, 140f., 201, 222

U
Übergänge 139, 212, 216
übertragen 136, 178
Umgebung 34, 49ff., 59, 86, 121, 185
universal 9, 16, 34, 154f., 223

V
vage 11, 129, 163, 169
Valenzframe 111
Variante 54, 66, 123, 141, 149, 187, 213, 216
Varietäten 67, 139, 149, 223
Vergleich 86, 89ff., 225, 231
Verlauf 91, 132
Verstand .... 174, 176f.
Verstehen .. 19f., 23, 25f., 46, 102f., 139, 150, 204, 212f., 215, 222
Verteilung .... 75, 93ff.
Verwendung 11, 14f., 17ff., 24, 37, 40f., 66, 94f., 103, 120, 133, 136, 138ff., 145f., 154, 157ff., 162f., 211, 213ff., 218, 222
Verwendungsweise ... 64, 66, 94f., 193f., 148, 157ff., 187, 215
Vorbereich 60, 80, 82

W
Wahrheit 23, 99, 101, 131

Wandel 37, 67, 212f., 217, 223, 227, 232
Welt ...... 10, 17, 19f., 46, 102, 114, 157, 173, 178, 213f.
Wertung .... 24, 144, 165, 179f.
Wissen 18ff., 22f., 26, 28ff., 35, 39, 46, 57, 63, 65, 102ff., 166, 183, 217
Wort 9ff., 18, 24, 38ff., 56f., 70, 75, 104, 108f., 114, 125, 151f., 211ff., 216ff., 231
Wortarten 22, 28, 121
Wortäußerung 49, 85
Wortbildung ..... 80, 133, 150, 183f., 192, 212f.
Wortbildungsaktivitäten 78, 183, 192
Wortbildungslehre 183f., 189
Wörterbuch 13, 18f., 35, 102f., 120f., 153, 156, 216
Wortfeld 120, 122
Wortformen ... 44, 58ff., 62, 77, 80
Wortliste 58f., 184
Wurzel .. 50, 55, 58ff., 67, 80, 83f., 100, 107, 111f., 184, 192, 233
Wut .... 132, 162ff.

Z

Zeichen 10, 16, 22f., 26, 31, 57, 85, 215
Zorn 132, 144, 162
Zusammenhang 12, 15, 20, 57, 98f., 101, 124f., 151f., 155, 214, 217, 220, 223